택견 기술의
과학적 원리

택견 기술의 과학적 원리

김영만 지음

한국학술정보㈜

:: 추천사

泗雲堂 박 철 희

나와 김영만 선생과의 인연은 그리 오래되
지 않았다. 김영만 선생은 박사 학위 논문 준
비를 위해 나를 인터뷰하였고, 그렇게 우리의
인연은 시작되었다. 이 젊은 택견꾼과의 만남
은 내가 택견과 인연을 맺어온 세월을 더욱
뜻깊게 해주었고, 그 누구보다 택견을 사랑하
며 택견의 발전을 위해 노력하는 모습에 택견의 미래가 더욱 발전적
일 것임을 확신하게 되었다. 더불어 김영만 선생의 부단한 노력으로
결실을 맺게 된 『택견 기술의 과학적 원리』의 출판을 축하하며, 젊은
학자의 끊임없는 노력에 박수를 보낸다.

나와 택견과의 인연은 매우 깊다. 1958년도부터 '경무대(現, 청와
대)'에서 무도사범으로 있으면서 이승만 대통령의 경호원들을 지도
하였다. 이 대통령께서는 우리 고유의 전래무술인 택견을 특별히 좋
아하셨다. 그래서 택견의 유일한 전승자였던 송덕기 선생님을 '상무
관(당시 대통령 경호원들의 무도 수련장)'으로 초청하여 그분의 지도
를 받기도 하였다. 내가 송덕기 선생님을 처음 뵈었을 때, 그분은 이
미 환갑이 지난 노인이셨지만 매우 정정하셨다. 그 당시 나는 훌륭한

무예의 고수를 만난 것에 행복하기만 하였던 기억이 생생하다.

우리나라가 1960년 로마올림픽에 참가하면서, 우리나라를 소개하는 문화 중의 하나로 택견이 채택되었을 때, 나는 송덕기 선생님과 함께 경복궁에서 사진을 찍어 문교부에 제출하는 등 송 선생님과는 여러 가지로 많은 인연이 있었으며 송 선생님 또한 나를 특별히 아끼셨다. 나는 당시 택견이라는 한국의 전통무예를 반드시 지켜야겠다는 일념으로 '사단법인 대한택견무도연구원'을 설립하고자 다방면으로 노력하였으나, 여러 가지 문제로 인해 번번이 법인허가에 대해 거절을 당하여 많은 어려움을 겪던 중, '4·19 혁명'과 '5·16 쿠데타' 등 연이은 사회적 혼란으로 법인문제가 흐지부지되어 버렸다. 젊은 시절 여러 가지 고민 끝에 미국행을 택하게 되면서 송 선생님과의 인연은 더 이상 지속되지 못했다. 그동안 미국에서 태권도를 전파하는 데 여념이 없었으나, 택견에 대한 애정과 미련은 항상 내 마음속에 담겨 있었다.

이러한 상황에서 김영만 박사와의 만남은 나와 택견과의 인연을 다시금 소중히 맺어주는 매개체가 되었다. 이 젊은 학자와의 첫 만남에서부터 지금까지 그리 길지 않은 시간이 흘렀지만, 나는 김영만 박사의 진실성을 가슴으로 느끼게 되었다. 나는 이 젊은 학자와 수련을 통해 내가 윤병인 선생님으로부터 배운 장권 등과 송덕기 선생님께 배웠던 택견 기술을 사사하였다. 내가 송덕기 선생님의 택견을 몸으로 재현하는 것은 어려우나, 그 당시 송 선생님의 말씀과 동작은 생생히 기억하고 있어 김영만 박사에게 알려주었다. 나는 김 박사와의 수련을 통해 경이로움을 느끼지 않을 수 없었다. 그동안 나의 수련 지도를 받으면서 이토록 성실하고 겸손한 마음으로 한결같이 수련하는 참 무예인이 과연 몇이나 되었던가. 김영만 박사는 참으로 뛰어난 습득력과 기능을 가진 무예인이다. 김 박사는 송덕기 선생님의 택견 기술을 올바로 이해하고 있었으며, 송 선생님의 택견 기술을 과학적 원리로 제대로 해석하고 있었다. 이러한 그의 능력이 학문적으로도 발전되고 있으니 그의 끊임없는 노력에 박수를 보낸다.

내가 송덕기 선생님과 택견의 인연을 맺은 그 시간 이후 참으로 오랜 세월이 흘렀다. 우리나라에서 택견이 발전하고 있는 모습은 참으로 기쁜 일이다. 더욱이 김영만 박사와 같은 젊은 학자가 택견의 가치를 올바로 알고 끊임없이 택견을 연구하고 발전시키는 모습에 더할 나위 없는 감동을 느낀다. 이제 택견이 세계적으로 뻗어 나갈 에너지를 축적시켜 전 세계 속의 택견으로 발전될 날도 머지않았음을 믿는다. 다시 한 번 김 박사의 노고를 치하하며, 이 책의 출판을 마음 깊이 축하하며 추천하는 바이다.

2011년 6월

박철희 사범님과 수련 후

:: 택견은 과학이다

김영만(택견 8단)

택견은 필자의 열정과 노력을 다 바쳐 갈고 닦은 무예이다. 택견을 연마할수록 그 과학적인 우수성에 감탄하게 되었으며, 이러한 무예가 우리 민족의 전통무예였다는 것이 필자의 자부심을 불타게 하였다. 택견을 연마하고 전수하면서 필자는 우리 민족의 정신 속에 살아 숨 쉬는 택견을 올바로 전수해야겠다는 사명감을 가지게 되었다. 일제강점기 시대 민족문화 말살위기에서 벗어나 오늘날 문화재로까지 등록된 택견이야말로 하루빨리 세계화에 착수해야 할 우리의 우수한 문화유산임이 틀림없다.

필자는 민족 무예에 대한 체계적인 공부가 절실함을 느끼고 늦은 나이에 학문의 길로 들어서게 되었다. 연구를 하면 할수록 택견은 운동역학적인 이론이 그대로 반영되어 있는 우수한 무예임을 다시 한번 느끼게 되었다. 방대한 자료들을 접하고 연구하면서 보다 체계적인 택견 이론서에 대한 열망이 생겨『택견 기술의 과학적 원리』를 발간하게 되었다.

박철희 사범은 "송덕기 옹으로부터 느진발질과 회목치기 공격 시 발모서리가 아닌 발장심으로 상대를 공격하는 것으로 배웠다"고 했으며, 김수 사범 역시 "1953년경 송덕기 옹은 곧은발질로 하지 않고 한 번 놀자, 춤을 추자했고, 놀이로 하면서 느름질(민다)로 상대의 어깨나 복부 등을 밀어 차고 발걸이와 낱걸이 그리고 칼잽이 등을 했다"라고 했다. 그리고 1964년 5월 16일(토요일)<한국일보>에「續 人間文化財」와 1973년『대한태권도협회 7・8월 합본호』에는 부제「은발(銀髮)의 태권도인」의 기사에서 품밟기와 느지르기의 우수성을 언급하고 타 무술과의 차이라고 하였듯이 택견의 독특성은 현대의 경기에서도 잘 녹아 있다. 위의 내용과 같이 송덕기 옹은 택견 경기(놀이)는 밀어 차고 상대를 다치지 않게 발장심 등으로 공격한다는 것을 알 수 있다.

이러한 운동 원리의 변화와 발전과정이 고서에만 존재하거나 역사 속에서만 국한된 사실 또한 아니며 현실에도 반복되어 일어나고 있는 것이다. 그것은 '역사는 되풀이된다'라는 표현을 통해서도, 또한 지질학자인 제임스 허튼(Hutton, J.)의 '현재는 과거의 열쇠'라는 동일과정의 법칙처럼 현재에 일어나고 있는 사실을 통해서 역사적 과거의 사실을 감히 단언하는 것이다. 즉 과거와 단절된 오늘은 없다.

이러한 점을 생각한다면 오히려 이런 시도가 때늦은 감도 없지 않다. 물론 그간의 오랜 세월에 걸쳐 택견의 동작이 발전과 변천의 과정을 거쳐서 현재의 동작원리가 이루어졌다는 가설이 제기될 수는 있지만, 주지하다시피 택견의 전승체계가 비전식 전승 혹은 현대 무예의 도제식 전승이 아닌 민중 다수에 의해 공개적・유희적 성격으로 다른 전통무예 경기 종목인 씨름이나 활쏘기처럼 약간의 제한된 규칙 안에서 자연스러운 전통식 전승이 이어져 온 탓에 몸짓에 큰 변화가 가미될 가능성이 낮다.

택견이 단순한 싸움기술이 아니라 인간의 몸과 삶, 그리고 예술과

도덕적 성격까지도 포괄하는 하나의 문화적 활동영역으로 발전되어 왔다. 택견의 형성과 발전은 완결된 것이 아니라 지금 이 순간에도 진행되고 있다. 전통은 그대로 간직되는 것도 중요하지만 현시대에 맞추어 재창조되어야 발전을 이룰 수 있다.

　모든 무예의 핵심은 기본기술이다. 기본에서 응용된 약속겨루기나 품새, 경기규칙 등이 자연스럽게 만들어진 것이다. 택견의 기술원리가 한 가지에 국한된 것이 아니라 서로 조화된 기술로 이루어져 있어 본서에서 중복된 문장이 사용된 것은 불가피하다.

　본서는 한국연구재단에서 인증한 학술지에 게재된 내용과 필자의 단행본을 재정리한 것으로써, 택견 경기기술을 위주로 정리하였다. 학술지에 게재되었다는 것은 택견의 과학적 원리가 입증되었다는 것이다. 그 구체적인 정리과정은 다음과 같다. 제1장 택견 동작의 역학적 원리는 택견의 기본동작인 품밟기와 활개짓, 그리고 발질 등으로 구성되었으며, 그 내용(김영만, 2009, 2010; 심성섭·김영만, 2008, 2009, 2010; 김영만·오세이, 2010; 김영만·심성섭, 2011) 등의 논문과 단행본을 수정·보완하였다. 제2장 택견 겨루기의 원리는 김영만(2009, 2010) 등 단행본의 이론들을 토대로 수정·보완하여 정리하였다. 제3장 기합과 호흡의 원리는 김영만(2010)의 단행본과 김영만·김창우·이광호(2011) 등의 논문을 수정·보완하여 수록하였다.

　이 책이 출판되기까지 많은 분의 도움과 협력이 있었음은 두말할 나위가 없다. 1950년대 송덕기 옹으로부터 택견을 사사하신 박철희 사범님의 택견에 대한 당시의 다양한 증언과 지도에 깊이 감사드리며, 김수 사범(총재)님의 택견에 대한 당시의 다양한 증언에 깊이 감사드린다.

택견을 지도해주신 이용복 총사님과 손일환 사무처장님, 윤종원 전무이사님께 감사드리며, 항상 격려와 조언을 아끼지 않으신 권찬기 선생님을 비롯한 많은 선배님께 감사를 드린다. 더불어 필자에게 학문적 밑바탕을 만들어주신 숭실대학교 심성섭 교수님과 윤형기·오세이·박주영·전태준 교수님께도 지면을 빌려 감사를 드리며, 또한 용인대학교 김창우 교수님과 연세대학교 이광호 교수님께 감사를 드린다.

특히 이 책의 출판을 위해 오랜 시간 함께 작업해주신 류길준 소장님과 늦은 밤 혹은 휴일에도 불구하고 기꺼이 함께 작업에 동참해주신 많은 후배 및 제자들에게 감사의 마음을 전한다. 또한 항상 내게 힘을 불어넣어주는 아내와 나의 분신인 아이들, 그리고 가족 모두에게 고마움을 전한다. 마지막으로 본서를 출판하도록 도와주신 한국학술정보(주) 채종준 사장님과 김남동 주임님과 김매화 편집자께 깊은 감사를 표한다.

2011. 07.
김 영 만

김수 사범님과 만남 후

:: 목 차

제1장 택견 동작의 역학적 원리

택견의 독특하면서 조금은 별스런 동작을 접하고 반복하면서 익히다 보면 동작에 일정한 규칙이 있다는 것을 깨닫게 된다. 그러한 규칙들이 현대 과학적 원리와 전혀 접목되지 않은 가운데 우리 고유의 몸짓으로 불리어왔다. 이미 행해져 오고 있는 우리 몸짓에 대해 현대 운동역학이라는 관점에서 재해석한다는 사실은 전통과 서양의 과학이라는 접목이 이질적이어서 비유컨대 소위 궁합이 맞지 않는 부분도 있거나 혹은 서양 과학이 이러한 범주 안에 우리 몸짓의 순수한 가치를 수용할 수 있을까 하는 우려가 있다.[1]

그럼에도 불구하고 운동역학적 측면에서 접근하면 택견의 동작체계 속에 현대 운동역학의 기초적인 원리뿐 아니라 첨단이론들이 대부분 녹아 있는 사실을 적시할 수 있다.

다만, 서양의 과학 안에는 단전의 개념이 없어서 일부종목 동작의 정점이 몸 전체가 아치를 그려야 최적의 자세라는 식으로 설명하고 있다. 사실 서양의 과학적이고 논리적인 설명으로 단전의 개념도입이

---

1) 최복규(1995)는 「전통무예의 개념정립과 현대적 의의」 논문에서 우리의 근대화는 한마디로 말하면 서구화(modernization)라고 말할 수 있을 정도로 근대화의 과정에서 서구의 과학문명이 우리에게 끼친 영향은 엄청난 파괴를 지니고 있었으며 이로 말미암아 우리 자신에 대한 이해는 서양의 과학관과 그들의 세계관에 기초한 척도에서 우를 범하게 되었다고 지적하고 있다.

쉽지 않은 것은 예상된 결과로서 언급한 몸의 아치형태의 동작이나 바른 자세로 서 있을 때 무게 중심의 위치 정도로 설명되고 있는데, 높이뛰기에서 바를 넘는 순간의 무게 중심은 체내에 있지 않고 체외의 허리 아래 있는 것으로 간주한다. 따라서 그것도 단전의 개념과는 괴리가 많다. 이러한 부분은 서양의 운동역학에서 근력이 단순히 근육에서 나온다는 개념과 우리의 전통무예에서는 근육 이전의 근원인 단전에서 비롯된다는 시각차로 받아들여진다.

택견에서 이루어지는 몇 가지 동작만 간단히 살펴보면, 발질 이전에 이루어지는 손질이 카운터밸런스를 의미하고, 굼실거리는 오금질에서 얻는 무릎의 탄력이 운동역학에서 말하는 뉴턴의 작용·반작용의 법칙으로서 지면반력을 통해 탄력을 얻을 뿐 아니라 자연스럽게 몸 전체의 분절을 순차적으로 신전시키는 단초(端初)가 된다. 또한 상체를 뒤로 능청거리는 몸동작이 신전의 정점에서 반작용의 힘이 가미된 채 마치 당겨진 시위에서 화살이 발사되듯 발질에서 중요한 동력의 일부가 되고, 몸에 힘을 뺀 상태에서 곱꺾어나가는 발질에 채찍의 원리와 관성의 법칙을 담고 있는데, 함축된 우리의 표현보다는 오히려 표현상에서 번잡해지는 감이 없지 않다.

굼실거리는 오금질과 동시에 이루어지는 몸짓은 대부분 몸을 일시적으로 웅크리거나(내지르기 또는 는질러차기), 허리를 감거나(곁치기) 최소한 다리를 곱꺾으면서(대부분의 발질) 신전을 위해 최소한 몸을 수축시킨다. 특히 내지르기는 발질에 필요한 근육을 유기적으로 연결된 여러 개의 용수철을 일시에 압축시켜 폭발시키듯 한순간에 신전시키면서 그 유기적인 힘을 동시에 공격 포인터에 집중하는 것이다.

역도의 용상 동작은 신체의 대근육군들이 거의 동시에 수축하면서 강력한 힘을 발휘하는 반면에, 야구의 투구 동작에서는 신체의 대근육들로부터 말단 부위 순으로 순차적으로 연계되면서 신전된다. 전혀 별개인 두 개의 동작원리가 택견에는 품밟기라는 독특한 보법을 통한 발질동작 안에 동시에 다 들어 있다. 더욱 놀라운 사실은 이 동작들이 상대방의 수많은 움직임이라는 변수에 대해 즉각적으로 대응하는 동작이기도 하며, 한순간에 일어나는 동작인 것이다.

이러한 동작체계가 조선 정조 때 이성지의 재물보에 "변 수박을 변이라 하고 각력을 무라 하는데 지금의 탁견이다(卞 手搏爲卞 角力爲武 若今之 탁견)"라고 되어 있고, 고려사에 수박, 수박희라는 용어가 처음 나타나 두경승과 이의민 그리고 정중부 등은 서기 1170~1190년경의 인물이 기록되어 있다. 이러한 택견의 역사가 일부 책에서 거론되듯이 삼국시대가 전혀 타당성이 없는 것은 아니다. 구체적인 당시의 기록이 없다 하여 삼국시대까지 거슬러 올라가지 않더라도 이미 800여 년을 훌쩍 뛰어넘은 오래전에 고도의 운동역학적인 동작원리가 이루어지고 있었던 것이다.

후술되겠지만, 이러한 표현이 전혀 근거 없는 사실을 터무니없이 제시되는 것이 아니라 이러한 운동 원리의 변화와 발전과정이 고서에만 존재하거나 역사 속에서만 국한된 사실 또한 아니며 현실에도 반복되어 일어나고 있는 것으로서 흔히 '역사는 되풀이 된다'라는 표현이나 혹은 지질학자인 제임스 허튼(Hutton, J.)은 '현재는 과거의 열쇠'라는 동일과정의 법칙2)처럼 현재에 일어나고 있는 사실을 통해서 역사적 과거의 사실을 감히 단언하는 것이다. 즉 과거와 단절된 오늘은 없는 것이다.

이러한 점을 생각한다면 오히려 이런 시도가 때늦은 감도 없지 않다. 물론 그간의 오랜 세월에 걸쳐 택견의 동작이 발전과 변천의 과정을 거쳐서 현재의 동작원리가 이루어졌다는 가설이 제기될 수는 있지만, 주지하다시피 택견의 전승체계가 비전식 전승 혹은 현대 무예의 도제식 전승이 아닌 민중 다수에 의해 공개적, 유희적 성격으로 다른 전통무예 경기 종목인 씨름이나 활쏘기처럼 약간의 제한된 규칙 안에서 자연스러운 전통식 전승이 이어져온 탓에 몸짓에 큰 변화가 가미될 가능성이 낮다. 설적운(2008)의 "택견의 수련복은 전통 복식인 한복을 입고 전통춤 사위에 나올 법한 '능청과 굼실'의 원류적 몸 쓰임새가 아직도 이어지고 있다"라는 말처럼 그 어떤 무예에 비해 독특한 몸짓이어서 그 골격만은 어쩔 수 없이 고스란히 담겨 전해져 올 수밖에 없는 것이다.

사실 택견의 독특한 동작이 현대 무예에 익숙해져 있는 문외한들에게는 생경하거나 우스꽝스러운 면이 있어서 직접 배우지 않는 한 깊은 부분을 표현하기 어렵고 오래하다 보면 자신만의 또 다른 동작을 바꾸고 싶어도 한계를 지닌 육신으로 표현하는 몸짓으로서는 그 이상의 완벽한 동작을 만들기란 불가능한 것이다. 공개적인 무예 경기가 단지 멍석 몇 장 안에서 이루어지면서 옛법(살수)금지와 느진 발질로 차기 그리고 옷을 잡아 찢으면 안 되는 등, 주로 선수보호를 위한 간단한 몇 개의 제한성을 지니면서도 맨몸으로 겨루는 무예경

---

2) '현재 지구에서 일어나고 있는 변화가 과거를 통하여 같이 일어났다.', 즉 'The present is the key to the past(현재는 과거의 열쇠다)'라는 의미로서 지사연구의 기본원리(지사학의 5대 법칙) 중의 하나이다 (Margaret Gary, Robert McAfee Jr. & Carol L. Wolf, editors, 1972).

기이므로 이러한 한계성 내에서 동작원리의 변화여지가 없거나 작을 수밖에 없다.

근대 태권도가 경기태권도로 변하면서 아직도 경기화 과정이 정착되지 못하고 있는데, 호구를 벗어 던지고 선수의 안전을 위해 곧은발질을 제한하거나 간단한 몇 가지 부분만 보완한다면 필연적으로 그 발전의 정점이 택견화 될 수밖에 없는 잠재성을 지니고 있다. 이러한 잠재성은 바로 택견의 동작원리가 관중과 함께하는 경기3)라는 측면과 선

유숙(1827~1873)의 대쾌도(大快圖)

수보호라는 양면에서 이미 발전의 극한에 이르러 완벽한 체계를 갖춘 경기임을 의미하는 것이다. 후술되지만 그 내면을 드려다 보면 현대의 운동역학 혹은 생체역학적 최첨단 이론을 바탕에 담고 있기 때문이라는 점을 깨닫게 된다.

고려사에서 여러 번에 걸쳐 기록된, 현재 택견으로 표기되는 '수박희(手搏戱)'는 그 당시에도 오랜 기간 경기로서 성행되면서 이미 나름

---

3) 『백년전의 한국』(1986, 가톨릭출판사, 240) 사진첩에서 외국 선교사가 찍은 아이들의 택견하는 모습이나 혜산 신윤복의 대쾌도, 기산의 풍속도, 연세대학교 한국어학당에 유학 왔던 작자 미상의 판화 등에는 모두 선수와 관중이 공존한다.

대로 충분한 과정을 거쳐 정착이 되었을 것이다. 이는 맨몸으로 하는 무예경기가 특정한 규칙 안에서 동작원리가 극한의 발전에 이른 후 규칙(rule)이 바뀌지 않는 한 원리자체가 바뀌지 않으므로, 당시에 수박희와 현재의 택견이 동질한 운동 원리를 담고 있는 것으로 추측된다.

양진방(1986: 42)은 "경기태권의 발전과정에는 전통택견을 모방하거나 수용코자 하는 의식적인 노력은 찾아볼 수 없고 밖으로 드러난 과정만을 살펴보면 경기태권과 전통택견 사이에 나타나는 동질성은 우연한 일치에 의한 것이라고 할 수 밖에 없다"라고 서술하고 있다. 손기술 위주였던 근대태권도가 발기술위주로 바뀌고 그 이외 수많은 변화는 바로 호구 위를 직접 가격하는 규칙의 변화에서 비롯된 것이다. 사실은 우연의 일치가 아니라 경기규칙의 변화가 불러온 필연적인 결과인 것이다. 맨손무예경기는 규칙에 규제되고 나아가 경기를 지배하는 것이다(김영만・심성섭, 2011: 143).

우리민족의 독특한 기질 중에 하나는 각박하고 심각한 전쟁이나 전투기술까지도 유희화, 경기화를 통해 쉽게 풀어내는 성향이 많다. 특히 평화시대가 지속되면 살상기술은 효용가치가 낮아지고 사회적 인식이 바뀌게 되어 직접적으로 익히기에는 여러 제약조건이 따르게 된다. 자연히 이러한 살상기술은 유희화, 경기화가 이루어지면서 분화・발전하는 과정을 겪게 된다. 이러한 특징은 우리나라 고유의 독특한 무예문화를 형성시켰다.

이러한 기질적 특성은 적어도 주류를 이루던 맨손무예 전체를 관통하여 흐르고 있다. 그것은 수박에서 수박희로 분화・발전되었듯이 쌈수택견(옛법 등의 손질이나 곧은 발질 등을 사용하는 무예적 기능

의 택견)에서 경기택견으로 분화·발전되고, 근대태권도에서는 경기태권도로 분화·발전되었다.4)

    그래서 경기태권도의 진행이 자연스레 택견과 유사한 경향을 띠게 되는 것이다. 다만 태권도는 현대에 이르러 경기화가 진행되었으므로 호구라는 방구(防具)가 개발됨에 따라 택견의 발질과 보법 등에서 자연스럽게 차이가 생겨나게 되었다.

    이러한 택견도 민중 다수에 의해 자연스러운 전통식 전승체계에서 소위 현대식 전승으로 바뀌는 이 시점에서는 조금씩 지도자들의 관심분야에 따라 약간의 개입이 생겨날 수도 있다. 그러나 이러한 주관적인 견해나 개입이 전체의 틀을 깨지는 않는다.

        ①   ②

오금치기: 발등으로 오금을 치는 기술

---

4) 이런 의미에서 태권도에 있어서 경기태권과 도장태권(품새)과의 괴리는 당연한 것이다.

그 단적인 예를 들어보면, 택견의 준비동작의 맨 처음 시작동작인 오금치기에 대해 지도자들은 다양한 의견을 보이고 있다.

한의학에 관심이 있는 사람들은 방광경이 지나는 곳이기에 적당한 자극을 주는 것이 필요하므로 치기도 전에 무릎을 구부려서는 안 된다는 관점5)을 가지고 있다. 또 다른 관점에서는 무릎은 한 방향으로만 움직임이 가능한 경첩관절6)이어서 발등으로 가격할 때 여덟팔자로 선 자세에서 무릎의 움직임도 같은 방향인 비스듬한 방향으로 이동해야 한다는 점을 강조하고 있다. 또 다른 경우, 택견의 능청동작에 주안점을 두어 오금을 치면서 상체를 최대한 젖히는 능청과 아울러

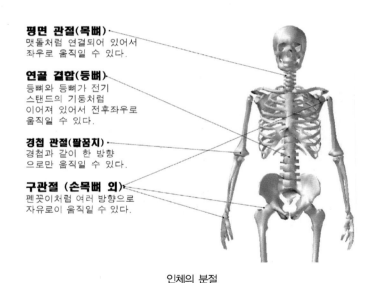

평면 관절(목뼈)
맷돌처럼 연결되어 있어서
좌우로 움직일 수 있다.

연골 결합(등뼈)
등뼈와 등뼈가 전기
스탠드의 기둥처럼
이어져 있어서 전후좌우로
움직일 수 있다.

경첩 관절(팔꿈치)
경첩과 같이 한 방향
으로만 움직일 수 있다.

구관절 (손목뼈 외)
펜꽂이처럼 여러 방향으로
자유로이 움직일 수 있다.

인체의 분절

---

5) 좀 더 세부적 설명으로 특히 등이나 허리가 아플 때, 자극을 통해 효과를 볼 수 있다는 방광경의 오수혈 가운데 토혈로서 오금 중앙에 있는 위중혈의 효과적인 자극을 위해 오금치기 시 무릎을 미리 구부리지 않는다는 의미이다.

6) 접번관절로도 불린다. 무릎은 대퇴골과 하퇴의 경골(tibia)과 비골(fibular)을 연결하는 경첩관절로 주로 굴곡과 신전이 일어난다.

무릎주변의 근육과 힘줄을 최대한 강화해야 한다는 등의 다양한 관점들이 있다.7) 그러나 이러한 다양한 관점이 전체의 틀에 전혀 영향을 주지는 않는다.

본서(書)에서는 택견의 동작체계를 통하여 민족적 무예의 이데올로기를 추출하려는 의도는 전혀 없으며 동작원리를 운동역학적, 혹은 생체역학적인 측면에서 재조명하고자 하는 가장 기본적이면서도 단순한 의미이다. 다만, 유사한 과정을 걷고 있는 무예경기와의 대비를 통해 현 택견의 동작원리가 도입되게 된 불가피한 상황을 부언하고자 한다.

이용복(1995)은 택견의 구성원리에서 "택견은 무술적·경기적 제 요소의 교호작용(交互作用)에 의해 중층적 구조로 발전되어왔으며, 경기적 기법 위주였던 송덕기의 택견이 신한승에 의해 무술적으로 체계화되었음을 알 수 있다. 신한승의 생존 시에는 그래도 택견의 운동원리 만큼은 온존할 수 있었으나 그의 사후에 젊은 후계자들은 근원적 원리에서 일탈하는 현상을 보이고 있다"라고 하였다.

김용옥(1990)도 "원래의 자연 발생적 상황 속에서 분위기로 익힌 것이 아니라 그 상황성이 사라진 후대에 개인으로부터 개별적으로 전수받은 것이기 때문에 해석의 왜곡이 개입될 여지가 많다. 또 태권도 품새의 영향, 즉 택견의 태권도화라는 악영향을 배제키 어렵다"라고 우려한바 충분히 개연성을 지니고 있으며 실제 우려하는 일들이 일어나고 있는 것은 틀림없는 사실이다.

---

7) 후술하겠지만 오금질이 무릎 부위의 근육을 강화시키는 것은 당연하며, 이 체중을 실은 무릎의 오금질이 반작용이라는 지면반력을 통해 신체의 분절을 최대한 신전시키고 나아가 공격하는 몸짓의 말단 부분에 채찍질의 원리로 빠르고 강한 힘을 실을 수 있다.

전술한 최복규(1995)의 '우리의 근대화는 한마디로 말하면 서구화'라는 표현처럼 발전의 정점에 있는 택견의 운동원리가 마침내 음양오행의 원리를 따라 물극필반(物極必反)[8]으로 일탈하려 하는 조짐을 보이고 있다. 서구화·체계화라는 형식을 빌려 신한승에 의한 '무예적 체계화' 혹은 '택견의 태권도화'는 아직은 경기라는 테두리 내에 있어서 일부 적용되는 곧은발질 등의 미세한 변화를 보이고 있다. 이 부분은 근대태권도가 경기태권도로 바뀌면서 택견화되고 있는데 비해 오히려 택견의 태권도화라는 역현상이 일어나는 것으로 아이러니한 사실이 아닐 수 없다. 그러나 아직 이러한 변화의 소지가 택견의 운동 원리에 심각한 변형이나 훼손의 단계에 이르지 않아 본 서(書)를 쓸 수 있게 되어 한편으로 자위(自慰)하며 그나마 온존한 운동 원리에 대해 중점적으로 다루고자 한다.

다만, 현대 운동역학이론과 접목해서 논리를 전개함에 따라 관련 사례나 자료 혹은 인용구가 비중 있게 삽입되었으며 택견의 동작들이 하나하나 분리된 것이 아니라 유기적으로 연결된 동작이어서 중복설명들이 불가피하거나 장황하게 전개됨을 부언한다.

따라서 택견의 동작원리가 서양의 운동학적 접근을 통해 택견에 내재한 동작이 얼마나 과학적인 원리로 구성되어 있는지를 심층적으로 살펴보고자 한다.

---

8) 만물의 변화가 극에 달하면 필히 원래대로 복귀함을 이름.

1. 동작원리의 각론

운동역학적인 면 – 운동 중인 물체는 뉴턴의 **3**가지 운동법칙에 지배를 받고 있다.

① 관성의 법칙: 물체가 외부의 힘이 가해지지 않으면 현재의 운동이나 정지 상태를 계속 유지하려는 성질이다.
② 가속도의 법칙: 움직이는 물체에 같은 방향으로 힘이 작용하면 그 힘에 비례하고 질량에 반비례하는 가속도가 생긴다.
③ 작용과 반작용의 법칙: 인체의 어느 지점에 힘을 주면 그 힘에 대하여 크기가 같고 방향은 반대인 반작용의 힘이 동시에 생기게 된다.

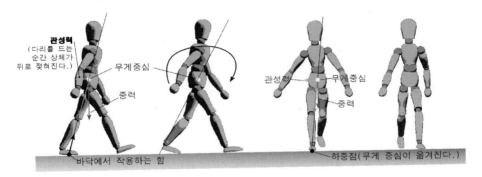

작용과 반작용의 원리

신체운동방법의 원리

운동의 법칙에 따라 운동방법의 원리를 몇 가지 살펴보면 다음과 같다.
① 목표초점의 원리: 시선을 목표물에 집중함으로써 운동효과를 높인다.
② 반대작용의 원리: 달리기 동작에서 두 팔과 두 다리가 반대로 엇갈리게 움직이면서 운동을 자연스럽게 행하면 운동효과가 높아진다.
③ 에너지 활동비율의 원리: 운동타이밍에 맞춰 강약을 조절하면서 힘의 완급을 조절하면 운동효과가 높아진다.
④ 전체 집결의 원리: 몸 전체가 함께 움직이며 운동을 하면 운동효과가 높아진다.
⑤ 팔로스루의 원리: 동작을 취한 후 신체의 움직임이 그 운동의 진행방향으로 계속되어야 동작이 원활해지고 운동효과가 크다.

인간은 태어나서 걸음마부터 시작하여 걷고, 달리기 시작한다. 이러한 본능적인 행위는 인간의 몸과 마음을 단련하고 나아가 격투에서 발의 움직임은 공방의 필수적인 요소가 된다. 걷는다는 것에 대해 앞발이 나아간다는 측면에 치중하는 관점이 있지만, 보행이 불편하거나 나이가 들어갈수록 보행이 느려지고 보폭이 준다는 점을 감안한다면 걷는다는 것은 내딛는 발 이전에 밀어주는 뒷다리의 작용에 의해 앞발이 내밀어지는 것이고, 육신의 나이가 먹을수록 하체의 힘이 약해질 뿐 아니라 그 때문에 평형감각까지 떨어지게 된다. 이러한 밀어주는 뒷발에 치중하는 보법도 관심을 가질 필요가 있다. 건강을 위해서 내딛는 발에 치중하는 보행법이 바로 유산소운동이 병행되는 빨리 걷기이며 근래 유행하는 운동법 중의 하나이다.

Crawford, Scheckenbach, Preuse(1999)와 Bryan, J., & Tiggemann(2001)은 "걷기 및 속보 형태의 유산소성 운동은 노령자나 여성, 과다 체중자, 심장질환자의 재활운동, 체력향상 그리고 고관절, 슬관절, 족관절 수술 후의 회복기 후기에 아주 적합한 운동으로서 권장되고 있으며, 또한 특별한 장비나 경제적인 부담 없이 행할 수 있는 가장 안전한 유산소성 운동으로서 걷기 운동은 같은 거리를 운동했을 때 건강달리기와 거의 같은 양의 에너지가 소비되어 체중조절 및 체력향상에 매우 유리한 운동일 뿐 아니라, 운동 시행 중 상해의 위험이 거의 없어 매우 효과적인 운동이라고 할 수 있다"라고 하였다.

우리가 건강을 위해 행하는 등산에서도 오금질과 유사한 행위들을 발견할 수 있다. 우선 오르막길에서는 뒷발을 밀어주면서 무릎이 굽혀진 상태에서 앞발을 착지하게 되고 착지한 발이 펴지면서 앞으로 나아간다. 내리막길에서는 펴진 앞발을 착지하면서 충격을 흡수하기 위해 무릎이 자연히 구부려지게 되는데, 이것은 경사로 인해 지면반력을 얻을 수 없지만, 오금질과 같은 동작형태를 보여주는 것이다. 오금질은 평평한 지형에서 품밟기 중에 지면반력을 이용해서 리드미컬하게 이루어지는 보법인 데 비해 등산의 보법은 같은 형태를 보이지만, 지면반력을 얻을 수 없어서 단조롭게 이루어지는 것이다. 단순한 걷기도 오금질을 이용하여 걷게 되면 보속은 느리나 상당한 운동효과를 얻을 수 있으며 품밟기를 이용한 오금질은 등산 이상의 운동효과를 기대할 수 있다.

오금질을 할 줄 몰라도 이와 유사한 형태가 실생활에서 보이는 사례가 있다. 장기간 질병으로 자리를 보전한 사람들은 다릿심이 없어서 걸을 때 오금이 툭툭 꺾이기도 하는데, 그것을 나쁘게만 받아들일 것이 아니라 건강을 회복하기 위한 자연스러운 현상으로 삼아야 한다. 이것은 택견에서의 오금질과 다를 바 없는데, 걷기운동에서 애써 걸음을 내디딜 때 오금을 툭툭 꺾어주게 되면 운동효율성이 상당히 높아져서 뜻밖에 빨리 회복된다. 다만, 다리 전체근육에 상당한 부하를 유발하므로 처음부터 너무 무리하지 않는 것이 좋다. 오래 운동을 하지 않은 사람들은 근육통을 유발하거나 자는 동안 손락(孫絡: 맥 중에 가장 조그마한 분지)이 열리면서 가장 충격을 많이 받은 대퇴직근 부위가 뜨끔뜨끔하거나, 혹은 찌릿찌릿한 느낌을 받기도 한다. 이것은 실내에서도 제자리걸음을 통해 수시로 행할 수 있으므로 특히 운동을 싫어하는 사람들에게 각광받을 수 있다.

모든 운동선수가 심폐기능 강화와 체력, 지구력 등을 키우기 위해서 달리기를 필수적으로 하는 것 또한 단순히 언급한 이러한 효과뿐 아니라 하체의 힘을 강화시킴으로써 정신력의 강화까지 꾀하고 있는 것이다.

민경환(1986)은 "다리의 기능을 강화시킴으로써 운동 효과는 정신력까지 강화된다. 즉 다리를 많이 쓰면 정신력이 좋아진다. 다리를 많이 쓰는 사람은 무예가, 다음이 축구선수, 그 다음이 스포츠 선수인데, 이들은 모두 다리의 강화 때문에 정신력 또한 강하다"고 하였다.

그런 점에서 볼 때 다리를 많이 쓴다는 점 하나만으로도 택견은 이상적인 운동의 하나다. 다리를 많이 쓰는 무예는 단위 시간당 운동효율이 일반운동보다 현저히 높다.

택견 동작을 반복 숙달로 익히다 보면 '굼실과 능청'으로 이어지는 품밟기와 공방이 동시에 이루어지는 오묘한 원리를 담고 있는 보법일 뿐 아니라 신체 각 부위의 활동을 효율적으로 극대화시켜 모든 힘을 공격지점으로 결집시키는 고도의 신체 굴신원리를 담은 몸짓임을 깨닫게 된다. 아울러 최소한의 노력으로 체중과 힘을 효과적으로 집중시키는 동작원리를 지닌 전통적인 우리 몸짓으로서 여타 어느 무예보다도 독특한 몸짓을 지니고 있다. 또한 자연스러운 가운데, 허릿심을 이용하고 공격하는 신체 말단 부위에 체중을 실으며 굼실거리는 가운데 무릎의 탄력을 이용하여 공격력을 높이고 몸에 힘을 뺌으로써 스피드를 높이는 등 다양한 신체활용원리들이 담겨 있는 사실을 깨닫게 된다.

구체적으로 살펴보면, 인체의 중심부에 있는 허리를 감았다가 풀면서 그 허리의 복원력을 이용하고 허리를 능청하면서 체중의 반작용을 공격하는 발끝에 싣는 형태, 혹은 몸 전체를 던지듯이 동작에 체중을 싣는 것, 역근의 원리를 이용해서 힘을 효과적으로 결집시키는 방법들을 들 수 있다.

더욱 중요한 것은 동작원리 자체가 하단전을 중심으로 이루어지고, 품밟기라는 독특한 보법 자체가 공방의 묘리를 동시에 담고 있어 공수전환이 품밟기 안에서 이루어지므로 별도의 방어기법이 거의 없다는 사실이다.

하단전을 통해 펼쳐지는 동작들은 가장 안정되면서 효과적인 동작을 취할 수 있다. 다른 여러 스포츠와의 비유로 충분한 설명이 가능하겠지만, 핵심적인 부분만을 이야기한다면, 거의 모든 발질에서 하단전을 중심으로 최대한의 신전이 일어나는 동시에 여러 운동역학의 원리가 동시에 결집된 발질공격이 일어나는 것이다.

다음에 언급되는 여러 동작은 일부 동작에서 국한되는 동작들이 아니라 대부분의 동작에서 모두 자연스럽게 내포되거나 연속동작, 혹은 복합적이거나 유기적으로 연관된 동작들이다.

2. 힘빼기의 원리

다음의 예는 채찍의 원리를 설명하기 전에 사례로 인용되는 것들이다. 하지만 사례의 단서조건에는 인체의 분절처럼 자유롭게 굴곡이 가능한 상태에 있어야 한다. 가령 경질의 채찍이라면 여기서 언급되는 채찍의 원리가 적용되지 않을 것이다.

> 6명의 아이가 손을 잡고 걸어가는데 맨 앞에 있는 아이가 갑자기 멈추면 어떻게 될까? 순차적으로 간격이 밀착하게 되는데, 맨 뒤에 있는 아이는 아주 빠른 속도로 당겨지게 될 것이다. 몸무게는 모두 동일하게 50kg으로 초속 2m을 달리면, 전체 운동량은 '50kg×6명×2m/초

=600kg/m/초'가 된다. 이 중 5명의 아이가 순차적으로 정지했다고 하면, 맨 뒤에 있는 아이만 움직이고 있을 것이다. 운동량 보존의 법칙에 의하여 전체 운동량은 동일하므로, '600kg/m/초=50kg×1명×12m/초'가 된다. 즉 마지막 아이가 움직이는 속도는 전체 아이들이 움직일 때보다 6배나 빠른 12m/초가 되어 매우 빠르게 움직인다(김성수, 2002).

吉丸慶雪(강태정 역, 1997)의 『발경의 과학』이라는 책에서 다음과 같은 예를 볼 수 있다.

차가 충돌을 하고 조수석에 앉았던 사람이 앞 유리창을 뚫고 밖으로 튕겨 나갔다. 운동량 법칙에 의하면 '외부의 힘이 작용하지 않는 한 물체계 전체의 운동량은 변하지 않는다.' 이것은 에너지 보존의 법칙을 역학적 운동으로 한정한 법칙으로서 물체가 분열한 경우를 가정할 때, 속도 V, 질량 M의 물체 A가 질량(M-m)에서 속도 V'의 파편 B와 질량 m에서 속도 V'의 파편 C로 분열했다면 운동량 보존의 법칙에 의해 MV=(M-m)V'+mv이다. 차와 사람의 합계 질량을 M, 사람의 질량을 m으로 하고, 차가 속도 V로 달렸다고 하자, 그러다가 차가 충돌하여 정지하고 사람이 차에서 튀어나왔다고 하면 급정거한 차의 속도 V'는 제로이기 때문에 운동량 보존의 법칙에 의해 다음 식이 성립된다. MV=mv 그런데 차의 질량 M에 대해 사람의 질량m은 너무나도 적으므로 인간은 믿을 수 없도록 튀어나가게 되는 것이다. V=MV/m 차량의 속도가 빠를수록 충돌로 급정거하면서 사람이 사출되는 속도가 증가하는 것이다.

그래서 안전운전을 위하여 안전띠를 매도록 법으로 규정하고 있다. 위 두 사례의 경우에 분절이 없거나 자유 상태에 있지 않은 분절, 혹은 구속된 물체에는 이런 원리가 성립되지 않는다. 즉 아이들이 손에 힘을 꽉 쥐고 걸어가는 경우와 자동차 안에서 안전벨트를 매고 있다면 예시와 맞지 않는 상황이 될 것이다.

도리깨와 쌍절곤

　위의 도리깨와 쌍절곤의 그림에서 도리깨의 끝은 딱딱하지 않아서 맞아도 극심한 통증은 없으나 쌍절곤을 돌리다가 머리에 맞아 극심한 통증을 경험한 사람들이 간혹 있을 것이다. 단 하나의 분절에서도 그 끝의 스피드는 대단한 것이다. 도리깨는 그 끝에 부드러운 휘추리를 달았음에도 단단한 알곡의 껍질을 벗겨 내는 것이다. 여기서 만약에 분절이 없다면 휘두르는 힘이 더 많이 들고 분절이 자유로운 상태에 비해 채찍의 원리가 적용되지 않아서 스피드도 훨씬 떨어질 것이다.

인체의 근육을 경직시켜서 분절이 원활하지 않다면 마찬가지로 최적의 동작이 나오지 않는다. 택견이 타 무술과 다른 점은 바로 전신에 힘을 빼고 분절이 자유로운 상태에서 움직이도록 동작원리가 구성되어 있는 것이다.

택견은 처음부터 보호 장구라는 개념 없이 민중에서 행해졌던 무예경기였으므로 느진발질만이 허용되었고, 느진발질을 통한 공격에는 힘빼기라는 원리가 불가피했을 것이며, 나아가 느진발질로서 공격 효과를얻기 위해서는 동작 하나에도 신체 전체를 이용하려는 동작원리가 도입될 수밖에 없었을 것이라는 추론이 가능하다.

1960년대 로마올림픽에 전시한 박철희사범과 송덕기옹(경회루)

힘빼기와 관련된 박철희(2005)의 주먹 지르기에 대한 구술을 음미해보자.

주먹을 지르는데 빠르기와 파괴력을 갖기 위해서는 처음부터 주먹을 꽉 쥐어서는 안 된다. 손이 나오는 곳에서는 힘이 들어가지 않다가 목표지점에 가서 순간적인 힘을 가해야 파괴력을 극대화할 수 있다. 그런데 내가 지금까지 가라테를 중심으로 한 일본 무예나 국술이라 불리는 중국 무예 여러 가지를 봤지만 모두 손이 나오는 곳에서부터 주먹을 쥐고 있는 것을 볼 수 있다. 이는 손에 과도한 힘이 들어가고 이로 인해 목표지점까지 가는데 손이 흔들려 직선이 되기 어렵게 하는 문제를 안고 있다. 이러한 문제를 안고 있지 않은 무예는 60여 년 가까운 무예 인생 동안 우연히 보게 된 '수벽치기'의 손동작이었다. 거기에서는 손을 '고드기'라 하여 태권도의 '관수'같이 했다가 목표물에 닿을 때 '줌', 즉 주먹을 쥐는 것을 볼 수 있었는데, 이것이 가장 합리적인 주먹 지르기 방법이라고 여겨진다. 왜냐하면, 손을 펴서 긴장을 풀었다가 목표지점에서만 힘을 가하기 때문에 군더더기가 없고, 직선에 가장 가깝게 나가기 때문이다. 더구나 손을 쥐었다 폈다 하는 과정에서 기구 없이도 주먹뿐 아니라 손의 전반적인 수련이 이루어지는 것을 알 수가 있는데, 내가 지금까지 수련하면서 원하던 주먹 지르기의 모습과 가장 일치한다.[9] 이런 점은 다른 무술에서 찾아볼 수 없는 우리 무예만의 특징이 아닌가 생각되는데, 이런 동작은 태권도에서도 수용할 필요가 있다고 생각된다.

던지기나 발질동작이 같은 범주의 동작이며 골프 또한 이 논리에서 벗어날 수 없다. 가장 이상적인 골프 스윙동작의 하나로 힘을 빼는 것이며 단순히 힘을 빼는 데 3년이란 세월이 소요된다는 속설이 있을 정도로 중요하게 언급되는 부분이다.

골프에서 그립을 잡을 때 손가락으로 강하게 잡으면 팔뚝과 손가락의 근육이 함께 수축하므로 팔과 손이 경직되고 손목의 운동범위도 제한을 받게 되는 것이다. 이러한 이유로 그립을 강하게 잡으면

---

9) 육태안(1991)은 『우리무예 이야기』에서 손바닥 안에 공간이 생기도록 해서 반쯤 쥔 것을 '반줌'이라 하고 주먹질은 허공에서 반줌의 상태로 연습하고 주먹을 세게 움켜쥐고 연습을 하면 어깨가 굳고 머리에 나쁘다고 하였다. 타격 시에는 반줌의 상태에서 부드럽게 움직이다가 목표에 닿으면 재빨리 온줌(주먹을 세게 움켜진 것)으로 바꾸어 세게 꽉 쥐어박는다고 설명하고 있다.

자유롭게 움직여야 할 손목의 움직임을 제한하고, 이어서 팔, 어깨를 연쇄적으로 경직되게 하여 자유로운 스윙동작을 방해하게 된다. 클럽의 무게가 그립을 강하게 잡아야 할 만큼 무겁지 않은데도 불구하고 잘하려는 마음이 앞서면 이러한 현상이 생긴다. 대부분의 아마추어 골퍼들은 그립 압력만 개선해도 샷이 훨씬 좋아질 것이다.

이 역시 긴장된 근육 때문에 효율적인 동작을 취하기 어렵게 만드는 사례 중의 하나이다. 1997년 결련택견에서 상대방 선수의 광대뼈가 함몰된 사례가 발생했다. 곁치기(째차기) 공격에서 발생한 것으로 완전히 끊어 찬 게 아니라 느진발질이 일부 포함되어 있었음에도 심각한 부상으로 연결된 것이다. 택견 경기에서 드물게 나오던 사례로 초보자와 숙련자의 경기에서 초보자가 사전에 겁을 먹고 피하는 과정에서 숙련자의 공격이 뜻대로 잘 이루어지지 않자 한순간에 허점을 발견하고는 공격하는 발질에 급한 마음을 싣게 되어 느진발질이 제대로 이루어지지 않고 곧은발질(끊어차기)이 된 것이다.

그래서 보호 장구를 착용하지 않고 상대의 신체를 직접 가격하는 택견경기를 위해 항상 몸에 힘을 빼고 느진발질이 되도록 연습을 한다. 이는 채찍의 원리가 적용되는 것이다.

택견 수련자들 중에는 프로골퍼로서 입문하고자 하는 이들이 간혹 있다. 그들 역시 택견동작을 구사할 때 힘을 빼는 동작에 익숙지 않아서 어색한 모습을 보이기 일쑤이지만, 골프 스윙에서도 힘을 빼라는 조언을 늘 받아 왔는지 택견 동작의 힘을 빼는 원리에 대해 많은 관심을 보인다. 또한 여성들이 남성들보다 초기에는 유연하고 정확한 동작을 취하는 경우가 많은데 그 이유는 여성들의 골반 자체가 유연하고, 무예 동작이라 해서 특별히 잘하려고 무의식적으로 힘이 들어

가는 경우와는 달리, 마치 체조라도 하는 것처럼 편하게 힘을 빼고 동작을 구사해서 그런듯하다. 물론 오랜 숙련자들과 같이 힘 있는 동작은 오히려 익숙해지는 데 더딘 감이 있다.

무예를 오래 수련한 사람들은 어떠한 상황에서도 평상심을 유지하기 위해 각별한 노력을 기울이고 있으며 그런 태도를 견지하는 것을 가장 이상적인 모델로 삼고 있다. 예를 들어 인상이 험악한 금강 역사상 같은 표정은 오히려 자신의 한계를 무의식적으로 그런 표정을 통해 감추려는 것에서 비롯된다는 점을 잘 인식하고 있다. 실제로 그런 표정이나 몸짓은 근육을 경직시켜서 이상적인 동작이 제대로 이루어지지 않는다. 동물 세계의 예를 들어보면 두꺼비가 무서운 상대를 만나면 몸을 찐빵처럼 부풀리는 현상도 이와 유사한 사례이다. 이 힘을 빼고 하는 동작에 대한 택견의 동작원리를 한 마디로 표현한다면 능유제강(能柔制强)이라 할 수 있다.

힘을 뺀 상태와 다소 긴장한 상태의 발질속도는 미세하지만 차이가 있다. 그 예로 찰나 간에 승부가 나눠지는 태권도발차기의 변화에서 찾아볼 수 있다. 근대태권도의 발차기는 앞축차기(발가락을 젖혀서 발축으로 차는 것)가 이루어졌지만, 이러한 양상은 후에 발등차기로 바뀌었다. 발가락을 젖힌 상태는 관련근육이 긴장되고 힘이 들어감으로 발등차기에 비해 다소 속도가 떨어진다. 따라서 경기태권도는 자연히 스피드가 빠른, 힘을 뺀 발등차기를 선호하게 된 것이다. 힘을 뺀다는 것은 부드러운 몸짓으로 빠른 스피드를 낼 수 있다. 한편 가라테에서 앞축차기나 낮은 발차기가 선호된 것은 무릎을 꿇어앉는 생활습관, 복장이나 신발 등에서 비롯되는 효용성과도 유관한 것으로 추측된다.

3. 품밟기의 원리

1) 품밟기 움직임의 기본

(1) 품밟기의 굼실과 능청은 발의 기술을 살리기 위해서이다

품밟기의 동작은 굼실과 능청으로 이루어지며 항상 한쪽 발이 허(虛)가 되고 반대쪽 발은 실(實)이 된다. 실의 발은 몸을 지탱하는 축이 되고 허의 발은 공격을 할 수 있게 된다.

즉 품밟기는 굼실(實)→능청(虛)→굼실(實)→능청(虛)으로 이어지는 양발의 중심이 전후좌우로 이동하는 동작이다. 이러한 자유로운 중심이동은 허실이 만들어져 효과적인 발기술을 사용할 수 있게 된다. 품밟기는 항상 허실의 상태를 유지하고 있어 어떠한 방향의 공격도 임기응변으로 대처할 수 있어 승리의 지름길이 된다.

이러한 품밟기 속에서 굳센 힘을 축적하는 동작이 이루어지게 된다. 품밟기는 전후좌우, 상하 또는 S자 모양이나 원을 그리면서 이루어지는 과정으로 굼실 상태에서 힘의 축적이 이루어지고 능청상태로 돌아가는 과정에서 축적된 힘이 발산하게 된다.

앞발이 허(虛)인 자세   앞발이 실(實)인 자세

품밟기 허실의 동작원리

① 굼실   ② 능청

굼실과 능청은 용수철의 탄성에너지를 가지고 있다.

※ 탄성: 힘을 받아 변형을 일으킨 물체가 힘이 제거되었을 때 원래의 모양으로 되돌아가려는 성질

용수철의 원리

(2) 입체적인 공방(攻防)이 이루어진다

대부분 무예들은 상대와 공방 시 직선적이거나 곡선적인 공방이 이루어진다. 택견은 여기에 입체적 공방이 가해진다. 입체적 공방은 전후좌우로 이동하거나 회전하고 공중으로 뛰어오르는 방법 등 복합적인 다변화를 이룬다. 방어는 단순히 상대의 공격을 피하는 것이 아니라 즉각적인 되받기가 된다. 즉 입체적 방어가 공격이 되고 방어를 위한 방어가 아닌 공격을 위한 방어가 이루어진다.

가. 입체적 공방을 위한 품 재게밟기

① 좌품을 앞으로 비스듬히 밟는다.
② 솟구치며 좌우 발뒤꿈치로 엉덩이를 찬다.
③ 우품을 앞으로 내민다.(좌우 번갈아 실시한다.)
요령: 발을 바꿀 때 발뒤꿈치로 뒤 허벅지를 때린다. 몸의 중심은 대부분 뒤쪽 다리에 체중을 두면서, 마치 토끼가 깡충깡충 뛰듯이 품밟기를 한다.

적용: 두발 오금차기 공격 시 뛰어 오금 밟기 등으로 되받기 할 수 있다.
요령: 품을 빠르게(재게) 바꾸는 것으로써 품밟기의 보폭이 매우 짧고 발뒤축으로 뒤 엉덩이
　　를 툭툭 차듯이 발을 바꾸는 동작이다. 상대가 두발을 함께 공격할 때 피하면서 되받아
　　치는 기술로 응용할 수 있다.

나. 입체적 공격을 위한 솟구치기

① 두 무릎을 굼실한다.　　　② 위로 솟구친다.

③ 두 무릎을 가슴으로 당겨 올린다. ④ 상대의 공격을 피하면서 솟구쳐 차기로 공격한다.

입체적인 공방법(攻防法)

(3) 품밟기의 원운동은 항상 공격할 수 있는 원심력의 체계이다

원운동은 항상 공격할 수 있는 체계가 내재되어 있다. 원운동이란 모가 없고 항상 회전하고 있어 공격과 방어에 가장 적합한 운동이다. 품밟기는 굼실에서 능청으로 능청에서 굼실로 이어지는 동작들로 구성되어 있으며 좌우로 몸을 선회시켜 하체→허리→상체 순의 유기적인 움직임이 연쇄적인 원운동을 한다.

또한 원운동을 통해 손과 발의 질점(質點)이 회전력으로 증가하여 원심력이 뱃심으로부터 공격하는 힘을 가지게 된다. 그리고 원심력은 공격하는 부위에 곡선운동이 추가되어 더 강력한 힘이 증가된다. 이러한 동작 속에 공방의 상태가 유지되고 있으며, 상대와 거리가 좁은 공간에서도 원심력을 이용하면 큰 힘을 낼 수 있다.

예) 포환던지기, 원반던지기, 해머던지기 등은 제자리에서 회전하면서 원심력의 힘을 얻는다.

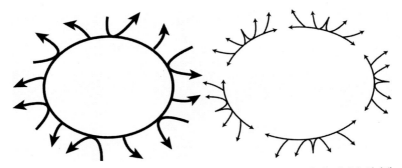

모든 방향으로 공방이 가능하고 연속공격과 회전력으로 상대의 공격을 흘려보내거나 튕겨낼 수 있다.

원운동의 공방원리

① 앞으로 눌러 밟는다.
몸의 중심 이동을 앞뒤로 하는 동작이다.

② 뒤로 눌러 밟는다.

앞뒤 품밟기의 원운동법

① 우품을 좌측으로 허리와 무릎을 회전한다.

② 반대편으로 회전한다.　　　　　　　③ 뒤로 회전한다.

요령: 몸의 중심이 앞뒤로 움직이면서 무릎과 허리를 돌리는 동작으로 마치 팽이를 치면 회전하듯이 한다(반대로 실시함). 허리의 회전력과 반동을 이용해 S자를 그리는 공방법이다.

몸 돌려 품밟기

① 겨루기 자세

② 우측 발을 오른쪽 방향으로 회전한다.

③ 허리와 무릎의 회전을 이용하여
   좌측 발쪽으로 돌린다.

④ 무릎을 곱꺾어 올린다.

⑤ 회전력을 이용하여 밭발따귀로 공격한다.

몸 돌려 품밟기를 이용한 공격법

① 상대가 학치지르기로 무릎을 공격한다.

② 무릎의 회전으로 피한다.

③ 무릎의 회전력으로 상대의 다리를 쳐낸다.

④ 상대의 오금을 밟는다.

몸 돌려 품밟기를 이용한 되받기

(4) 품밟기의 부드러움은 상대의 공격을 흡수한다

품밟기는 상대의 공격을 정면으로 받지 않고 힘을 흘러 보내거나 흡수를 한다. 상대가 100%의 힘으로 공격을 해오면 99%의 흡수력이 있거나 흘려보내면 방어자의 입장에서 손상이 거의 없는 상태가 된다. 그러나 상대의 힘이 방어자에게 99%의 충격이 주어지고 흡수력이 1%만 된다면 손상이 크게 발생하게 된다. 이러한 원리는 유술의 능유제강(能柔制剛)처럼 택견의 부드러움이 상대의 강한 공격을 역이용할 수 있게 하고 역학적인 힘의 원리에 의해서 작은 힘으로 큰 힘을 제압할 수 있게 한다.

원반던지기: 회전운동과 던지는 타이밍이 중요하다.
원심력은 물체의 질량이 클수록, 회전이 빠를수록, 회전반경이 클수록 커진다.

※ 원심력: 물체가 원운동을 할 때 원 바깥으로 움직이려는 성질

원반던지기의 회전운동

<팽이의 원리>

팽이는 원심력과 구심력의 조화로 회전한다. 팽이는 한쪽으로 회전하여 원심력을 형성하고 회전은 중심축이 형성되며 원심력과 같은 구심력이 발생하여 계속 회전하는 것이다. 멈추는 것은 지면과 팽이의 마찰력으로 인해 에너지의 손실이 일어나기 때문이다. 예를 들어 상대가 딴죽으로 공격하면 자신의 자세를 똑바로 유지하고 발과 허리를 회전하면 팽이의 원리인 원심력으로 벗어날 수 있다.

팽이는 치기와 당기기의 힘으로 넘어지지 않고 회전한다.

팽이의 원리

① 양손을 어깨에 걸친다.

② 발과 허리의 회전과 동시에
어깨 맴돌리기를 한다.

③ 어깨 맴돌리며 덧걸이를 한다.

팽이의 원리를 이용한 맴돌리기

2) 품밟기에 대한 이해

품밟기는 택견의 핵심기술이다. 품밟기는 품(品)자 모양으로 발을 내딛는 단순한 동작이지만 여기에 택견의 기술원리가 함축되어 있다. 어떤 무술의 기술이라도 품밟기의 동작원리를 적용하면 모두가 택견 경기기술이 될 수 있다. 품밟기는 상대선수와의 거리, 타이밍 등을 좌우하는 것으로 승부의 중요한 요소가 된다.

품밟기의 기본요령
첫째, 한쪽 다리의 오금을 구부리며 체중을 옮긴다. 이것을 굼실이라 한다.

둘째, 나머지 한쪽 다리를 내딛으며 구부린 다리의 오금을 편다. 이때 아랫배를 앞으로 내밀고 허리를 젖힌다. 이것을 능청이라 한다.

셋째, 당겨진 고무줄을 탁 놓아버리듯이 뱃심을 빼고 뒷다리를 구부리며 체중을 처음과 같이 뒷다리에 옮긴다.

넷째, 앞발을 당겨 뒷발을 옆에 놓으며 오금을 구부리고 굼실거리며 체중을 옮겨 싣는다.

다섯째, 처음 구부렸던 다리를 앞으로 내딛으며 뱃심을 내민다. 이와 같은 동작을 반복하는 것이 품을 밟는 것이다.

①

②

③

④

⑤

⑥

⑦

⑧

⑨

⑩

① 원품: 편안한 자세로 발을 어깨 넓이로 벌려 자연스럽게 양쪽다리에 체중을 균일하게 나
누어 선다.

② 상대의 우측 무릎을 학치지르기로 차준다.

③ 몸을 가라앉으며 왼쪽다리에 실려 있는 체중을 오른쪽다리로 옮긴다.

④ 왼발을 비스듬히 앞으로 내밀어 좌품으로 선다. 이때 오른다리를 펴면서 몸을 능청거리듯
이 허리를 약간 뒤로 젖히며 아랫배를 내밀어준다.

⑤ ④동작에서 팽팽하게 탄성을 지니고 긴장을 풀어 버리고 힘을 빼고 몸을 낮추며 오른 다
리로 중심을 옮긴다. ③의 동작과 동일하다.

⑥ 왼발을 오른발 뒤축 가까이 옮겨 디디며 오른발의 체중을 왼발로 완전히 옮긴다. 이때 오
른발은 약간 들려 있는 상태가 된다.

⑦ 몸을 우뚝 세우며 오른 다리를 앞으로 비스듬히 내딛고 우품으로 선다. 발이 바뀌기는 하
였으나 ④와 동일한 요령의 동작이다.

⑧ ⑤의 동작과 같은 요령으로 오른발에 실려 있는 체중을 왼다리에 옮기면서 오른 다리를
거두어들인다.

⑨ 오른발은 왼발 뒤축 가까이 당겨 놓으며 오른발에 왼 다리의 체중을 모두 옮긴다. ⑥과 같
은 방법이다.

⑩ 원품으로 선다.

* 이를 반복하는 것을 품밟기라 한다. 이때 무릎을 가볍게 구부리는 ③ ⑤ ⑥ ⑧ ⑨의 동작을 '굼실'이라 하고
뱃심을 내고 몸을 활처럼 휘게 하는 ④ ⑦의 동작을 '능청'이라 한다.

역품밟기(빗밟기)

①

②

③

④

⑤   ⑥   ⑦

원품에서 한쪽 발을 정면으로 내딛으며 좌품, 우품으로 바꾸며 교대로 밟는다.
품밟기 시 몸에 힘을 빼고 굼실과 능청거리며 무릎과 허리의 원운동을 연속적으로 실시한다.

① 원품
② 오른발 다리를 낮추면서 왼발을 들어올린다.
③ 왼발을 앞으로 내딛는다(착지점은 정면의 가운데 지점).
④ 다시 왼발을 거두고 오른 다리를 굼실한다.
⑤ 처음의 지점에 왼발을 놓고 오른발을 든다(이때 앞으로 나와 있는 오른발은 발끝이 45도
   가량 벌려진 상태이다).
⑥ 앞으로 내딛는다(착지점은 ③과 동일).
⑦ 원품

* 품내밟기는 앞으로 발을 내놓을 때 원품 가운데 지점을 지나서 앞뒤로 품을 밟는다. 정삼각형(△)으로 착지점이
   고정되어 있는 것만 다를 뿐 품밟기의 기본 형태와 요령은 동일하다.

정품밟기(품내밟기)

택견의 산증인 송덕기에 관한 최초의 신문기사(1964년 5월 16일 (토))『한국일보』「續 人間文化財」라는 부제의 기사를 살펴보면, "택견에서 몸을 능청대며 는지르는 것도 덮어놓고 하는 것이 아니고, 발을 品자로 놓는다는 약속이 있으며, 누구든지 땅에 먼저 손을 짚으면 패하게 되어 있다"고 하였다.

모든 경기는 규칙(rule)이 경기를 지배하고 규칙에 따라 겨루기의 모습이 달라진다. 송덕기의 다양한 품밟기는 공통적으로 상대와 거리가 한걸음 이상 떨어지지 않는다. 이것은 옛날 택견판(경기장)이 가마니를 두서너 장 펴서 깔거나, 멍석 한 장의 좁은 공간에서 이루어졌기 때문이다. 이러한 가까운 거리의 공간은 발질과 밟기 등 가능한 모든 형태의 기술을 개발시키는 동기가 되었을 것이다.

또한 느진발질을 불가피하게 사용하는 택견은, 효과적으로 지면반력을 얻어 발질에 힘을 싣고자 오금질을 동반하는 품밟기를 고안해 내었다. 품밟기는 신체의 중심을 끊임없이 이동하면서 내딛는 발의 오금질을 통해 그 반력을 공격발질에 싣는 것이다. 경기에서 주로 쓰이는 역품(∵)형태의 품밟기는 정형화되어 있는 것처럼 보이지만, 상대의 공격을 좌측, 혹은 우측으로 흘려보내면서 좌우측 방향으로 내디딘 발의 오금질을 이용해서 공격하는 것이다.

오금질은 택견의 움직임을 원활하게 해주는 기능을 지니고 있어 발을 내딛는 즉시 굽혀진 오금의 지면반력을 통해 찰나(刹那)간에 펴지면서 내디딜 때 생기는 지면반력을 흡수하여 다음 품밟기를 용이하게 하거나 발질공격에 반력을 싣게 된다. 바로 품밟기 보법의 핵심이다.

즉 상대의 공격을 피하는 것도 오금질을 통한 품밟기이며 이는 오금질에 의해 공수전환이 바로 이루어지는 기능을 하고 있다. 품밟기는 겨루기 시 정해진 위치에 꼭 발이 놓인다는 법은 없으며 품밟기의 형태상 택견에는 상대의 공격을 뒤로 피하는 동시에 되받기가 이루어진다.10) 이러한 품밟기가 유독 독특한 보법으로 존재하는 이유는 다음과 같다. 첫째, 택견은 발질을 주로 사용함으로써 몸의 무게 중심이 비교적 높으며 안정된 상태를 지속적으로 유지하기 어렵지만 찰나적인 공격이 가능하다. 그리고 발질은 손질보다 파괴력은 더 있으나 동선이 길어 목표를 가격하는 정확도가 낮아 움직이는 상대를 정확히 맞추기 어려움으로 끝없는 움직임을 통해 상대를 교란시키기고 공격 시기를 포착하려는 것이다. 둘째, 상대의 공격을 적극적으로 피하면서 동시에 오금질을 통한 반력을 이용하여 다음 동작을 취하거나 발질공격에 싣고자 함이다.

오금질을 통한 반력을 싣는다는 의미는 택견의 느진발질에도 원인이 있기 때문이다. 택견 경기는 맨몸을 직접 가격하는 맨손무예로서 상대방에게 데미지를 주는 끊어 차는 곧은발질의 사용이 금지되어 있다.

고려 시대에 이미 수박희로 유희화되어 어전의 여흥행사로 가능했고 성행된 이유는 느진발질을 제도적으로 도입했기 때문일 것이다. 택견은 상대방의 맨몸을 직접 가격함으로 다치지 않도록 느진발질을 쓸 수밖에 없다. 이것은 태권도가 선수들의 안전을 위해 호구를 착용하고 경기를 벌이는 것과 같은 맥락이다. 택견의 승부는 느진발질로 상대의 머리를 차서 확연히 육안으로 확인되거나 혹은 넘어뜨리거나

---

10) 박종관(1983:24)은 "택견에서 방어기가 거의 없고 피하는 것을 곧 방어처럼 사용한다"고 했는데, 이는 상대의 공격을 옆으로 피하면서 바로 수비와 동시에 공격전환이 가능한 품밟기의 구체적인 설명이 빠진 데서 오인할 수 있다. 즉 품밟기는 공수전환이 동시에 이루어지는 보법으로써 박종관의 표현은 상대의 공격을 피한다는 개념만 드러나 문구상 잘못 인용하는 사례들이 발생될 수 있다.

현저히 균형을 잃게 하지 않고서는 승부의 시시비비를 가리기 어렵다. 그래서 수박희나 택견은 관중도 이해할 수 있을 정도의 확연한 승부 수만이 인정되는 규칙으로 변해갔을 것이다. 따라서 당연히 느진발질에는 힘이 실려야 하는 것이고 이러한 느진발질에 힘을 싣기 위해서 지면반력을 최대한 활용하는 오금질이 수반되는 품밟기가 불가피한 것이다. 그리고 이러한 품밟기를 통한 발질의 도괴력은 힘을 끊어 차서 극심한 타격을 주는 발질로서는 불가능하며 굼실 이후에 능청이라는 동작을 통해 모든 이전동작의 힘을 결집함으로써 가능한 것이다.

항간에 역품(∵)과 정품(∴)형태의 품밟기에 대한 논쟁이 있어 여기서 살펴보고자 한다. 이용복(1995)의 『택견연구』 부제 「택견의 구성원리」를 살펴보면 다음과 같이 밝히고 있다.

구한말 외국선교사가 찍은 사진

「코리언 게임스」의 기사에는 "두 사람은 발을 벌리고 서로 정면으로 마주보고 선다. 그리고 서로 상대방의 다리를 걸어 올려 차려고 시도한다. 경기자는 각각의 발을 한 발짝 뒤로 물러서 제3의 지점에 놓을 수 있다. 그러므로 그들의 발은 언제나 3개의 지점 중 하나에 놓여진다. 한사람이 상대의 다리 중 하나를 한 번 차는 것으로써 경기를 시작한다. 상대는 그 다리(공격당한 다리: 필자)를 뒤로 움직이며(뒤로 물러 디디는 것: 필자) 교대로 차기를 한다"[11]고 되어 있다. 여기서 두 기사를 비교해보면 약간의 차이가 나는 것을 알 수 있다. 즉 전자의 발을 品자로 놓는다는 것은 정삼각형(∴)의 형태로 볼 수 있고, 후자의 내용은 나란히 발을 벌리고 선 자세에서 뒤로 한 발짝 물러나 제3의 지점에 놓인다는 것으로서 역품자형(∵)의 형태로 해석되기 때문이다. 품밟기가 정삼각형(∴)인가 혹은 역삼각형(∵)인가 하는 문제는 택견경기에 있어서 경기자간의 거리관계를 규명하는 중요성이 있다. 1971년 국립영화제작소에서 제작한 필름(1976년 국립영화제작소에서 제작한 <국기 태권도>에 삽입되어 있음)에는 송덕기의 79세 때 동작이 기록되어 있다. 이것을 분석해보면 송덕기가 총 12회의 품밟기를 하고 있는데, 정품자(∴) 형태가 2회, 나머지 10회는 역품자(∵) 형태였다. 10회의 역품자 형태 가운데 8회는 딴죽, 는질러차기 등의 기술사용을 위한 예비동작이며, 나머지 2회가 순수한 역품자형의 품밟기였다. 그리고 역품자형이라 하더라도 대체로 등변사다리꼴의 거꾸로 된 형태(⋰⋱)를 보여주고 있다. 한편 상대 역할을 한 사람은 보폭이 큰 역품자 형태의 품밟기를 일관성 있게 하고 있다. 문화재 지정 이후 전수활동을 할 때도 송덕기는 앞다리의 무릎을 가슴까지 바짝 들어 올리거나 제기차기처럼 발뒤축을 반대편 허리까지 들어 올리거나, 발뒤축으로 뒤 허벅다리를 툭툭 차는 형태, 또는 깡충깡충 뛰면서 발의 위치를 재빨리 바꾸는 등의 여러 가지 품밟기 연습방법을 가르쳤다.[12]

---

11). *Htaik kyen-ha-ki* is a combat between two players, chiefly with feet. They take their positions with their feet apart, facing each other, and take one step backward with either foot to a third place. His feet, ther-fore, always stand in one of three positions. One leads with a kick at one of his opponent's legs. He moves that leg back and kicks in turn. A high kick is permitted, and is caught with the hand. the object is to throw the opponent.
This game also occurs in Japan, but the Chinese laborers form Canton do not appear to be familiar with it. (Stewart Cluin, *GAMES OF THE ORIENT*, 1958)

12). 송덕기에게만 지도를 받은 전수자들은 아직도 열 가지가 넘는 여러 형태의 품밟기를 그대로 연습하고 있다. 두발의 발뒤축을 서로 바짝 붙였다가 재빠르게 무릎을 들어 올리면서 깡충거리는 듯한 품밟기는 송웅으로부터 부산의 택견연구회원들이 집중적으로 지도받은 일이 있다. 1984년 KBS 제 3TV가 제작한 〈선

택견은 가마니 한 장 정도의 좁은 장소에서 경기를 하는 과정에서 자연스레 자신에게 유리한 품밟기를 하게 된다. 상대가 원품(인승)자세(옆으로 두발을 벌려선 자세)를 유지를 하거나, 정품을 밟든지, 즉 정품의 형태로 상대방 앞으로 발을 내디딜 경우 상대를 향해 두 발의 위치가 L형을 이루게 된다. 이 자세는 상대와 서로 원품으로 마주본 자세가 되므로 정면공격(내지르기, 떼밀기 등)이 유리하다. 반면 자신은 정면공격으로부터 불리해진다. 예를 들어 상대를 회목치기로 공격하기 위해서는 자연스레 역품 형태(45°, 좌우)로 밀어 밟으며 공격하게 되고 이 역품밟기는 힘과 안정적인 자세를 가질 수 있다.

경기자의 심리상태나 속성으로 볼 때 지지면과 견제공간이 확보된 안전성이 높은 자세를 선호하게 되므로 품밟기 시 정품에서 역품으로 전환하는 경우가 적어지고 역품을 기본으로 하게 된다.

역품(∵) 형태의 품밟기에 대해 '인체 중요 급소인 낭심을 적게 그대로 허용하는 형태'라고 주장하는 사례들이 있다.

축구의 전술 가운데, 정면공격보다는 측면공격이 많이 쓰이는데, 이것은 정면 돌파에 의한 공격기회가 흔치 않기 때문이다. 이것은 택견경기에서도 마찬가지로 적용된다. 역품 형태의 품밟기는 내딛는 발을 좌측 혹은 우측으로 내딛으면서 그 지면반력을 다른 발에 실어 우측 혹은 좌측으로 측면공격을 하기 위함이다. 역품 형태의 품밟기는 실제 경기에서 상대방이 내딛는 발의 지점을 예측할 수 있도록 정확한 위치에 놓는 게 아니라 다소 불규칙하게 놓여진다. 아울러 내딛는 다리의 오금이 굼실거리며 효과적인 지면반력의 횟수 및 발질에 힘을 싣기 위한 타격준비과정의 확보가 요구되는 것이다.

조의 수련세계)에서 송웅의 여러 형태의 품밟기 동작을 살펴볼 수 있다.

이것은 태권도의 점수제와 전혀 다른 도괴력의 확보 때문에 충분한 신체의 신전이 이루어지도록 하기 위함인데, 과연 '인체 중요 급소인 낭심을 적에게 그대로 허용하는 형태'라는 이런 표현을 하는 사람들이 진정으로 역품 형태의 품밟기를 한 번이라도 눈여겨봤거나 시도해보고 그런 표현을 하는 것인지 의구심이 든다. 만약 역품 형태의 품밟기가 낭심의 노출과 관련이 있다면 다리를 벌리는 이상 그 어떤 형태의 품밟기든 낭심이 노출되지 않는 품밟기는 없을 것이다. 발질 자체가 손질에 비해 동선이 긴데 이 긴 동선을 따라 효과적인 발질공격이 이루어지기 위해서는 상대방과의 적정한 공간이 요구된다. 정품밟기는 상대와 마주보며 품을 밟기 때문에 오히려 정면으로 마주 내딛을 경우에 서로 간에 공간 확보가 어려워 다이내믹한 발질에 의한 경기가 성립되지 않는다. 태권도도 마찬가지이지만 숙련자들이 비숙련자들에 비해 준비동작구간에서 더 많은 시간이 소요되고, 많은 반동동작을 보인다. 특히 택견은 느진발질에 힘을 싣기 위해서 비교적 외곽으로 벌어진 발끝과 골반의 외측개방, 그리고 오금질이 요구된다. 역품 형태의 품밟기는 제품밟기에 비해 무릎과 발끝의 각도가 소정구간까지 훨씬 더 개방됨으로서 발질의 동선확보와 지면반력을 효율적으로 얻을 수 있으며 반동동작 역시 효과적으로 사용할 수 있다. 상대와 마주한 상태에서 정면으로 발을 내딛는 정품밟기는 상대방이 예측하기 쉬운 품밟기로서 공격발질을 위한 공간 확보나 발질에 힘을 싣기 위한 타격준비과정의 확보가 미흡한 품밟기가 되는 것이다. 단적으로 그 누구도 무릎을 활짝 벌린 태권도의 주춤서기에 대해 낭심을 노출시킨다는 표현을 쓰지 않는다. 더구나 품밟기는 내딛는 다리가 벌어지지만 고정된 상태가 아니고 끊임없이 움직이는 한

순간일 뿐이다. 다양한 품밟기가 연습과정에 이루어지지만, 모든 품밟기가 경기에 효과적으로 쓰이는 것은 아니다. 그리고 연습과정과는 달리 대부분은 특정한 품밟기만이 경기에 효용성이 있는 것이다. 그런 점에서 품째밟기는 다양한 연습의 형태 중 하나이며 능청동작을 효과적으로 하기 위해 첨가된 것이지 경기와는 무관한 것이다.

3) 품밟기와 단전의 아치(Arch)

품밟기 동작은 나중에 언급되는 무게 중심과 밀접한 관련이 있다. 골프 드라이브나 원반, 포환 등 던지기동작을 할 때 엉덩이를 회전시켜 상체를 앞으로 내미는 것은 엉덩이의 회전을 통해 복부와 가슴의 근육을 신장시키고 이들 근육의 양어깨와 던지는 팔을 끌어당김으로써, 투척방향을 향하여 아치를 그리는 자세를 보여준다. 이는 마치 시위를 당긴 활에서 팽팽하고 긴장된 활과 같은 효과를 얻고자 하는 것이다.

여기서 엉덩이를 회전시킨다는 의미는 매우 중요한 의미가 있다. 다른 식으로 표현하면 예전 원동기 장치에서 크랭크축에 달린 무게가 무거운 플라이휠을 먼저 돌려 동력을 끌어내는 원리와 같다. 즉 무게가 무거운 엉덩이 일대의 파워 존(power zone)을 먼저 가동함으로써 나머지 신체분절을 순차적으로 움직이는 원리와 같다.

품밟기에서 굼실 후에 엉덩이가 앞으로 나가면서 아랫배가 나오고 상체가 뒤로 젖혀지는 능청도 이와 같은 맥락의 동작으로서, 첫째는 몸 전체를 신전시켜 마치 팽팽히 당겨진 활에서 쏘아지는 화살처럼 발질이 이루어지도록 하는 것이며, 둘째는 상체를 뒤로 젖히면서 생기는 반작용을 발에 싣고자 함이다.

이러한 동작과 비슷한 스포츠 현상을 정철수·신인식(2005)은 다음같이 설명하고 있다.

> 높이뛰기 선수는 바를 넘을 때에 몸을 아치(Arch) 형태로 만든다. 이때 상체를 착지하는 매트 쪽으로 구부리면서 다리는 상체와 반대 방향으로 움직이면서 반응한다. 비록 상체와 다리가 반대 방향으로 움직이더라도 둘 다 착지하는 매트 쪽의 아래 방향으로 움직인다. 이때 고관절은 위 방향으로 움직여 아치를 그리면서 반작용을 한다. 높이뛰기 선수는 이러한 동작으로 엉덩이가 위로 올라가게 하여 바를 깨끗이 넘을 수 있다. 배구선수가 스파이크를 하기 위해서 점프할 때에도 같은 상황이 일어난다. 상체를 뒤쪽으로 젖히면 하체는 반대 방향으로 움직이면서 반작용을 한다. 비록 상체와 하체가 서로 반대 방향으로 회전하더라도 진행방향으로 움직인다. 이때 크기가 같고 반대 방향의 반작용이 균형을 맞추어야 하므로 엉덩이와 배는 반대 방향으로 이동한다.

이 두 장면은 전혀 연관이 없어 보이나, 운동역학적으로 분석해보면 그 공통점이 나타난다. 그러면 택견동작이 이와 유사한 형태는 어떤 것이 있을까? 언급된 두 동작에는 두 가지 특징이 있다. 바로 아치와 반작용이다. 택견의 발질에서 능청동작은 뱃심을 내미는 아치의 형태이며, 상체를 뒤로 젖히는 그 반작용이 공격하는 발질에 실리는 것이다.

위의 두 동작은 공중에서 이루어지기 때문에 아치를 그리면서도 진행방향으로 이동이 되지만, 반면 택견은 지면에 고정된 발로 인해 몸이 이동되지 않는 대신에 상체를 뒤로 젖히는 능청동작의 반작용에 따른 힘이 발끝에 모이는 것이다. 하지만 높이뛰기 선수는 도움닫기를 하면서 나아가는 그 힘으로 아치를 그리면서 바를 넘게 되고 배구선수는 점프 후에 상체의 젖힘에 따른 반작용으로 아치가 그려지면서 그 반작용을 통해 손을 이용한 공격이 이루어진다.

솟구쳐 곁치기

① 굼실한다.

② 두발 솟구치기를 한다.

③ 솟구쳐 곁치기를 한다.

④ 굼실에서 능청의 수순으로
상대의 얼굴을 공격한다.

솟구쳐 곁치기의 수순

위와 같이 택견의 솟구쳐 곁치기 동작은 제자리에서 솟구칠 때 공격하는 발끝에 힘을 싣기 어려우므로 두 발로 몸을 공중으로 솟구치는 것과 동시에 몸을 앞으로 던져 움츠렸던 몸을 능청동작으로 전환하여 차기를 한다. 즉 높이뛰기 선수의 도움닫기와 같이 반작용을 얻을 수 있는 최소한의 공간을 확보하는 과정이 필요하며 바를 넘는 것과 같이 아치를 그리며 상체를 뒤로 젖히는 것과 같은 현상이다.

택견의 발질이 던지기와 같은 범주의 운동이라고 언급했는데, 같은 범주의 운동에서 택견의 능청과 같이 아치를 그리는 유사한 동작은 뜻밖에 많다.

골프 드라이브, 포환던지기, 원반던지기, 그리고 창던지기를 할 때 엉덩이를 회전시켜 상체의 앞으로 내밀면서 투척방향으로 향하도록 하는 것은 다음과 같은 3가지 목적을 달성하기 위함이다(정철수·신인식, 2005).

첫째, 신체의 질량을 적절한 방향(예: 골프공, 원반, 포환, 창이 가속되는 방향을 향하여)으로 이동시킨다. 이러한 동작은 힘을 작용시키는 거리와 시간을 확장시켜준다. 둘째, 신체 분절을 순차적으로 가속할 때, 엉덩이는 한 개의 중요한 분절로서 작용한다. 다리와 엉덩이가 투척(또는 골프 드라이버) 방향을 향하여 움직이는 것은, 마치 채찍질할 때 채찍의 손잡이가 채찍의 나머지 부분보다 앞쪽에서 스윙되는 것과 유사하게 묘사될 수 있다. 셋째, 엉덩이의 회전은 복부와 가슴의 근육을 신장시켜, 이들 근육의 양어깨와 던지는 팔을 끌어당김으로써, 투척방향을 향하여 고무줄 새총을 쏘는(sling shot) 것과 같은 자세를 쉽게 취할 수 있도록 도와준다.

이것은 택견 품밟기에서 이루어지는 것과 같은 형태로 볼 수 있다.

엉덩이가 미세한 회전을 하며 앞으로 나가면서 능청이 이루어지고 두 다리의 원초점인 단전에 힘이 절로 모이는 자세이다. 다만 손에는 투척되는 물체만 없을 뿐이다. 택견과 서양의 여러 운동의 차이는 택견은 항상 단전을 정점으로 동작이 이루어진다면 서양의 여러 운동은 단전의 개념이 없어 대부분의 운동이 막연히 아치를 그린다는 표현을 하고 일부 운동들은 힘의 근원으로 간주하는 대흉근을 부각해 가슴을 정점으로 신전시키는 경우도 있다.

이러한 경우에 대해 육태안(1991)은 다음과 같이 설명한다.

> 한국인은 세계에서 발차기를 제일 잘하는 민족이다. 그리고 어떤 형태의 무술을 배우더라도 그 속에서 유별나게 발차는 것에 대하여 많은 관심을 표현하고 또 그 발차기를 잘한다. 한국의 어린아이들은 발차기에 능했다. 이러한 현상은 그 자라온 생활환경과 민속놀이와도 관계가 있음을 간과할 수 없다. '닭싸움' 또는 '깽깽이', 제기차기, 책상다리를 하는 좌식생활과 높은 문지방과 문턱, 계단을 넘어 다녀야 하는 주거환경과도 밀접한 관계가 있다고 본다. 이것은 한국인의 타고난 체질과 관련이 있다. 한국인은 어깨 힘보다는 허릿심이 체질상 발달하게 되어 있어 허릿심을 위주로 이용되어야 하는 발차기가 자연 발달하게 되었다. 서양인은 어깨 힘이 강하기 때문에 손이나 주먹 쓰는 법이 발달하게 되었고, 한국인은 허릿심이 좋아서 발 쓰는 법이 발달하게 되었다. 한국인은 잘 걷고잘 뛴다. 이렇듯 허리와 발힘을 쓰게 되는 것은 그 체질 때문으로 본다. 허리와 발힘을 잘 쓰려면 인체 중에서 앞가슴과 같은 근육보다는 등과 같은 후면의 근육을 많이 사용하게 된다. 서양인 역사의 체형을 보게 되면 대체로 어깨가 옆으로 많이 벌어지고 가슴의 흉근이 툭 튀어나와 발달하였고, 허리는 가늘고 상체의 발달에 비하여 하체는 약하다. 한국인 역사의 체형을 보면 대체로 하체가 굵고 허리가 굵으며, 아랫배가 나온 경우가 많고, 어깨가 옆으로 딱 벌어진 형태보다는 어깨나 가슴이 두껍게 발달하였다. 서양의 역사에서 볼 수 있는 현대의 보디빌더와 같은 멋 부리는 모습과는 거리가 멀다. 어찌 보면 곰이나 황소를 연상케 하는 둥글둥글한 체형이다. 참고로 한국인의 체질적 특성에 관한 전문가의 연구를 살펴보자: "…

배측심층근군(背側深層筋群)의 발달이 탁월하여 자세가 바르고, 하지가 길어서…"(한국인의 체질), "…한국민족은 동양에서도 특징 있는 체격을 가진 고립된 일군으로 형성…"(김원룡, 한국문화의 기원)

이 기록들을 통하여 살펴보았듯이 한국민족은 다른 민족과 유별나게 등 쪽 근육이 발달하였다고 할 수 있다. 등 쪽 근육이 발달하게 되면 허릿심이 강할 수밖에 없다. 이 허릿심이라고 하는 것을 다른 말로 표현하자면 '뚝심'이라고 할 수 있다. 몸 전체로 쓰는 '뚝심'은 우리 민족의 힘쓰는 법의 특징이다. 허릿심을 위주로 하는 뚝심이 세야 발차기를 잘할 수 있다. 그래서 뚝심이 유별나게 강한 우리 민족은 발차기를 잘할 수밖에 없다.

앞에서 품밟기에 수반되는 오금질을 통해 얻은 지면반력이 느진발질의 단초가 된다고 하였다. 이 지면반력은 능청을 통해 발질의 끝에 결집되지만, 부언할 것은 바로 능청이 이루어지는 허릿심에 있는 것이다. 뛰어난 권투선수들은 적절한 스텝을 통해 펀치를 날리는데, 결정타는 모두 스텝을 통해 허리를 유연하게 움직이는 가운데 틀어진 허리의 복원력에 수반되는 힘을 어떻게 효과적으로 주먹에 싣느냐에 달려있다. 태권도경기에 있어서 농보(삼각스텝) 역시 지면반력을 얼마나 효율적으로 허리에 싣느냐에 따라 스피드가 달라진다.

전술한 바와 같이 택견은 품밟기를 통해 공방이 동시에 이루어지므로 실제로 거의 수비 동작이 없다. 수비기술은 발등걸이, 칼재비를 손꼽을 수 있을 정도이며 굳이 든다면 품밟기와 활개짓(활개를 접어 막는 활개접기)이 수비동작에 포함될 것이다(이용복, 1995).

품밟기는 3박자로서 강, 약, 약 혹은 약, 약, 강하며 악센트가 있는 삼박이다. 품밟기에서 이루어지는 모든 오금질은 반작용에 의한 지면 반력을 무릎으로 흡수하여[13] 이 삼박의 리듬을 타고, 허리를 약간씩 회전하면서 앞으로 내밀며 능청하고 굼실하며 뒤로 빼는데 이 또한 전후좌우로 움직이는 동력이 된다. 서양의 몸짓이 막연히 아치를 그린다는 표현을 쓰거나 대흉근을 앞으로 내미는 신전의 정점이라면, 단전을 앞으로 내미는 품밟기의 능청은 우리 고유의 몸짓이면서 신전의 정점이다. 택견의 몸짓은 단전을 정점으로 최대한의 신전이 이루어지는데 이런 개념을 서구의 시각으로 이해시키기 어렵다. 여기에 활개짓까지 곁들인다면 그야말로 굼실굼실, 우쭐우쭐, 능청능청, 으쓱으쓱 가운데 무예로서의 독특한 보법을 밟으면서도 신명나는 몸짓이 이루어지는 것이 품밟기이다.

고(故) 송덕기는 무턱대고 별 설명이 없이 주야장천(晝夜長川) 몇 개월 혹은 반년 이상을 품밟기만 시킨 이유는, 첫째는 품밟기를 통해서 공방이 자연스레 몸에 익숙해지도록 하고, 둘째는 모든 발질의 단초(端初)가 되는 오금질과 엉덩이질[14]을 자연스럽게 몸에 배도록 하며, 셋째는 축기(畜氣)를 위한 것이다. 임동규(1990)는 『한국의 전통무예』에서 "무예의 요체는 한마디로 하여 운기(運氣)라 할 수 있다. 즉 기(氣)를 운용한다는 뜻이다"라고 언급하였는데 이 부분에는 운기의 적극적인 설명이 미흡한 감이 있다.

그렇다면 기(氣)란 무엇인가? 크게는 이른바 이기(理氣) 철학 논쟁

---

13) 동작원리의 각론 서두에서 걷기에서 내딛는 발보다 밀어주는 뒷발에 치중하는 보법에 대해 강조한 바 있는데, 바로 이 품밟기의 지면반력을 이용하는 보법과 유관한 보법으로서 특히 다리 힘을 길러주고 건강 측면에서도 효율적인 보법이라는 의미이다.

14) 앞의 정철수·신인식(2005)이 엉덩이의 움직임의 원리를 주장했듯이 택견의 품밟기에 자연스럽게 엉덩이를 움직이는 원리가 발생한 것이다. 오금과 엉덩이는 서로 유기적인 관계를 가지고 있다.

에서처럼 우주 자연을 이루고 있는 물질적 제구성에서부터 작게는 최소단위의 유형무형의 물질적 힘이라 할 수 있을 것이다. 예컨대 서구인들은 공기를 산소, 질소⋯⋯하는 식으로 분석적으로 보는 데 반하여, 동양인은 함기지류(含氣之類)라는 식으로 공기 중에 생명력의 원천이 되는 그 무엇이 있어서 기를 숨 쉬며 산다는 것으로 본 것이다.

물론 눈에 보이지 않고 손에 잡히지 않는 기의 개념을 설명하기란 쉽지 않지만, 적어도 기와 운기라는 것은 체(體)라는 존재로 끝나는 개념이 아니라, 용(用)으로 이어지듯, 즉 물이 모여야 흐르듯 기(氣) 또한 축기라는 필수적인 과정을 통해서 운기라는 개념도 생기는 것이라 본다.

그래서 하염없이 지루한 품밟기 과정을 거치는 것은 위의 두 의미도 있지만, 간과할 수 없는 중요한 부분으로 축기과정이라는 의미로 해석된다. 기(氣)를 운용하는 일차적인 운기(運氣) 개념에는 필수적으로 축기(畜氣)과정이 수반되어야 하며, 이 운기와 발질의 상관관계에는 막연히 '그럴 것이다'라는 개연성만으로 설명될 것이 아니라 좀 더 과학적인 접근이 요구되는 부분이다. 그래서 고(故) 송덕기는 수련과정에 품밟기를 가장 기초적이면서도 중요하게 삽입시킨 것으로 이해하고 있다.15)

품밟기를 오래 하다 보면 언급된 아랫배 한 지점에 기운이 맺히는 듯한 느낌을 받기도 하는 단계를 넘어 동작이 끝난 후에도 묘한 기

---

15) 박방주(2011.10.10)는 "60년 대 초 당시 북한 경락연구소 김봉한(평양의대 교수) 소장이 1961~65년 혈액순환계와 림프계에 이어 제3의 순환계 '경락계(經絡系)'가 있다는 논문 5편을 잇따라 발표한 이후, 40여년이 훨씬 더 지난 최근 국내 연구자들은 경락을 '프리모(Primo)'라고 다시 이름을 짓고, 이를 재확인하는 국제 학술지에 논문을 발표해 오고 있다"고 하였다. 아직 초기 단계이므로 더 많은 성과를 통해 좀 더 실체에 접근할 수 있겠지만, 다소 막연했던 인체의 신비가 구체화되는 계기라 할 수 있으며 경락을 연결하는 운기가 더 이상 한의학 서적에만 존재하는 개념이 아니라는 것이 밝혀지고 있다.

감16)이 지속되는 현상을 경험할 수 있다(심성섭·김영만, 2008: 287).

특히 이 기감이 인지되는 부위에 의식을 집중하면서 품밟기를 하다 보면 이러한 느낌은 배가된다.17) 이러한 기감에 대해 황퓽(2000: 60)은 "단전에 진기(眞氣)가 쌓이다 보면 무뎌져 있던 감각들이 살아나고 단전이 충실해지면서 단전 부위에 무언가가 자리 잡은 듯한 뿌듯한 느낌이나 전기에 감전된 듯한 절절한 느낌이 드는 경우가 있는가 하면 단전이 뜨거워지는 경우나 때로 살을 찢어질 듯 아프다거나, 몸이 주변에 대해 압력을 느끼는 경우도 있다고 한다. 그리고 단전이 살아나서 저절로 호흡하는 것 같은 느낌이 드는 등 사람에 따라 다른 여러 가지 현상이 일어난다. 이러한 기감은 대체로 단전이 자리 잡거나 확장되면서 오는 기감들"이라 하였다.

이러한 기감도 기운을 흩트리는 성질을 지닌 술을 많이 마시게 되면 흔적도 없이 사라지며 다시 원래의 느낌을 찾기 위해서는 훨씬 더 많은 노력이 필요하다. 부언할 것은 이 지점이 아닌 다른 지점에 의식을 집중해도 기감이 생길 수 있다는 점이다. 심즉기행(心卽氣行) 즉 '마음이 가는 곳에 기가 간다'하여 기운이 모일 수는 있어도 이 지점과 같이 자연스레 모을 수는 없고 설혹 소량을 모은다 하더라도 더이상의 의미는 없다. 황퓽(2000: 25)은 실험 삼아서 손바닥에 의식을 집중해 보면 바로 따뜻해지거나 어떤 느낌이 오는 것을 알 수 있는데 그것을 가리켜 '이것이 기(氣)다'라고 이야기할 수 있을지 모르지만 '그 곳이 단전이다'라고 할 수는 없다고 하였다.

---

16) 한자로 氣感으로 표현되는 기운이 응집되어 생기는 독특한 감각은 사람마다 다양하게 주관적으로 느낄 수 있으나 택견에 있어 대체로 아랫배에 열감 혹은 무언가 뭉친 느낌을 갖게 된다.

17) 이러한 단전에 의식을 집중하는 호흡 수련법에서 말하는 의수단전(意守丹田)이라 하여 기운을 모으는 중요한 모티브가 된다.

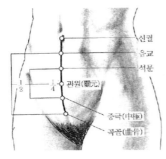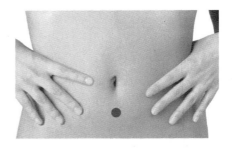

석문혈(삼초의 모혈)

택견의 반복적인 품밟기를 통해 기감이 생겨나는 이 지점이 김재호(1996: 27)가 언급한 두 다리의 갈래인 원초점이 바로 하단전이며, 육태안(1991: 66)은 "늦은배(하단전: 두 다리(가랑이)의 합치는 곳)를 이용하여 단련한다."라고 하는 바로 그 곳이다.

품밟기를 통해 얻어지는 이 기감은 주로 중심점이 뭉친 듯한 느낌 혹은 열감 등 다양한 느낌을 갖게 된다. 이러한 느낌은 석문단전에 기운이 쌓임으로써 나타나는 전형적인 현상이다. 대부분의 무예들은 힘의 근원인 단전을 통해 동작이 이루어지고 모든 힘의 원천은 단전에서 비롯된다고 언급하고 있지만 실제 오랫동안 수련하지 않으면 말처럼 구사하기 힘들며 더구나 택견처럼 자연스러운 동작과정을 통해 기운을 모으는 축기현상을 경험하기 어렵다.

석문호흡 수련은 경혈상 석문혈을 단전자리로 하여 기운을 모으고 그 모은 기운을 운기하는 호흡 수련법이다. 그 수련과정 중에 특히 회건술 동작은 택견의 능청동작과 일치한다. 다만 다른 점이라면 회건술은 앉거나 엎드린 상태에서 상체를 좌우로 틀거나 다리를 높이 치켜들면서 능청동작이 이루어지지만 택견의 능청동작은 품밟기라는 움직이는 보법 가운데 이루어지는 동작이어서, '역동적 단전운동법', '발성적 단전호흡법'이라고 표현하여 동적인 단전호흡법이 이루어진다. 택견에는 두 다리의 원초점을 단전자리로 잡고 있는데 이것은 비록 자세는 다르지만 동일한 능청동작을 통해 경혈 위치상 석문호흡 수련법과 같이 석문혈에 해당되며 택견의 품밟기를 통해 석문혈에 기운을 모으는 축기가 이루어지고 있다.

석문호흡수련은 단전자리를 잡는 것과 축기하는 과정을 매우 중요하게 취급하고 있다. 이것은 기운을 축기하는 석문단전이 기를 담는 그릇으로서 기운이 끊임없이 흘러 들어와도 그것을 담을 수 있는 그릇이 없다면 노력한 만큼의 성과가 이루어지지 않아 수련이 불가능하다고 강조하고 있다. 축기된 기운의 효용성에 대해 한의학은 인간의 '기(氣)'적인 생명활동 원리에 착안하여 각 장부와 그 장부에 해당하는 경락의 생기를 침, 뜸, 약 등으로 조절하는 것이며 호흡 수련을 통한 축기와 이후의 운기조식은 침, 뜸, 약 등의 외부요소에 의존하지 않고 자신의 호흡을 통해 기를 다스린다고 하였다. 석문호흡의 수련 초기단계과정을 보면 맨 처음 이루어지는 와식과정은 먼저 단전을 자리 잡는 과정과 단전자리가 잡히면, 이어서 좌식과정에서 단전에 기운을 모으는 축기과정이 있으며 소정의 축기단계에 이르면 이 축기된 진기를 일정한 통로를 통해 운기(運氣)하는 대맥(帶脈), 소주천(小周天) 등의 운기단계로 이어진다(민경환, 1996: 47-48).

이러한 운기에 대해 한성(2008a: 26-27)은 기(氣)는 규칙 없이 아무렇게나 움직이는 것이 아니라 기운의 저장소가 온몸의 곳곳에 있고 그 저장소가 경혈(經穴)이고 저장소 사이의 길이 경락(經絡)이라 하였다. 즉 경락을 따라 기가 흐르는 사이사이에 기가 조화롭게 움직일 수 있도록 도와주는 경혈이 있다고 하여 이를 철도와 정거장에 비유하였다.

기가 움직이는 길인 경락은 각각 특정한 장부를 담당하여 장부들이 원활한 활동을 할 수 있도록 도와줌으로써 각 경락에 폐경, 대장경, 또는 심경 등 장부에 해당되는 명칭이 붙어지게 되었다. 한의학은 인간의 '기'적인 생명활동 원리에 착안하여 각 장부와 그 장부에 해당하는 경락의 생기를 침, 뜸, 약 등으로 조절하는 것이며 호흡 수련을 통한 축기와 이후의 운기조식은 침, 뜸, 약 등의 외부요소에 의존하지 않고 자신의 호흡을 통해 기를 다스린다고 하였다.

덧붙여 추가한다면 앞에서 언급되었듯이 '다리의 힘을 강화시키면 정신력 또한 강화된다'라는 표현을 빌리지 않더라도 우리 선조는 별도의 설명이 없이 으레 수련과정에 집어넣었을 것이다.

이러한 원리를 우리 선조는 택견 동작에 장구한 세월 이전에 집어넣었을 것이다. 물론 운동역학이라는 개념이 전혀 도입되어 있지 않은 시대의 이야기로서 고려사의 수박을 비롯하여 변, 각희 등을 현재 탁견이라는 자료들을 통해서 그 이전의 발생역사를 참작한다면 너끈히 천 년 전이라 해도 부정하지 못할 것이다.

 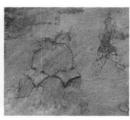 

안약 3호분 앞방 벽화: 수박희   장천 1호분 앞방 벽화: 씨름   무용총 널방 고임 벽화: 수박희

4. 활개짓의 원리

팔은 가벼워 조절하기 쉽고, 팔을 힘껏 흔들면 다리 동작도 빨라져 빨리 뛸 수 있다. 또한 효과적인 팔 동작으로 신체의 균형을 유지할 수 있다. 활개짓을 하면 공격기술에 더 강한 스피드와 파워 등을 효과적으로 낼 수 있다.

달리기의 팔 흔들기

활개짓을 할 때 손을 흔들거나 내미는 과정에서 아무런 생각 없이 내미는 것이 아니고 어깨와 손가락 끝에 의식을 집중해야 한다.

초보자는 어깨나 팔에 힘이 들어가거나 손에 힘이 빠져 흐느적거리듯이 활개짓을 하는 경우를 볼 수 있다. 활개짓은 뱃심(단전)에서 어깨, 팔, 손가락 순으로 이어지는 동작이 되어야 한다. 무거운 막대기를 휘두르듯이 어깨와 팔 그리고 손목에 힘을 주는 것이 아니라 수건에 물을 적셔 뿌려내듯이 해야 한다. 굼실은 활을 당기는 것과 같고 능청은 활을 쏘는 것과 같은 형태로 이어지듯이 활개짓은 탄력과 반동력을 가져야 한다. 이러한 기술들은 신체 각 부위의 근육, 뼈, 관절 및 내장기관을 모두 사용하는 유기적인 움직임이다. 활개짓은 다리의 지주역할을 벗어나서 할 수 없고 허리의 움직임 없이는 활개짓에 힘이 나올 수 없다. 팔을 부드럽게 휘두르고 손의 동작은 막힘이 없이 부드럽게 움직여야 한다.

일반적으로 부드럽다고 하면 힘이 약하거나 나약한 것으로 생각할 수 있는데 부드러운 것은 어떤 동작이나 행동이 숙련되었을 때 나타나는 것이다. 마치 물이 흐르듯이 막힘이 없고 순리적으로 움직이게 되는 것이다. 활개짓의 다양한 기술 중 한손 젖히기의 예를 살펴보면 다음과 같다.

① 우측 다리를 굼실하면서 손끝이 옆구리를 스쳐서 겨드랑이까지 끌어올린다.
② 좌측 다리를 내딛으면서 우측 손을 겨드랑이로부터 튕겨내듯이 팔을 편다.
요령: 팔과 허리의 틀림과 왼발로의 체중 이동과 동시에 손등으로 물(젖은 수건)을 뿌리듯이 실시한다.
③ 우측 측면까지 원을 그리듯이 뿌려낸다.
요령: 시작과 끝점에서 힘을 빼고 중간 지점에서 힘을 준다.

한손 젖히기

1) 카운터밸런스(Counterbalance)

물체의 운동량을 가능한 많이 증가시키고자 할 때에는 최대의 힘을 가해야 할 뿐만 아니라, 가능한 힘을 가하는 시간을 길게 해야 한다. 정지한 자동차는 지속적으로 밀어야 움직이고, 또한 장거리포의 포신이 길면 길수록 발사되는 포탄의 속도는 빨라진다.

신체 분절의 각속도(角速度)[18]가 최대에 이르렀을 때의 선속도(線速度)[19]는 회전반경의 길이를 길게 함으로써 증가시킬 수 있다. 선속도의 증가는 더 큰 운동량을 얻을 수 있다. 회전반경을 보다 길게 함으로써 선속도를 증가시킬 수 있는 운동으로는 배구의 오버핸드·서브·스파이크, 테니스의 스트로크·서브·스매싱, 야구의 피칭·배팅, 골프의 스윙 등이 있다(정철수·신인식, 2005).

택견의 발질 전에 주로 이루어지는 활개짓인 한손 긁기, 한손 젖히기, 헤치기 등의 사전 동작들은 일종의 카운터밸런스(counterbalance)이다. 정철수·신인식(2005)은 카운터밸런스를 다음과 같이 설명하였다.

> 일상생활의 동작에서도 카운터밸런스가 없으면 동작이 원활하거나 부드럽지 않다. 테니스에서 그라운드 스트로크를 할 때 한쪽 팔은 가만히 있고 라켓을 잡은 팔만 치면 굉장히 불편하고 강한 스트로크를 만들기 어려우며 팔을 앞으로 뻗은 채 스트로크를 해도 뜻밖에 큰 힘을 내지 못한다. 그러나 반대 팔을 자연스럽게 반대방향으로 움직이면서 스트로크를 할 때 빠르고 부드러운 스트로크를 할 수 있다. 이것은 장축을 중심으로 카운터밸런스가 이루어진 것이다.

---

18) 회전 연동을 하는 것에 대하여 단위시간에 도는 각도를 말한다. 라디안(radian)/sec으로 나타낸다. 정현파형은 이것을 회전운동으로 생각할 수 있으며 주파수 f와 2π (=6.2832)의 적(積), 즉 2π f를 각속도라고 하며, 기호 ω 로서 보통 나타낸다. 각주파수라고도 한다.

19) 〈물리〉 변위를 시간으로 나눈 값. 속도를 회전속도(回轉速度)와 구별하여 이른다.

① 상대를 향하여 옆 ② 공에 속도를 더하기 위 ③ 왼발을 충분히 내딛으며 체중을 완전히
　　으로 선다.　　　　　해 오른발에 체중을 실　　이동시킨다.
　　　　　　　　　　　으며 팔과 허리를 튼다.

요령: 강한 공을 던지거나 강한 스윙을 위해서는 우선 두 다리를 단단히 서고 오른손잡이는
　　　오른발에 체중을 실었다가 왼발로 체중을 이동 시킨다.

※ 위의 ①~③으로 이어지는 수순의 동작은 강한 활개짓을 내기 위한 것과 같은 동작원리이다.
　이는 발질과 손질 등 모든 기술에 적용된다.

투수의 피칭

　　　야구의 피칭에서도 한쪽 팔은 고정하고 던지는 팔로만 투구를 한
　　다면 잘 던지기 어렵다. 야구투수가 와인드업 할 때 반대 팔을 앞
　　으로 뻗은 후 던질 때 겨드랑이 밑으로 끌어들이는 동작을 취하는
　　것이 강하고 부드러운 투구를 할 수 있다. 그것은 장축을 중심으로
　　카운터밸런스가 이루어진 것이다.

　　투수의 피칭을 분석해보면, 투수가 공을 잡고 와인드업 할 때 맨
처음 두 손을 모아 머리 위나 옆으로 보낸다. 이것은 몸을 최대한 신
전시켜 전력투구하려는 사전 동작이다. 그리고 공을 쥔 반대편 팔을
앞으로 뻗는다. 공을 던지는 방향으로 한쪽 팔을 뻗으면서 투구가 시
작된다. 뻗는 동작을 카운터밸런스라고 언급했는데, 몸의 무게 중심
이 약간 앞으로 이동되면서 미약하나마 관성이 앞으로 작용하게 된
다. 하지만 미약한 관성이 다음에 이어지는 본 동작의 단초가 된다.
한편, 과신전 직전까지 이르는 신전은 엄밀히 말하면 최대신전 이후

의 반작용 힘을 이용하여 차기 동작에 싣는 것이다. 과신전을 넘어가게 되면 관성의 법칙에 따라 신전되는 방향으로 균형을 잃고 넘어질 것이다. 그래서 과신전이 되지 않도록 야구의 투수는 안정적인 투구 동작을 위해 접지면을 넓히려고 양발의 간격을 충분히 벌려주는 것이다.

이런 과신전 직전까지의 동작에 대해 우리가 사용하는 사자성어들로 물극필반(物極必反)과 냉극발열(冷極發熱), 발열냉극(發熱冷極) 등(한성, 2008)이 그것이며 몸을 최대한 신전시킨다는 의미에 이런 묘리가 들어 있다. 이것이 수박희라고 불리었던 시대를 참작하면 공식적으로 800여 년을 훌쩍 뛰어넘는 오랜 세월 이전에 택견의 동작원리에 포함했던 선조의 지혜이다.

차기 동작에서 두름치기는 품을 밟으면서 밟는 쪽의 한손을 긁으면서 반대쪽 발을 차고, 곁치기는 품을 밟으면서 품을 밟는 쪽으로 한손 긁기를 하면서 허리를 감는다. 이것 역시 카운터밸런스이다. 감는 허리 쪽으로 한손 긁기를 함으로써 감는 허리의 신전이 용이하도록 약간의 도움을 주는 것이다. 감은 허리가 극에 달하는 순간, 그 반작용을 차는 발끝에 싣는다는 것은 이미 언급을 했다. 감은 허리가 채 풀리기 전에 곱꺾은 발을 뻗으면서 차는 것은 소위 역근상태에 있기 때문에 더 파워풀한 발질이 이루어지는 것이다.

이러한 카운터밸런스에 대해 운동의 법칙에 따른 신체운동방법의 원리 가운데 '반작용의 원리'로 달리기 동작에서 두 팔과 두 다리가 반대로 엇갈리게 움직이면서 운동을 자연스럽게 행하면 운동 효과가 높아진다(문병용, 2004)는 표현과도 상통하다.

내지르기에서 굼실하는 순간 차는 발의 반대편 손으로 긁으면서 주먹(잡아대기)을 쥐는데 굼실할 때 무릎이 내려가면서 온몸 또한 단전을 중심으로 여러 개의 유기적인 형태의 용수철을 수축하듯 온몸을 수축시킨다. 마치 역도의 용상 동작에서 신체의 대근육군들이 거의 동시에 수축하면서 강력한 힘을 발휘하듯, 최대한 수축한 근육이 용수철처럼 튕기듯 일시에 신전되면서 발질을 내지르는데, 무릎의 탄력과 차는 순간 상체가 뒤로 젖혀지면서 능청할 때 반작용 역시 발끝에 실린다. 여기서 주목할 부분은 카운터밸런스로서의 손동작인데, 온몸을 수축시키는 내지르기의 카운터밸런스만 유독 손질에서 주먹을 쥐는 것이다. 다름 아닌 온몸을 수축시키는 그 과정에 주먹까지 움켜쥐어 그야말로 기상천외한 카운터밸런스의 진수를 보여주는 것이다.

굼실하는 무릎의 탄력(오금질)조차도 사실은 반작용의 힘을 얻는 것인데, 자신의 체중에 무릎을 통해 지면을 향해 전달되고 체중만큼의 그 반력(뉴턴의 작용 반작용의 법칙: 굼실하는 가운데 무릎이 구부려지면서 반력을 자연스러우면서도 충분히 얻기 위한 동작)이 고스란히 무릎을 통해 전달되어 공격하는 발끝이나 손끝에 실을 수 있다.

인간은 중력에서 벗어날 수 없으므로 움직임은 항상 발을 내딛는 것에서부터 시작된다. 언급했듯이 걷는 것도 앞발이 내딛음으로써 시작되는 것이 아니라 뒷발이 밀어줌으로써 시작되는 것이다. 택견을 수련하는 이들도 무심히 품밟기를 하고 있지만, 어느 운동이나 무예보다도 택견에서 강조되는 점이 바로 이 부분이며 오금질을 통해 이루어지는 것이다. 굼실하는 발에서 모든 동작이 시작되어 앞으로 혹은 옆으로 나간 발의 오금질이 이루어지면서 그 힘이 단전으로(두 다리의 원초점) 전달이 되고 단전을 중심으로 필요한 분절이 순차적으로 신전되는 것이다. 여기서 발질이 거의 한쪽 발만을 사용하기 때문에 발질의 반대편 팔이 카운터밸런스 역할을 한다.

이러한 원리는 한의학에서도 찾아볼 수 있는데, 예를 들어 '상병하취(上病下取)', '하병상취', '좌병우취', '우병좌취'[20] 등의 용어가 있으며 '상병하취'의 경우, 위에 병이 있으면 아래를 취해 치료하고, 신체 좌측에 병이 있으면 우측을 취해(좌병우취(左病右取)) 치료를 한다는 개념의 용어로서, 아픈 쪽의 대각선 부분이나 반대쪽을 치료함으로써 기혈순환의 밸런스를 맞춘다는 점에서 거의 같은 논리이다. 그래서 발질 이전에 행해지는 모든 손질은 발질과 반대편 쪽에서 이루어진다. 즉 발질이 앞으로 뻗으면 손질은 안팎으로 행해지는 게 통례적이다.

다만, 제겨차기는 방향이 위로 향하므로 반대편의 팔을 같은 방향인 위로 젖히는데, 이것은 신체의 무게 중심을 이동시킴으로써 이동하는 관성을 이용해서 차기가 용이하도록 하는 것과 차는 방향으로 상체를 신전시켜 최소한의 힘으로 빠르고 높이 차려는 의도이다. 만약에 상체를 앞으로 굽힌 상태에서 제겨차기를 한다면, 굽힌 상체에 의해 제약을 받으므로 상체를 신전시킨 상태보다 발 높이가 훨씬 낮아질 것이다. 운동의 법칙에 따른 신체운동방법의 원리 가운데 '팔로스루(follow-through)의 원리'로 동작을 취한 후 신체의 움직임이 그 운동의 진행방향으로 계속되어야 동작이 원활해지고 운동 효과가 크

---

20) 오행침에서 좌병우취나 우병좌취, 상병하취, 하병상취, 음병양취, 양병음취는 일단 음양 관계이다. 음양 관계는 서로 부족한 것을 채워서 조화함이 핵심이라 서로 부족한 것을 채워 조화하여 완성을 이루는 것에 중요하다. 병이 들어 있는 경락은 스스로 회복력이 약해져 있어서 우군인 음양 관계의 구원을 받는 것이 치료의 효과와 속도가 크다. 아내가 아프면 남편이 돕고, 자식이 아프면 부모가 돕는 것이 치료의 효과가 크듯이 환자의 자신보다 주변인이 많이 돕는 것이 치료가 효과가 크다. 이처럼 환자가 음이라면 양을 취하고, 양이라면 음을 취하는 것이 효과가 큰 법이다. 그래서 음양의 이치를 알고, 음양을 살펴서 조화시키는 것이 가장 중요하다.

① 왼발에 체중을 싣고 오른손으로 상대의 손목 등을 왼쪽 옆구리 쪽으로 잡아챈다.
② 오른손은 옆구리 두고 허리를 좌측에서 우측으로 틀고 뱃심을 내밀면서 밭장을 친다.
요령: 허리의 회전력으로 공격한다.

밭장치기

다(문병용, 2004)라는 구절과도 상통한다.

또한 허리의 회전에 따른 반작용의 법칙을 이용하는 곁치기와 밭장치기는 굼실과 동시에 허리를 감는 쪽의 팔이 카운터밸런스로 작용함으로써 허리의 회전력을 높여준다.

밭장치기는 허리 아래부위를 공격하는 기술이고, 곁치기는 같은 요령으로 허리 이상 부위를 공격하는 기술이다. 공격기술 중 카운터밸런스를 이용하는 동작들은 딴죽과 덜미잽이 등이다. 이 두 동작은 주로 허릿심과 체중 이동을 이용하는 동작이지만, 앞으로 뻗는 팔 동작이 발동작과 엇갈려서 효과적인 공격이 이루어지기도 한다.

2) 채찍의 원리

① 채찍을 몸 뒤로 넘겨 준비자세를 한다.

② 전방으로 발을 내딛으며 힘껏 손을 앞으로 던진다.

③ 정점에서 자연스럽게 회수된다.

④ 긴 채찍은 굉음소리를 낸다.

활개짓은 채찍의 원리이다. 택견의 모든 동작은 굼실에서 얻은 반작용을 무릎의 탄력을 통해 시작된다. 굼실거릴 때 체중이 실려 있는 축의 발이 이동된다. 이 순간 자신의 체중만큼 지면반력의 반작용이 굼실거리는 무릎과 연결되어 단전에 다시 전달되고 단전을 중심으로 몸을 일시에 신전(능청)시켜 공격하는 신체 말단부에 최종적으로 전달된다. 이 과정들은 채찍의 원리를 그대로 담고 있다. 채찍질이 손잡이에서 채찍의 가속이 시작된다면 택견의 동작은 굼실하는 오금질에서 가속이 시작된다.[21]

다음에 소개되는 김성수(2002)의 『골프 스윙의 원리』에 인용된 채찍의 원리는 채찍이나 인체의 분절처럼 자유로운 상태에 있어야 한다는 단서조항이 있다. 다음에 설명되는 미국의 물리학자인 디어도어 요르겐손(Theodore Jorgensen)의 저서인 『골프 물리학(The Physics of Golf)』의 일부 내용을 인용하여 소개하면 다음과 같다.

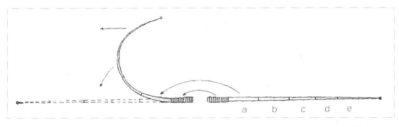

출처: 김성수(2002).

채찍(bullwhip)은 미국 서부 개척시대에 카우보이들이 소를 모는 데 사용한 것인데, 채찍을 휘두를 때 엄청난 굉음이 나도록 만들어졌다. 초음속 제트기가 하늘을 날 때 내는 소리와 같이 채찍의 끝 부분이 초음속(초속 340m)을 넘을 경우, 그러한 소리가 난다고 하는데 채찍의 속도가 어떻게 소리속도보다 빠를까? 우선 채찍을 바닥에 놓되 몸의 뒤쪽에 일직선이 되도록 하고, 채찍의 끝 부분은 몸

---

21) 이양규·김정태·박성현(2008)의 택견 기본 차기 동작의 수행시간, 신체 중심의 이동 변위 및 발속도를 비교 분석한 논문은 결론적으로 "택견 기본 차기 동작별 우수집단과 비우수집단의 비교에서 대부분 발이 이지되는 시점 및 무릎관절각이 최소가 되는 시점이 유의한 차이를 나타내고 있음을 알 수 있다. 이는 제품밟기 동작 시 일어나는 효율적인 체중 이동의 차기동작 시 발이 이지되는 순간 하지분절의 탄성에너지를 증가시키고, 원위분절의 속도를 향상하기 위한 무릎관절각의 형성에도 긍정적인 영향을 미침으로써 나타나는 결과라고 하였다. 따라서 택견입문자의 지도에서 차기동작의 수행능력을 향상시키기 위해서는 무엇보다도 제품밟기의 숙련된 훈련이 필요하다고 여겨진다"라고 품밟기에 있어서 오금질의 중요성을 부각하였다.

으로부터 가장 먼 곳에 둔다. 그다음 언더핸드 드로 동작으로 팔을 몸의 앞쪽으로 스윙하게 되면 채찍의 핸들이 먼저 움직이면서 채찍의 끝 부분이 매우 빠른 속도로 달려온다. 이 움직임이 일어나는 순서를 살펴보면 채찍의 스윙이 끝나는 시점에서 먼저 손이 정지하게 되고, 이어서 채찍의 손잡이 부분이 멈추게 되지만, 나머지 부분들은 원래의 방향으로 움직임을 계속하면서 순차적으로 멈추게 된다. 여기서 손잡이를 통해 발생한 운동에너지는 a부분을 몸 앞으로 움직이게 하며, 그 다음 a부분이 손 앞쪽에 정지하면서 보존된 b부분을 움직이게 하는데, b부분의 질량이 a부분보다 작으므로 b부분은 훨씬 빠른 속도로 움직인다. 같은 원리로 c부분은 b부분 보다 더 빠른 속도로 이동하게 되는데 이러한 부분들의 순차적인 멈춤과 가속이 반복되면서 채찍의 끝 부분은 최대한 가속된다. 편의상 채찍을 그림과 같이 5등분 하고 각 부분의 질량이 직전 질량의 1/4이라고 가정했을 경우, 처음 속도를 15m/s라 하면 최종속도는 가볍게 음속을 넘어서는 480m/s가 산출된다.

조금 장황하지만 부언설명을 하면, 인간의 동작유형은 다양하다. 예를 들어 들어올리기(lift), 달리기(run), 점프(jump), 던지기(throw), 치기(strike), 당기기(pull), 수영(swim), 차기(kick) 등이 있는데, 차기(kick) 동작은 던지기 동작유형으로 분류되며 던지기 동작원리를 통해 차기 동작을 이해할 수 있다. 그리고 골프도 던지기 동작에 속한다.

던지기 동작의 핵심은 인체의 말단 부위를 최대한 가속시키는데 있다. 이를 위해서 여러 개의 분절이 동원되어야 하고 이들 분절은 조합(combination of body segment)을 이루어 반드시 순서에 따라 움직여야 한다.

던지기 동작에 관련된 모든 인체 분절들이 순차적으로, 또한 연쇄적으로 인체 말단 부위의 최대 속력을 얻을 수 있는 것이므로 인체 분절들이 정해진 차례의 순서에 따라 진행되지 않으면 기대하는 목적을 달성할 수 없다.

이것은 마치 바둑에서 수순(手順)같은 것이어서 결과적으로 같은 위치에 놓여다 하더라도 수순이 다르면 전혀 다른 국면을 가져오는 것과 같다. 순차적인 신체분절의 원리를 김성수(2002)는 다음과 같이 설명하고 있다.

> 이러한 신체의 분절은 채찍질의 원리처럼 먼저 질량이 큰 분절(큰 근육)이 움직이고, 순차적으로 작은 분절(작은 근육)로 옮겨가는 구조로 되어 있다. 그 이유는 채찍질 동작의 원리에서 본 바와 같다. 이를 간단하게 표현하면 인체 말단 부위인 손의 최대속도는 질량이 큰 다리, 엉덩이, 몸통으로부터 상대적으로 질량이 작은 어깨, 팔, 손의 순서에 의한 움직임에 의해서 이루어지는 것이다. 이에 비해서 밀기 동작은 인체의 순차적인 움직임이 아닌 가급적 짧은 시간 동안에 인체가 동시에 움직임으로써 최대한의 힘을 발휘할 수 있다.

투수가 빠른 공을 던질 때 힘의 생성국면을 관찰하면, 순차적으로 수행하는 일련의 세련된 연결동작을 발견할 수 있을 것이다.

이를 구체적으로 살펴보면, 운동선수들은 대근육군을 사용하여 크고 무거운 신체 분절들을 일단 가속한 후 점차 작고 가벼운 신체분절을 순차적으로 가속시킨다. 예를 들어 야구투수들은 투구하는 팔과 어깨를 후방으로 회전시킴과 동시에 앞발을 전방으로 내딛는다. 그 후 안정된 투구스탠드를 취한 후, 신체는 양다리로부터 시작하여 엉덩이와 가슴을 타자를 향해서 순차적으로 회전시키며 마지막으로 던지는 팔을 상당히 빨리 가속한다. 이러한 투구동작은 마치 '채찍질'과 흡사하다. 선수의 몸통은 채찍의 손잡이와 같으며, 야구공을 잡은 손은 채찍의 끝 부분과 같다.

역도의 용상동작에서는 신체의 대근육군들이 거의 동시에 수축하면서 강력한 힘을 발휘하는 반면에, 야구의 투구동작에서는 신체의 대근육들이 순차적으로 연계하면서 수축한다. 운동기능의 각 국면을 관찰할 때에는 팔과 다리 동작이 올바른 순서로 수행되었는지를 확인하여야 한다. 이는 팔과 다리 근육들이 올바르게 순차적으로 수축하였다는 것을 의미한다. 많은 선수가 던지기나 차기의 운동기능을 수행하면서 다리, 등, 몸통의 큰 근육들을 사용하기에 앞서서 팔의 작은 근육들을 먼저 사용하는 오류를 범하는 경우가 많다. 그러면 다리, 등, 몸통의 대근육들을 사용할 수 없게 된다. 채찍의 손잡이를 먼저 가속할 수 없다면 채찍질은 불가능하다(주명덕·이기청 공역, 2005).

이 채찍의 원리는 힘을 빼고 행하는 택견의 동작과 직접적인 관련이 있다. 채찍의 원리가 골프에서는 결과적으로 골프 헤드에 최대속도를 실어 볼과 충돌하게 되지만, 택견에서는 공격하는 발에 최대속도와 힘이 실려 상대방을 공격하게 된다. 이는 골프에서 기구를 사용하는 점만 다를 뿐 전체적인 동작원리는 같은 범주에 속한다.

차기 분석에서 후술되겠지만 간략히 살펴보면, 두름치기의 동작원리와 유사한 태권도의 돌려차기에 대한 황인승 등(2004)의 동작을 분석한 논문에서 각 관절 선형속도의 변화에서 최대선형속도는 고관절에서 무릎관절, 발목관절, 발끝으로 원위분절로 갈수록 크게 나타나고 최대속도의 발생도 근위에서 원위방향으로 순차적으로 나타나는데 근위분절에서 발생하는 속도가 원위분절로 순차적으로 전이되면서 타격순간 큰 속도에 이르는 원리라고 밝히고 있는데, 바로 이 채찍의 원리이다.

5. 발질의 원리

<굼실에서 능청으로 이어지는 발질의 원리>

① 단거리 달리기의 출발자세: 단거리 달리기에서는 출발속력이 기록단축에 큰 영향을 준다. 자세를 낮추어 출발하는 이유는 허리를 굽힌 자세가 무게 중심이 낮아지고 '정지관성'이 작아져서 안정된 자세로 빨리 뛸 수 있기 때문이다. '작용과 반작용의 법칙'을 최대한 활용하여 땅을 박차고 출발하면 땅을 밀어낸 만큼 땅이 나를 미는 힘으로 더 빨리 뛸 수 있다.

② 작용과 반작용의 법칙: 질량을 가진 물체는 밀어낸 만큼 다시 되미는 힘이 생기는데 두 힘은 방향이 다른 같은 크기의 힘이다.

제자리   차려   출발

단거리달리기의 출발자세와 같이 발질도 지면반력을 이용하면 빠른 스피드와 파워를 낼 수 있다.

단거리의 출발자세

1) 딴죽의 원리

딴죽은 발질의 일종으로 상대의 허리 아래 부위를 걸어서 넘기는 기술이다. 1958년 간행된 표준어 대사전에 택견을 조선조 이후에 있던 씨름과 비슷한 유술의 한 가지, 서로 맞은편 다리를 차서 넘어뜨리는 경기, 각희(角戲)라고 풀이되어 있듯이 예로부터 택견경기에서 상대를 넘어뜨리면 이기는 승부 방법이 전해 내려오면서 다양한 걸이기술이 발달되어 왔다. 이러한 딴죽 속에는 운동역학적인 원리가 고스란히 녹아 있다. 옛 그림에서 택견과 씨름이 같은 장소에서 이루어졌던 모습을 찾아볼 수 있다. 딴죽(걸이) 기술 중 대표적으로 경기에서 많이 사용되는 회목치기, 덧걸이, 오금치기를 소개한다.

회목치기

덧걸이

오금치기

(1) 안정성의 원리

신체의 정적인 안정성을 높이는 방법

① 중심을 낮추어야 신체적 안정성을 높일 수 있다(신체 중심의 높이). ② 기저면이 넓어야 한다(기저면의 크기). ③ 중심선이 기저면의 중앙에 가깝게 위치하도록 하여야 한다(중심선과 기저면의 위치 관계). ④ 체중이 무거워야 한다(체중). ⑤ 마찰력이 클수록 안정성이 높다(마찰력). ⑥ 시각적, 심리적, 생리적 요인 등과 밀접한 관계가 있다.

안정성(stability)이란 평형상태를 일정하게 유지하여 중심을 무너뜨리기 어려운 상태를 말한다. 따라서 안정성이 좋은 상대를 넘어뜨리는 것은 어렵다. 안정성은 무게 중심의 높이, 기저면의 크기, 기저면과 중심선과의 관계, 질량, 마찰 등의 요인이 작용한다.

레슬링선수가 경기 중에 수비자세는 다리를 벌리고 허리를 구부려 안정된 자세를 취하지만 공격기술은 몸의 이동으로 인해 불안정한 자세로 변한다. 즉 안정된 자세는 무게중심이 하체에 있지만 불안정한 자세는 무게중심이 상체로 옮겨진다.

경기에서 승리와 가장 밀접한 관계는 안정성의 확보이다. 중심은 물체의 중량이 한쪽으로 기울어질 때 물체는 넘어지기 쉽다. 그러나 물체가 높이보다 밑면이 넓거나 중심이 낮을수록 안정되어 넘어지지 않는다.

상대를 불안정하게 만들면 기술걸기에 유리하다. 상대를 불안정하게 만드는 방법으로는 중심을 흔드는 맴돌리기, 팔 낚아채기, 학치지르기, 덜미잽이 등이 있으며 이는 기술 걸기에 유리하게 만들기 위해서 이다. 항상 나는 안정성을 유지하고 상대는 불안하게 만들어야 승리할 수 있다.

(2) 가속도 운동의 원리

가속도운동은 시간이 지남감에 따라 그 속도가 바뀌는 운동이다. 속도의 문제는 기술이 유효하게 움직이기 위해서는 무시할 수 없다. 공격 시 갈수록 빨라지는 민첩한 타이밍을 잘 이용해야한다. 만약 민첩하지 못하면 기술의 실패율이 높아진다. 이것은 거리와도 큰 관계가 있으므로 가속도의 원리를 이용해야 한다. 즉 5cm 떨어 진 위치에서 치는 것보다 50cm 떨어져 치는 편이 훨씬 더 큰 힘이 만들어진다. 이 기술은 간격이 중요하다. 간격이 좁으면 가속도가 발생되지 않으므로 힘을 최대로 발휘할 수 있는 가속도의 시간이 필요하다. 즉 가속도가 발생될 수 있는 공간 확보가 중요하다.

(3) 지렛대의 원리

지레의 역학적 능률은 작용 팔에 대한 힘 팔의 길이 정도로 나타나는데, 힘 팔이 길면 길수록 힘은 적게 들고, 거리와 시간에서는 손해를 본다.

인체 지레는 대부분이(96% 정도) 힘 팔이 작용 팔보다 항상 작은 제3종 지레에 해당한다. 그래서 힘은 많이 들고, 거리와 시간, 즉 속도에서는 이익을 보는 특징이 있다.

무거운 짐이나 바벨을 들어 올릴 때, 가능하면 몸 가까이 붙여서 들어올린다. 이를 지레의 원리와 연결하여 설명하면, 지레란 저항을 이겨낼 수 있는 힘이 가해졌을 때 축을 중심으로 회전을 일으키는 견고한 막대기를 지레라 한다. 인체지레에 있어서 중심축은 관절이며 골격은 지렛대 역할을 한다. 그리고 근 수축에 의해 발생한 힘에 따라 신체가 움직인다. 힘 팔은 힘점까지의 거리이며 작용 팔은 축과 작용점까지의 거리이다. 즉 인체 지레에서 지렛대의 역할은 골격, 힘점은 근육, 받침점은 관절, 작용점은 운동효과가 나타나는 곳이다. 무거운 바벨을 들어 올릴 때, 몸 가까이에서 들어 올린다는 의미는 힘팔의 길이를 같게 하는 동시에 작용 팔을 짧게 하기 위함이다.

다리를 곱꺾어 찬다는 의미는 지지하는 다리의 크기는 고정되어 있고 작용하는 다리는 무릎을 꺾은 상태에서 들어 올림으로 힘이 덜 든다. 무게 중심으로 설명하자면, 무게중심이 축과 가까이 있으므로 다리를 뻗은 상태에서 들어 올리는 것보다 훨씬 힘이 덜 든다. 아울러 차는 순간에는 무릎 아랫부분이 뿌리듯 앞으로 뻗어지면서 관성의 법칙에 의해 스피드는 빨라지게 된다.

힘 사용법에서 '팔이 몸에 접근하면 힘이 들지 않는다', '물건을 들 때 몸에서 팔이 멀면 힘이 든다', '물건을 들 때 팔을 몸에 붙여서 들거나 물건에 몸이 접근해서 든다' 등의 표현을 썼는데, 이것은 팔씨름에서 자신의 신체 쪽으로 팔을 당겨주는 것이 유리하고, 각종 병장기를 효율적으로 사용하기 위해서는 인체 가까이 사용하는 것이 병장기와 몸의 일체를 이루어내는 것과 같은 맥락이다.

팔굽혀펴기를 지레의 원리에 비유했을 때, 엎드린 상태에서 발이 받침점이고, 팔을 굽혔다가 펴는 부분은 힘점, 중간 부위는 작용점이다. 이때 몸을 쭉 뻗은 상태가 아닌 무릎을 땅에 붙인 상태라면 훨씬 힘이 덜 든다. 힘이 덜 드는 이유는 우선 무릎이 받침점이 되어 아랫부분의 하중을 덜 받게 되므로 작용점에 힘이 덜 드는 것이다.

길쭉하고 무거운 물건을 들어 올릴 때 한쪽 끝을 잡고 들어 올리는 것보다는 같은 무게라면 짧은 형태의 물건을 들어올리기 쉽다. 무게중심이 힘점과 가까이 있기 때문에 힘이 덜 드는 것이다.

택견의 기술은 대부분 이 지렛대의 원리를 응용하여 조립하는 것이므로 주목할 필요가 있다. 물체를 넘어뜨리거나 움직이게 할 때 한쪽 끝을 누르면서 반대방향의 한끝에 힘을 가하는 것이 효율적인 힘의 사용방법이다. 작은 힘으로 큰 힘을 움직이는 것은 지렛대의 원리가 응용된다. 딴죽기술의 대부분이 지렛대 원리와 회전 운동으로 이루어진다.

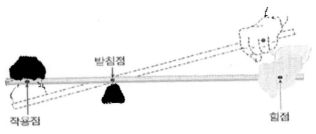

지렛대의 원리

작용점: 물체에 힘이 작용하는 것, 받침점: 지렛대를 받치는 곳, 힘점: 사람이 힘을 주는 곳
발을 걸거나 허리를 이용하면 지렛대의 원리가 적용되어 더 큰 효과를 낼 수 있다.

무거운 돌을 옮기기 위해 가운데 받침점이 되는 조그만 돌을 사용한다. 인체의 지레는 받침점보다 힘점을 잘 사용해야 **빠른** 운동 속도와 큰 운동범위를 얻을 수 있다. 공격기술은 인체의 구조적 특징을 고려해 해당 분절의 말단 부위를 최대한 신장시켜야 한다.

(4) 상대와 함께 어우러져 넘어진다

'함께 넘어진다' 이것은 택견의 중요한 원리 중 하나이다. 상대는 넘기고 공격자는 넘어지지 않으려고 하면 충분한 힘을 전달할 수 없다. 상대와 함께 어우러져 넘어지는 형태의 기술을 수행했을 때 충분한 힘을 발휘할 수 있다. 마치 통나무가 쓰러지듯이 몸의 중심 이동이 상대와 함께 넘어져야 한다.

① 상대가 회목치기로 공격을 한다.
② 회목치기를 피하고 어깨로 상대를 넘긴다.
요령: 지면반력과 허리의 회전력 그리고 굼실과 능청으로 이어지는 원리를 통해 통나무가 넘어지듯이 어깨로 쳐서 쓰러뜨린다.

어깨받기

(5) 안정된 자세로 상대의 힘을 역이용한다

자세는 안정성을 가지고 상대를 공격하고 되받아야 한다. 그렇지 못할 경우에 오히려 되받기를 당할 수 있다. 상대의 힘이 6이고 자신의 힘이 4일 때 상대편과 똑같이 최대의 힘으로 대항한다면 자신의 힘 4는 상대의 힘 6보다 확실히 불리하다. 그러나 상대가 밀 때 잡아당기고, 상대가 잡아당길 때 밀어서 자신의 힘을 경제적으로 적용해 보면 상대의 힘 6에 자신의 힘 4가 합해져서 10이라는 힘을 가지고 상대를 쉽게 넘어뜨릴 수 있다. 택견에서 중요한 기본적인 요소이다.

2) 차기의 원리

차기는 밸런스가 요구되므로 중심 이동의 정확성이 힘과 스피드에 영향을 준다.

타자가 배트를 휘두르기 전 다리를 들어 올리는 것은 체중을 실어 강한 스윙을 하기 위한 것이다.
요령: 체중이동과 몸의 균형을 유지하는 것은 다리이다.

※ 발질 공격 시에 품을 앞으로 내딛는 것과 동시에 엉덩이와 뱃심을 이용하여 공격하면 강한 힘을 낼 수 있다.

체중이동의 원리

차기기술은 손질보다 동선이 크므로 단발적인 공격보다 속임수를 사용하거나 상대선수의 방심하는 순간을 이용하여 공격하는 것이 중요하다. 택견은 맨몸으로 두 사람이 주로 발로 얼굴을 차거나 넘어뜨려 승부를 내는 경기이며, 동선이 길어 다이내믹하여 쾌활하고 박진감 있는 묘기가 속출하는 대단히 흥미진진한 특징이 있다.

이러한 차기에 필요한 동적 안정의 원리는 상대의 빠른 공격에 빠른 동작으로 방어할 수 있는 좁은 기저면, 높은 인체 중심, 낮은 체중, 반작용의 힘을 얻을 수 있는 자세를 취하는 것이 중요하다.

택견은 주로 발을 많이 사용하기 때문에 하지(下肢)가 발달하여 강하고 빠른 다양한 차기가 가능하다. 발차기는 근접 상태에서 주로 곡선적인 원운동으로 이루어진다.

택견의 발차기가 강력하고 빠른 이유는 굼실에서 능청으로 이어지는 힘과 몸통인 뱃심과 허리에서 만들어진 하지의 각 분절을 통해 발로 빠르게 잘 전달되기 때문이다.

'는지르기'의 발질은 차는 동작이 파도(波濤)치듯 물결이 출렁출렁 움직이고 '리듬'을 탄 음률(音律)과도 같이 경쾌무비(輕快無比)한 행위가 연속됨으로써 공방이 유리할 뿐 아니라 그 위력에서도 힘을 축적하고 힘을 정점으로 이끄는 동작이 연속적으로 이루어져 파괴력과 명중률을 증가시킬 수 있다. 이는 현대스포츠 가운데 과학화를 꾀하고 더욱 새로운 연구를 거듭하는 오스트리아 스키 팀이 1934년도에 창안(創案)한 '패럴런턴'의 형태로서 절도 있는 동작이 힘과 스피드를 이겨낼 수 있다는 1930년대까지의 정설을 엎고, 모든 몸의 동작은 물이 파도치듯 움직이는 상태에서 힘과 속도는 가속을 얻을 수 있다는 학설에 부합되는 것이기 때문이다(태권도, 1973).

인체에서 하지는 모든 움직임의 지주 역할을 한다. 인체의 하지 부위는 62개의 뼈가 약 50개의 지점에서 관절을 이루며 45개 정도의 근육이 그 관절 주위에 위치하여 운동을 일으킨다. 특히 발차기의 중심이 되는 발은 중족골과 지골로 되어 있는 전족(forefoot), 주상골과 입방골 그리고 3개의 설상골로 구성된 중족(midfoot), 그리고 종골과 거골로 구성되어 있는 후족(hindfoot) 등 3부위로 이루어져 있다. 택견의 발차기는 하지의 근육을 발달하고 건과 인대 등 하지 결체 조직을 강화시켜준다.

택견 겨루기에서 연속적인 발차기 수련은 빠른 몸놀림의 연속성을 요구한다. 빠른 몸놀림을 연속적으로 하기 위해서는 몸의 중심 이동이 자유롭게 이루어져야 한다. 차기 시 발의 움직임에는 전진, 후퇴, 도약, 회전이 있다. 그리고 발로 단순히 찬다는 것만으로는 충분하지 않다.

차는 건 물론 발바닥으로 때리고 발목 등으로 걸며 무릎으로 미는 기법도 있다. 차는 것도 한 번, 두 번, 세 번까지 수십 가지의 변화 수로 이루어진다. 주먹이 소총이라면 발은 대포와 같은 위력이 있다.

훌륭한 택견인은 전후좌우, 고저완급에 따라 어떠한 각도에서도 몸의 느낌과 무릎의 스냅과 뱃심을 이용해 차고 미는 것이 가능해야 한다. 탄경을 이용한 총알 같은 발차기를 하면서도 언제나 최상의 균형을 유지해야만 한다.

택견의 발차기는 허리의 회전력으로 축적된 힘과 둔부근육들의 작용으로 고관절이 펴지면서 대퇴근막장근, 대퇴직근, 봉공근, 내측광근 등으로 전달하고 다시 전달된 힘을 슬관절을 펴면서 장비골근, 전경골근, 대퇴근막장근, 대퇴직근, 봉공근, 내측광근 등으로 연속적으로 전달된다. 이렇게 전달된 힘이 발등 혹은 발의 가격부위에서 발산하게 함으로써 강력한 발차기가 이루어지는 것이다.

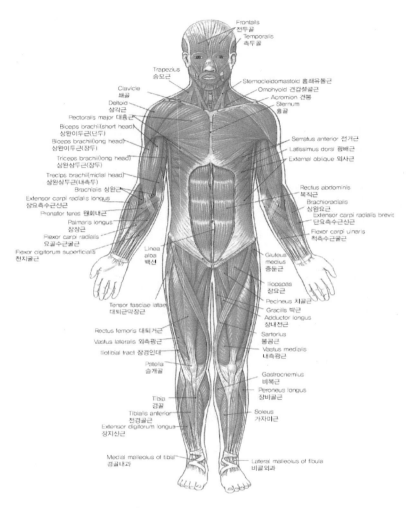

골격근 전면

사진출처: 대경 인체해부도, 1999

골격근 해부도 1

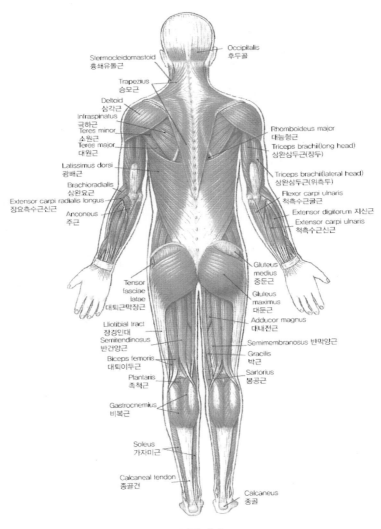

Occipitalis
후두골

Stermocleidomastoid
흉쇄유돌근

Trapezius
승모근

Deltoid
삼각근

Infraspinatus
극하근

Teres minor
소원근

Teres major
대원근

Latissimus dorsi
광배근

Brachioradialis
상완요근

Extensor carpi radialis longus
장요측수근신근

Anconeus
주근

Rhomboideus major
대능형근

Triceps brachii(long head)
상완삼두근(장두)

Triceps brachii(lateral head)
상완삼두근(위측두)

Flexor carpi ulnaris
척측수근굴근

Extensor digitorum 지신근

Extensor carpi ulnaris
척측수근신근

Gluteus medius
중둔근

Gluteus maximus
대둔근

Adducor magnus
대내전근

Semimembranosus 반막양근

Gracilis
박근

Sartorius
봉공근

Tensor fasciae latae
대퇴근막장근

Iliotibial tract
장경인대

Semitendinosus
반건양근

Biceps femoris
대퇴이두근

Plantaris
족척근

Gastrocnemius
비복근

Soleus
가자미근

Calcaneal tendon
종골건

Calcaneus
종골

골격근 후면

사진출처: 대경 인체해부도, 1999

골격근 해부도 2

(1) 두름치기의 원리

굼실에서 능청으로 이어지는 동작과 허리의 회전력을 통해 발차기의 강력한 힘이 발산된다.

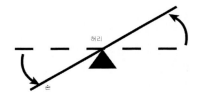

굼실에서 축의 반대 발을 상대에게 접근시키면서 원을 그리듯이 찬다.

차기와 동시에 허리의 회전력을 이용하여 차기의 반대쪽 손을 뒤로 젖히다. 밸런스와 회전력의 원리이다.

(2) 던지기 원리

발차기는 추나 망치 그리고 해머 등으로 치듯이 힘을 사용하거나 공을 던지듯이 원하는 부위를 공격하는 것이다.

던지기 동작의 분석을 살펴보면, 창던지기, 야구피칭 등은 동일한 원리와 과정을 통해 인체 분절의 순차적인 연쇄반응, 개방적 역학 연계시스템 원칙에 의해서 움직이는 것을 알 수 있다.

이러한 동작의 공통적인 특징을 분석해보면, 지지면의 발이 타깃

(Target) 방향으로의 움직임이다. 지지하는 발이 지면에 접촉하면서 동작의 기저부(base of support)를 구축한다. 이때 지지하는 발이 지면을 누르는 힘에 대하여 반작용으로 지면은 이 힘과 크기가 같고, 방향이 반대인 힘을 지지하는 발에 공급한다(뉴턴의 작용·반작용의 법칙). 던지기 동작을 수행하기 위한 외부의 힘은 지구로부터 얻고 있다.

외부로부터 힘을 받는다는 사실을 이해하기 위해서는 야구경기에서 내야수의 송구동작을 생각해보면 쉽게 알 수 있을 것이다. 우리는 TV중계를 통하여 내야수가 볼을 캐치하여 2루에 터치아웃 시킨 후, 1루로부터 달려오는 주자를 피하여 1루수에게 공중에 뜬 상태에서 멋진 송구를 하는 것을 종종 목격하게 된다. 그러나 슬로모션을 통해 관찰하면 내야수는 송구하기 전에 이미 왼발이 지면에 접촉하여 동작의 기저부를 구축한 동시에 지구로부터 반작용의 힘을 받아 송구 동작에 필요한 힘을 공급받고 있었던 것이다. 만약에 내야수가 급한 나머지 주자의 태클을 피하고 공중에서 지면으로부터 힘을 공급받지 못한 채 근육의 힘만으로 송구를 한다며 1루에 훨씬 못 미치게 될 것이다.

이와 같이 기저면을 구축하는 움직임이 진행되고 있는 동안 이와는 방향이 반대인 백스윙 동작이 동시에 진행되고 있다. 이러한 백스윙 움직임은 인체를 최대한 신전(stretch)시켜, 공격기술 동작에 대한 힘의 크기나 시간을 최대한 증가시켜 준다.

야구선수의 타격 자세를 보면, 타격 전 앞발을 앞으로 내미는 순간, 배트를 든 손은 오히려 반대 방향으로 회전하고 있다. 즉 타자의 외다리타법은 우리가 지금 얘기하고 있는 던지기 동작의 가장 중요한 특성인 인체분절의 순차적인 회전운동을 적나라하게 보여준다. 발부터 움직인다는 사실 말이다.

이들이 홈런을 많이 때려낸 이유는 이들의 신체적 조건이 다른 선수에 비해 우수한 것보다, 던지기 동작인 타격동작에서 인체의 순차적인 회전 움직임을 어김없이 준수함으로써, 배트의 타격 스피드를 최대로 가져갈 수 있었기 때문임을 인식할 필요가 있다.

제겨차기를 할 때 굼실은 지면반력(뉴턴의 작용·반작용의 법칙: 굼실 하는 가운데 무릎이 구부려지면서 반력을 자연스러우면서도 충분히 얻기 위한 동작)을 얻으며 동시에 이루어지는 위로 젖히기의 손동작은 인체를 최대한 신전(stretch)시켜, 차기 동작에 대한 힘의 크기나 시간을 최대한 증가시켜 준다.

서서 차는 발차기보다 굼실에서 능청으로 이어지면 가속도가 생겨 더 멀리, 더 세게 찰 수 있다.

가속도는 힘의 크기가 클수록 질량이 작을수록 커진다. 발질 시 고관절과 발을 가볍게 하고 다리를 곱꺾어 차므로 공기의 저항을 적게 하여 큰 가속도를 얻을 수 있다.

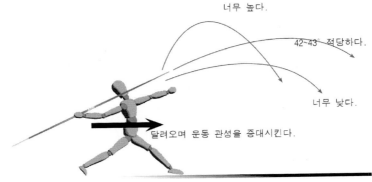

너무 높다.

42~43° 적당하다.

너무 낮다.

달려오며 운동 관성을 증대시킨다.

창던지기는 도움닫기와 던지는 각도가 중요하다.

던지기의 원리

42~43°

같은 힘으로 쏠 때 **42~43°** 의 발사 각도에서
가장 멀리 날아간다.

당기는 힘이 작을 때 / 당기는 힘이 클 때

양궁은 활의 탄성을 이용한 운동으로 활을 당
기는 힘과 발사 각도를 조절하여 쏜다.

같은 각도로 쏠 때는 당기는 힘을 크게 할수
록 멀리 날아간다.

　　또한 차기는 내딛는 발의 지면반력과 곱꺾어 올린 무릎의 각도에
따라 공격 부위의 파워가 달라진다. 굼실에서 능청으로 이어지는 탄
성과 던지기의 원리가 최상의 차기로 발현된다.

3) 무릎을 곱꺾어 차는 발질

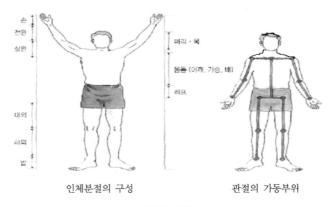

인체분절의 구성   관절의 가동부위

인체의 분절

택견은 발차기 시 지면을 딛고 있는 발은 항상 무릎이 구부려져 있다. 이것은 세 가지의 의미를 내포한다. 첫째는 무릎을 구부림으로써 상대를 공격한 발의 충격량을 줄여 무릎을 보호하고자 함에 있고, 둘째는 무게 중심을 낮추는 한편 공격 후에 구부러진 무릎에서 받는 충격량을 흡수하여 안정된 자세를 확보함에 있다. 셋째는 허실(虛實)의 움직임에서 지면에 딛고 있는 실(實)의 무릎이 구부려져야 허(虛)인 발로 즉각적이고 빠른 공격을 할 수 있다.

솟구쳐 차기 후에 다리를 곧게 신전시킨 채 바닥에 착지하게 되면, 신체는 이러한 힘들을 흡수하는 시간이 매우 짧아서 신체에 가해지는 충격(shock)과 스트레스(stress)는 매우 크다. 이에 대한 반응으로 대부분의 택견인은 본능적으로 발목과 무릎, 그리고 고관절을 구부린다. 이런 자연스러운 행위는 운동 역학적인 관점에서 볼 때, 선수의 신체가 지면으로부터 가해지는 힘을 받거나 흡수할 때 힘의 작용 시간을 길게 연장하려는 의도이다.

일반적으로 공격한 후의 찬 발은 다시 무릎을 곱꺾어 원래의 자세로 돌아가게 되어 있으므로 발질연습도 꼭 찬 발을 회수하도록 숙련과정을 거친다. 이 역시 충격을 흡수하는 과정이자 안정성의 확보와 추스르는 것을 의미하기도 하지만, 더 중요한 것은 발질 공격이 상대에게 잡히지 않도록 하는 역공격에 대비하는 의미가 있다.

박철희구술(2005)[22]의 『사운당(泗雲堂)의 태권도 이야기』에서 다음과 같이 말하고 있다.

> 발차기의 요체는 찬 발을 원상태로 얼마나 빠르게 되돌아오게 하느냐이다. 그래서 파괴력이 나오고, 상대방으로부터 발을 잡히거나 반격을 당할 수 있는 여지를 주지 않는 것이다. 현대 태권도 겨루기를 보면 발을 빠르게 차는 것은 볼 수 있는데, 빠르게 회수하는 것은 그렇게 많이 보이지 않는다. 이는 아마도 찬 발을 잡는 것이 허용되지 않기 때문이다. 또 태권도가 겨루기 중심으로 수련하면서 나타난 가장 큰 특징 중의 하나는 점수를 딸 수 있는 몸통 이상의 공격이 보편화하였다는 것이다. 그러다 보니 선수들이 상대방에게 큰 충격을 주지 못하고 발을 차고도 넘어지는 것을 자주 보게 된다. 이는 무예 측면에서 봤을 땐 이런 모습은 목숨을 상대방에게 스스로 내어놓는 거나 마찬가지이다. 경기 태권도에서는 어쩔 수 없다 하더라도 무예 태권도에서는 이런 점은 분명히 고쳐야 한다.

택견의 발질은 항상 무릎을 곱꺾어 차면서도 빠른 회수가 필수적이다. 특히 힘을 뺀 상태에서의 는질러차는 기법 때문에 상대에게 심

---

22) 1933년생, 태권도계의 초창기 개척자이며 미국에서 활동한 태권도계의 원로, 태수도협회 3대 전무이사 역임, 육군사관학교 초대 태권도 교관(1954), 경무대(현 청와대) 명예무도사범(1958), 택견의 첫 사단법인 화를 추진하였으며 송덕기 옹과 같은 사직동 출신으로 1950년대 말부터 직접 택견을 사사받기도 했던 택견과 인연이 많았던 태권도인이다.

한 손상을 주지 않지만 가해지는 일부의 충격력이 탄성에너지로 전환되면서 빠른 회수가 이루어진다.

태권도의 앞축차기(발가락을 젖혀서 발 축으로 차는 것)가 발등차기로 바뀐 것은 발가락을 젖힌 상태에서는 힘이 들어가면서 관련근육이 긴장되어 속도가 떨어지기 때문에 경기태권도에서는 불리한 것이다. 그래서 자연히 스피드가 빠른 힘을 뺀 발등차기가 선호하게 된 것이며, 힘을 뺀다는 것은 그만큼 스피드에 있어서 중요하다.

① 굼실   ②무릎 곱꺾기   ③ 능청과 던지기

제겨차기

택견의 발질동작을 분석해보면 다음과 같다. 항상 무릎을 곱꺾어 찬다. 체중이 실린 다리에 굼실하는 오금질이 이루어지면서 그 힘의 반작용을 지면반력을 통해 무릎의 탄성에너지로 되돌아오면서 전신의 분절을 순차적으로 신전시킨다는 표현은 앞서서 언급하였다. 순차적인 신전이라는 표현에도 불구하고 다리만은 유독 곱꺾는다는 표현을 사용하면서 굴곡이 먼저 수반되었다가 최종 단계에서 신전이 이루어진다. 그 이유는 두 가지이다. 하나는 신체 분절의 길이가 짧을수

록 긴 분절보다 힘의 손실이 더 적으며 움직이기 쉽기 때문이다. 신체 분절의 길이가 길수록 매우 가벼운 저항의 움직임에도 거대한 근력을 발휘해야 하며 결국 분절이 더 길수록 근력이 더 요구된다. 반대로 분절이 짧으면 긴 분절보다 힘의 손실은 상대적으로 더 적다.

택견은 한순간 상대의 허점을 노려 발질이 이루어져야 한다. 곱꺾지 않는다면 무릎분절이 하나 더 줄면서 길이가 길어져 저항이 커지고 스피드가 떨어진다. 곱꺾어 찰 때 분절이 짧아 힘의 손실이 상대적으로 적어서 스피드를 키울 수 있으며, 차는 순간은 채찍이나 골프 스윙의 이론이 적용되어서 스피드와 동시에 기대 이상의 근력이 실리게 되는 것이다. 그래서 택견의 발따귀와 내차기를 제외한 모든 발질은 항상 무릎을 곱꺾어 차게 된다.

발따귀   내차기

내차기와 발따귀는 유독 무릎을 곱꺾지 않은 상태에서 여타 차기보다 분절이 비교적 긴 발차기이다. 발따귀는 상대선수와 비교적 근접한 거리에서 사용할 수밖에 없는 차기로서 고관절의 회전운동에 의해 발바닥으로 상대의 뺨이나 옆얼굴 일대를 차는 수법이다. 다른 차기에 비해 예비동작 없이 회전하면서 공격하는 일종의 기습차기이다. 내차기와 발따귀가 간혹 곱꺾어 차는 것은 상대가 뒤로 물러나면 따라가면서 차는 변칙적인 기술과 상대가 밀고 들어오면 좌우로 빠지면서 차는 기술로 사용하기 위해서이다.

다른 하나는 무릎을 곱꺾어 차는 발이 최종단계에서 관성의 법칙이 적용되는데, 퍼지면서 발휘되는 채찍의 원리이다. 채찍의 원리에서 분절이 하나가 늘수록 그 가속도는 늘어나는 것이다.

일선 택견지도자의 이야기를 들어보면 발질이 유독 많은 택견은 일부 무예종목 선수들보다 골반이 위로 치켜 올라가 있는 체형을 보여주는 한편, 달리기 시 심폐기능이 다른 격기종목 선수들과 비교하면 상대적으로 좋다는 이야기를 한다. 이는 발질이 많고 무릎을 곱꺾어 찼다가 다시 곱꺾어서 내리는 습관, 혹은 젖은 수건에 묻은 물을 뿌리듯 차는 습관과 품밟기를 통해 끊임없이 추임새로 넣는 기합발성 덕으로 해석하고 있다. '뿌리다'는 싸락눈이나 빗방울이 날려 떨어지다. 물이나 물건을 흩다 등의 의미가 있으며 비교적 대상이 물이나 가벼운 물건이 해당되고 과다한 힘이 가해지는 강압적인 의미가 아니며 자연스럽거나 가벼운 동작을 의미한다. 즉 '뿌리다'는 느진발질의 의미를 어느 정도 함축하고 있다.

4) 무게 중심

서 있는 자세에서 인체의 해부학적 무게 중심은 배꼽 아래로 1~2인치 또는 가랑이 위로 6인치 정도를 수평으로 통과하는 면내에 놓인다. 이 면은 신장의 55~57%로 서 있는 자세에서 키의 1/2보다 약간 높다. 키가 작고 다리가 짧은 사람은 더욱더 높은 무게 중심을 가질 것이고 여성은 남성보다 더 큰 골반과 더 좁은 어깨를 가지므로 상대적으로 더 낮다. 남성은 대략 바닥으로부터 신장의 57% 지점인 반면에 여성은 신장의 55% 지점이다(최인애 등, 2006).

발기술을 주로 쓰는 택견은 기저면이 상대적으로 좁고 무게 중심이 높으며 끊임없이 품밟기를 통해 무게 중심을 이동시켜야 하므로 에너지 소모가 많을 뿐 아니라 따라서 단위 시간당 운동효율이 매우 높다.

모든 운동에서 무게 중심은 매우 중요하다. 그러나 동서양은 상당한 시각 차이를 보이고 있다. 힘이란 근육에서 나오는 것이 틀림이 없지만, 동양의 무예는 단순히 근육차원을 넘어 한결같이 단전에서 힘이 나온다는 관점에서 단전을 중요시하고 있다.

서양의 발레나 리듬체조, 피겨스케이팅의 우아한 동작은 가슴을 내미는 동작이다.[23] 투수가 전신을 신장시켜 던질 때 가슴의 대흉근부터 신전된다고 표현하고 있고 실제 잘못된 말은 아니지만, 동양의 관점에서 볼 때는 모든 근육이 신전되었을 때 아치를 그리고 있는 정점은 단전을 상기하는 것이다. 서양의 근육이라는 표현에 대해 동양

---

23) 이 세 종목은 사실 발끝으로 서서 균형을 유지하면서 우아한 포즈를 취해야 하고 회전동작이 수반되는 경우가 빈번하고 무게 중심을 의도적으로 높여야 하는 의도가 많으므로 단전의 개념과 거리가 있을 수 있다. 이 동작의 장점은 신전된 가슴이 복부를 개방시켜주므로 일시에 다량의 복식호흡이 동반됨으로써 과다한 동작에 따른 유용한 호흡을 할 수 있는 자세이기도 하다.

에서는 그 이전의 근원과 근원점 혹은 원초점에 주목하는 것이다. 팔을 내려뜨리고 서 있을 때 남자의 무게 중심은 대개 배꼽 부근으로 배꼽(신궐)에서 아래 방향으로 2치 위치의 석문단전[24]과는 약간의 차이가 있다. 물론 무게 중심은 움직임에 따라 변화한다. 무게 중심과 관련된 무예의 예를 들어 보면, 마보를 취하게 되면 자세가 낮아지므로 무게 중심이 내려가면서 단전의 위치와 비슷하게 된다.

박철희(2005)는 윤병인[25]의 만주권법에는 '발끌기'가 움직임의 기본이었고 지금은 사라졌지만, 예전 태권도의 태극 품새의 기본에 포함되어 태극 1장에 보이는 막고 지르기 동작에 모두 발끌기가 포함되어 있었으며, 이 발끌기는 발을 끄는 과정에서 신체 내부의 압력을 최대한 높여 속힘을 극대화 시켜주고 결국 파괴력의 극대화로 이어지는 수련법이라 하였다.

하지만 파괴력이 극대화되는 부분은 인정하지만 속힘을 극대화시킨다는 표현은 약간 수정돼야 할지도 모른다. 마보에서 발을 끌면서 이동하게 되면 어떤 결과가 있을까? 자세가 낮춰진 마보 자세에서는 무게 중심이 아래로 내려오면서 무게 중심인 단전의 위치가 수평이동을 하게 된다. 체중의 중심과 힘의 원천인 단전이 수평이동을 하면

---

24) 하단전으로서 석문혈은 배꼽인 신궐과 하복부 아래 딱딱한 뼈(치골결합상연: 곡골혈)를 5등분해서 신궐에서 아래쪽으로 1/5 지점이 음교라는 혈이고, 2/5 지점이 석문혈이며 이 음교와 석문 사이에 기해혈, 3/5 지점은 관원혈이다. 좀 더 엄밀한 의미의 단전은 석문혈에서 허리 뒤쪽 명문혈(*대략 요추 2, 3번 사이, 일설에는 3, 4번사이라는 이설도 있다) 간에서 3등분을 했을 때 복부 쪽으로 치우친 1/3 지점이다.
  * 여기에서 치수는 사람마다 신체의 차이가 있으므로 명확하게 고정된 값이 아니고 손이나 팔, 눈, 입 등 다양한 자신의 신체 일부를 척도로 해서 길이를 재는 방법으로서 예를 들어 손가락에서 중지를 기준으로 삼을 때, 중지동신촌법, 모지를 기준으로 삼을 경우 모지동신촌법 등으로 칭한다.

25) 초기 태권도인으로 1930년대에 만주에서 만주권법을 익히고 일본에 유학 중 수도관(修道館) 가라테의 개조로 불리는 도야마 간켄(遠山寬賢)을 만나 서로의 무예를 인정하고(도야마 간켄을 처음 대면한 자리에서 실력을 인정하고 그 자리에서 4단을 인정받았다) 서로의 무예를 바꿔 배웠다. 해방 후 YMCA에 권법부를 설치하고 무예를 가르쳤다. YMCA 권법부는 창무관(彰武館)이라고도 하는데, 6·25 때 실종되었다.

서 상하좌우로 힘이 분산되지 않고 이동방향으로 관성이 생기게 되어 주먹을 내지르게 되면 그 주먹에 관성의 힘이 실리게 되므로 파괴력이 극대화되는 것이 당연한 결과이다. 발끌기의 묘리는 일치된 단전과 무게 중심이 흔들리지 않고 공격방향으로 이동되면서 주먹질에 그 힘을 싣는 것으로 이 과정을 무술과정에 집어넣었다는 것 또한 대단한 발상이다.

그러나 발끌기에 관한 또 다른 기록들이 있는데, 근대 형의권대사인 이중헌의 구술(2007) 내용 중에 다음과 같은 내용이 있다. "보법을 대략 나누면 횡(橫)·종(縱)·사(斜)·전(轉)이며, 땅을 스치며 가야만 하고, 발이 땅에서 떨어지지 않으면 않을수록 더욱더 변화할 수 있으며, 아무 이유도 없이 뛰어오르면 변화가 곧 없어진다. 형의권(形意拳)의 작은 보(步)가 질질 끌며 움직이는 것을 얕보지 말아야 하니, 정말 보기 흉하지만, 교묘하기는 또한 정말 교묘하다" 하였으니 무게 중심과 단전의 일치 이외의 또 다른 뜻이 있는지는 과문(寡聞)한 탓이라 더는 논하기 어렵다.

택견의 동작은 상대의 신체를 직접 가격하는 경기로 발전되어 왔다. 상대방을 다치지 않게 최대한 배려하는 기법인 도괴력(넘어뜨림)의 사용은 필연적으로 동작의 끝에 더 많은 힘을 실을 수밖에 없다. 그래서 유한한 몸을 이용해서 최대한의 효과를 얻고자 하는 노력이 이어져온 것이다. 느질거리는 기법도 같은 맥락으로 사용되었다.

이용복(1993)은 느질거리는 기법은 완충 효과를 내기 위해 멈칫거리는 동작과 함께 곡선의 동선을 추구하고 있고, 멈칫거림은 정지가 아니라 근육작용을 추슬러 올려 힘을 가중시킨다. 포물선 동작은 육중한 힘의 전달에 필요한 물리학의 법칙이다. 화력이 크고 비행거리가 긴 대포일수록 곡사포라는 사실로 미루어 이해할 수 있을 것이다. 이것은 타격을 지양하고 도괴(倒壞)를 목적으로 하는 택견의 승부방법과 직결되는 형태이다. 야나기 무네요시가 조선의 예술에서 공통으로 나타나고 있는 곡선을 두고 '비애의 곡선'으로 슬프고 무력하게 표현하였지만 실은 곡선이 가장 강하고 무겁게 작용하는 힘의 동선이라고 하였다.

택견의 품밟기에서 무게 중심은 서양의 이론처럼 신체의 움직임에 따라 항상 변하는 것이 아니라 바로 하단전에 있는 것이다. 하단전이 두 가랑이 사이의 원초점26)이라는 표현처럼 높이뛰기 선수가 바를 넘을 때 무게 중심이 과학적으로 등 뒤 체외에 있다는 개념과는 다른 것이다.

특히 단전호흡수련에서는 '의수단전(意守丹田)',27) '내관반청(內觀反聽)'28)이라 하여 모든 오관의 의식을 철저히 단전에 두는 공부에 치중하는데, 택견은 이들 오관의 의식을 단전에 치중하는 단전호흡과는 달리 구태여 의수단전이라는 과정을 거치지 않고서도 자연스럽게 단전을 중심으로 표연(表演)되도록 모든 동작원리가 이루어져 있을 뿐 아니라 이 체계에는 품밟기 과정을 통해 기운을 모으는 소위 축기(蓄氣)와 공격동작을 통해 축기된 기운을 자연스럽게 발산하는 과정을 포함했다.

---

26) 김재호(1996)는 가랑이 즉 두 다리의 갈래에는 원초점이 바로 하단전이기 때문에 발바닥으로 밟는 동작으로 오금질을 하면 허리로 힘이 연결된다는 것은 바로 그 허리라는 것이 하단전이라는 말로서 하단전 수련은 품밟기로 하는 것이 가장 좋은 방법이라는 표현을 썼으되 원초점이 하단전임을 드러내었다. 육태안(1991)도 '늦은배(하단전): 두 다리(가랑이)의 합치는 곳, 두 다리(가랑이)를 이용하여 단련한다' 하였다.

27) 어묵동정(語黙動定), 행주좌와(行住坐臥), 염염불망(念念不忘), 의수단전(意守丹田)으로 설명을 갈음한다.

28) 의미 있는 여러 해석이 있으나 단순히 설명하면, 심안으로 단전을 바라보고, 단전의 소리 혹은 단전을 통해 소리를 듣는 오관을 이용한 집중 방법의 하나이다.

서양에서는 우리의 전통무예와 같이 단전과 유사한 개념이 전혀 없을까? 이에 대한 일례를 찾아보면 다음과 같다.

타이거 우즈의 데뷔 시절, 어떻게 하면 당신처럼 장타를 칠 수 있는가에 대한 기자의 질문에 "나는 다운스윙 시 엉덩이를 빨리 회전시키는 것 이외에는 아무것도 생각하지 않는다"라고 말한 적이 있다. 타이거의 이 말이야말로 우리가 추구하는 스윙의 본질을 가장 간결하고도 적절하게 표현하고 있는 것이다. 타이거 말의 주안점은 엉덩이를 빨리 회전시키는 데 있는 것이 아니라, 엉덩이의 회전이 스윙의 핵심이라는 사실이다(김성수, 2002).

이는 예전 원동기 장치에서 크랭크축에 달린 플라이휠을 먼저 돌려 동력을 끌어내듯이 무게가 무거운 엉덩이 일대의 파워 존(power zone)을 먼저 가동함으로써 나머지 신체분절을 순차적으로 움직이는 원리이다. 다만 단전의 개념이 없어서 파워 존이라는 일정 범위를 간접적으로 언급한 것이다.

단전의 또 다른 우리말 표현으로 늦은배(아랫배)가 있으며 석문단전이 아랫배에 있으므로 택견의 품밟기 시 엉덩이를 내밀면 자연히 아랫배가 앞으로 나가면서 능청이 이루어지는데, 타이거 우즈가 엉덩이를 회전시킨다는 동작은 품밟기의 능청 동작과 다를 바 없다.

또한 전술한 바와 같이 높이뛰기 선수나, 배구의 스파이크시 작용과 반작용의 법칙에 의해 상체와 하체가 반대방향으로 향하면서 아치를 그리는 데 비해 품밟기는 접지면에 고정되어 있으므로 아랫배가 능청하면서 아치를 그린다.

골프도 마찬가지로 양발이 접지면에 고정되어 있으므로 백스윙 후, 즉 과신전 직전 다소 꾸부정한 자세에서 허리부근, 즉 단전을 중심으로 신전이 시작되면서 나머지 작은 분절들이 수순에 따라 이루어진다. 특히 골프에서 이상적인 동작은 '하체가 스윙을 리드해야 한다'라고 표현을 하거나 '반드시 하체가 먼저 움직이고 상체는 이에 따라 수동적으로 움직여야 한다'라고 하는데, 결국 발은 고정되어 있으므로 골프의 표현은 하체나 엉덩이지만, 택견의 표현으로는 내밀어지는 늦은배 혹은 구체적으로 정점의 원초점인 단전으로 표기하는 것이다. 다만, 이후의 택견동작은 미세한 변화에 민감하지 않으나 골프는 작은 근육의 움직임도 민감하게 반응하므로 왼팔을 고정하는 등 간결한 백스윙을 요구하고 있다.

5) 역근(易筋)

역근(易筋)의 원리는 나선형 모양인 안팎으로 꼬아서 힘이 안배되는 이치로 역의 힘이 전체적으로 발생하면서 생성력이 생기는 것이다.

근육을 틀어 놓으면 원상태로 돌아가려고 한다. 예를 들어 생고무를 꼬아놓았을 때 원래 상태로 돌아가려는 강력한 힘이 생긴다. 이와 같은 원리가 근육에도 있다. 원향으로 돌아가려는 힘이 발생하는 것이다. 또한 역근이라고 할 때, 변할 역(易)자에 근력 근(筋) 자를 쓴다. 즉 근력이 변한다는 말이다. 역근법은 소가죽도 찢을 수 있는 강력한 힘이 생기게 하며, 사람의 근골과 오장육부를 바꾸어 강력한 신체, 즉 무인의 몸을 만드는 핵심원리라 할 수 있다(기천문 본문, 1998b).

역근은 기를 발생시키고 일정한 경로를 통해 단전에 집결하도록 하는 자세이다. 역근 중에도 가장 전신의 기를 잘 발생시키고 잘 모이며 잘 운행되도록 고안한 자세가 내가신장이다. 내가신장은 발목부터 머리까지 우리 몸의 중요한 관절을 모두 꺾어서 역근을 한 상태로 서 있는 자세이기 때문에 엄청난 인내를 요하는 자세이다(기천문 본문, 1998a).

이러한 역근의 자세는 일월무예원의 화평보 자세나, 선무도의 영동입관, 학의 자세(설적운, 1997)에서도 볼 수 있으며, 항간에서 역근에 대해 좀 더 쉽게 "보통 종이는 잘 찢어지지만, 종이를 꼬아서 만든 노끈은 잘 끊어지지 않는다"라는 예를 들어 역근은 강한 힘을 결집하고 낼 수 있다고 강조한다.

이러한 역근을 통해 신체 단련이 이루어지는 택견은 아니지만, 당시 송덕기 옹의 다음 표현은 음미할 만하다.

> 스승님께서 제자들이 허벅지 근육을 한 번씩 만져보시고는, "이렇게들 근육이 딱딱해서야 무슨 택견을 하겠냐?" 운동을 열심히 하면 근육이 더 강해지고 단단해져야지 그게 무슨 말씀인가 싶어, "운동하면 다리가 더 튼튼해지는 거 아닌가요?"라고 여쭈었더니, "이놈아 근육이 질겨야지 단단하면 상하기만 해!" 하시는 것이었다. 스승님의 말씀은 이어졌다. "살이 부드러우면 탄력이 좋고 강해져 그래야 옛법을 써도 제대로 쓸 수 있는 거야(도기현, 2003)"라고 하였다.

골프에서 치핑(Chipping)과 퍼팅(Putting)은 클럽헤드를 가능한 한 흔들림 없이 타깃 방향으로 움직여야 하는데, 스윙동작에서 팔뚝은 자연스럽게 좌우로 회전하는 특성이 있다. 그래서 통상 그립을 취하면 팔뚝이 회전하여 의도와 달리 볼이 왼쪽으로 가는 경우가 발생한다. 이런 샷은 손을 그립의 왼쪽으로 돌려 잡음으로써, 손목을 고정해주는 효과가 있고 팔뚝의 회전을 방지해준다. 엘리베이터의 와이어는 신축성이 있으면 안 되므로 처음부터 최대한 늘린 상태에서 꼬아서 쓰는 것은 역근의 원리를 적용한 것이다. 군인들이 사격훈련 시 엎드려쏴 자세에서 팔과 몸을 꼬아주는 자세 역시 총구의 흔들림을 최소화하기 위한 역근의 원리이다.

택견의 역근은 허리를 축으로 이루어지는 곁치기나 밭장치기 등에서 능청 동작과 동시에 나타나므로 분절마다 꺾어지는 역근이 아니라 허리를 축으로 꼬이는 역근의 형태이다. 곁치기동작에서 감은 허리가 극에 달하는 순간, 그 반작용을 이용하여 차는 발에 힘이 실리는 것이다. 감은 허리가 채 풀리기 전에 곱꺾은 발을 물을 뿌리거나 공을 던지듯이 차는 순간이, 소위 역근상태에 있기 때문에 더 파워풀한 발질이 이루어지는 것이다.

상술한 내용은 꼬였다가 풀리면서 생성되는 원리이다. 반면, 꼬여 들어가면서 생성되는 원리는 총알과 화살 등이 나선형으로 내회전하면서 생성되는 원리이다.

역근은 관절과 근육의 나선(螺旋) 동작을 통해 상대의 가격 부위를 나선형으로 공격하는 방법이다. 이러한 동작은 상대에게 내상을 입힐 수 있다.

내지르기 동작에서 축의 발과 허리의 회전을 이용하면 내지르기→가로지르기→외알저기 순으로 순차적인 변화로 이어지는 공격이 이루어진다. 또한 옛법의 손질 중 주먹질로 상대의 급소를 공격할 때는 굼실과 능청에서 나오는 지면반력과 발ー무릎ー허리ー어깨ー손등ー주먹 순의 순차적인 공격동작과 뱃심 그리고 호흡을 함께 동반한 공격은 상대에게 강한 데미지를 줄 수 있다.

① 내지르기: 상대의 복장을 약 **30%** 정도의 힘으로 내지른다.

② 가로지르기: 상대의 복장 또는 얼굴을 약 30% 정도의 힘으로 가로지른다.

③ 외알저기: 상대의 복장 또는 얼굴을 약 40% 정도의 힘으로 힘껏 내지른다.

요령: 차기동작을 연속적인 동작으로 비틀어(나선)찬다. 내지르기를 찬 후 다시 축의 발과 내지른 발 그리고 허리의 회전력으로 가로지르기에서 외알저기로 공격한다.

나선형 차기

인체파동원리를 무예에 적용하면 힘의 균형원리와 조화되어 강력한 파워를 발휘할 수 있다. 특히 품밟기에서 나오는 파동(波動)은 근접상태에서 강한 기운을 발산한다. 가로지르기(옆발질)는 파도가 치는 원리와 역근(허리의 틀림)의 원리를 이용하면 상대와 공간이 없어도 강한 파워를 생성시킨다.

이러한 파동의 원리는 관절꺾기인 일명 개부르기 또는 신주(풍수)에 사용된다. 즉 관절기에 적용되고 있다. 팔꿈치 누르기 동작에서 지레의 원리 이용과 더불어 상대 손을 비틀고 꺾는 기술이 동반된다. 거기에 역근의 원리가 적용되면 작은 체구로 큰 체구의 상대를 쉽게 제압할 수 있다.

이러한 역근법(易筋法)은 자신의 호신뿐만 아니라 건강하게 만든다. 역근은 손발의 가동 범위를 최대한 회전시키면 근막(筋膜)이 이완되어 수축력이 좋아진다.

인체는 한정된 가동 범위를 지니고 있어 가동 범위를 넘어서 과신전을 하게 되면 상대에게 고통을 줄 수 있다. 과신전에 회전의 원리와 지레의 원리를 적용하면 작은 힘으로 큰 힘을 발휘할 수 있다. 관절의 가동 범위를 살펴보면 다음과 같다.

① 경추의 정상 가동 범위

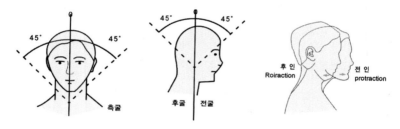

② 요추의 정상 가동 범위

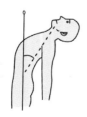
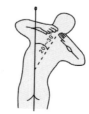

③ 주관절의 정상 가동 범위

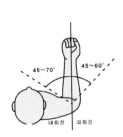
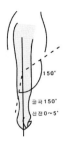

④ 견관절의 정상 가동 범위

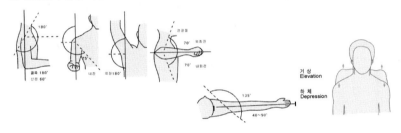

⑤ 완관절의 정상 가동 범위

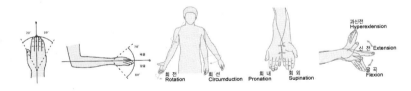

⑥ 고관절의 정상 가동 범위

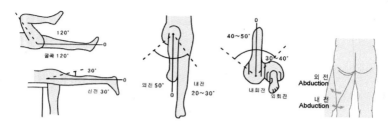

⑦ 슬관절의 정상 가동 범위

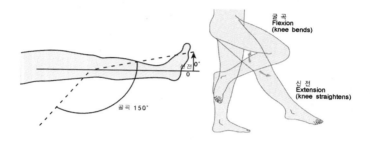

⑧ 족관절의 정상 가동 범위

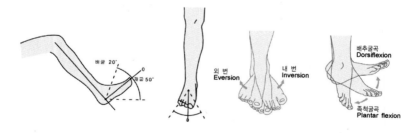

인체의 움직임은 근육의 수축과 이완에 의해 골격이 움직이면서 이루어지게 된다. 그리고 뼈의 움직임은 관절과 관절을 둘러싼 조직의 구조와 유연성 등에 의해 제한적으로 이루어지게 된다. 이때 일어나는 움직임의 범위를 가동범위라 하며, 이 가동범위를 최대한 이용하여 운동하는 것을 완전가동범위운동이라 한다. 의도적으로 완전가동범위를 벗어나게 하면 상대에게 상해를 가할 수 있다. 인체를 구성하는 뼈는 어떠한 형태로든 상호 연결되어 있다. 관절이란 둘 이상의 뼈 사이의 연결 부위를 말한다. 관절은 전혀 움직임이 없는 부동관절과 약간의 움직임이 있는 반가동관절, 그리고 운동성이 매우 좋은 가동관절로 구분된다. 보통가동관절이라 하면 운동성이 많은 팔다리의 관절을 뜻한다. 가동관절을 활막성 관절이라고도 하는데 이는 관절낭이 있어 연골과 활액(滑液)의 작용으로 마찰이나 충격을 막을 수 있기 때문이다.

무예수련은 인체의 관절과 경혈을 충분히 숙지함으로써 상대의 움직임을 볼 수 있고 정확한 공격부위를 알 수 있다. 이는 겨루기의 각도와 밀접한 관련성이 있다.

상대의 관절을 제압할 수 있는 경우와 관절공격을 자신에게 유리하게 변화시키는 방법을 살펴보면 다음과 같다.

팔꿈치 누르기　　　　접번관절의 반대쪽은 꺾이지 않는다.

상지 접번 관절의 가동반대 방향을 누르기

① 상대가 오금의 가동 범위 방향으로 덧걸이 ② 왼발을 왼쪽방향으로 전환시키면 무릎의
로 공격한다.   가동범위를 벗어나게 되어 상대의 덧걸이
는 무용지물이 되고 만다.

관절의 방향전환으로 되받기

6) 발질 비교분석

본 장에서는 동작원리가 유기적으로 결합한 택견의 발질에 대해서
살펴보고자 한다. 택견은 다양한 발차기가 발달해 있다는 사실은 이
미 잘 알려진 사실이다. 이 다양한 택견의 발질이 태권도에 많은 영
향을 준 기록들은 볼 수 있다. 현재 가장 많이 쓰이고 있는 택견의 두
름치기(후려차기)와 유사한 태권도의 돌려차기 동작을 살펴보자.

태권도의 차기도 택견과 같이 손기술보다 정확성은 적으나 공격범
위가 넓고 강력한 위력을 지니고 있어 적극적인 공격수단으로 이용
된다. 실제 태권도에서 발기술의 비중은 매우 크다. 여러 가지 차기
기술 중 돌려차기는 상대방의 몸통 또는 얼굴을 발의 앞 축이나 발등
으로 공격하는 기술로 태권도 경기 시 가장 많이 사용되며, 득점력이
높은 발기술로 인정받고 있다.

황인승·이성철·임정(2004: 145－151)은 태권도에서 숙련자와 초

보자의 돌려차기 동작을 분석했는데, 주로 상체 운동이 일어나는 준비동작구간에서 숙련자들이 더 많은 시간이 소요되고 나머지 차기 동작구간에서는 더 짧게 시간이 소요되는 경향을 보이고 있다. 초보자들은 상대적으로 반대의 경향을 보인다고 하였으며, 차기기술에서 반동동작(countermovement)에 대한 연구결과는 숙련자가 초보자보다 특히 시간이 더 소요되는 준비운동구간에서 많은 반동동작을 보이고 있으며, Elliot(1999)은 근육의 효과적인 사용 여부에 대해 간접 진단 방법으로 반동동작을 제시하였는데, 위의 결과는 숙련자가 반동동작을 효과적으로 사용하고 있음을 시사한다.

각 관절 선형속도의 변화에서 최대선형속도는 고관절에서 무릎관절, 발목관절, 발끝으로 원위분절로 갈수록 크게 나타났으며, 최대속도의 발생도 근위에서 원위방향으로 순차적으로 나타났다. 근위분절에서 발생하는 속도가 원위분절로 순차적으로 전이되면서 타격순간 큰 속도에 이르는 원리라 할 수 있다. 이는 채찍의 원리이며 택견의 두름치기 시 최초 내딛어 품을 밟는 발이 바깥쪽으로 벌어질수록, 즉 신전이 클수록 충격력은 더 커지는 원리이다.

한편 김창국(1992)은 압전 필름(piezo film)을 이용하여 숙련자와 비숙련자의 돌려차기 시 충격량을 측정하였는데 최대충격력에서 숙련자는 초보자보다 현저히 큰 값을 보였으며, 충격시간에 대해 표준화한 충격량인 평균충격력(충격량/충격시간) 역시 숙련자가 초보자에 비해 매우 크게 나타났음을 보고하고 있다.

두름치기에 대해서 이양규(2007: 42)는 택견 기본거리 차기 동작의 운동학적 분석 논문에서 우수집단과 비우수집단의 두 그룹으로 나누어 타격 준비구간, 타격 실행구간, 복귀구간 이렇게 3단계로 구분해서 소요시간의 평균치를 측정하였는데, 우수집단과 비우수집단의 두 그룹간에 현저한 차이는 없으나 대체로 태권도의 돌려차기와 유사한 패턴을 보여준다. 즉 타격준비구간에서 우수집단이 비우수집단에 비해 약간의 시간이 더 소요되고, 타격실행구간은 다소 **빠르고**, 복귀동작은 더 **빠른** 것으로 나타나 전체적으로 우수집단의 동작이 빨라 소요시간이 짧은 것으로 측정되었다.

장황한 윗글을 간단하게 설명하면, 숙련자와 초보자의 발차기는 숙련자가 훨씬 **빠르고** 강한 발차기를 하는데, 그것은 초보자보다 다소 소요시간이 긴 준비운동구간에서 여러 번에 걸친 반동동작을 통해 효과적인 근육사용이 수반되는 발차기를 하기 때문이다.

그리고 발질에 따르는 각 관절 선형속도의 변화에서 최대선형속도는 고관절에서 무릎관절, 발목관절, 발끝으로 원위분절로 갈수록 크게 나타났으며, 최대속도의 발생도 근위에서 원위방향으로 순차적으로 나타났다. 근위분절에서 발생하는 속도가 원위분절로 순차적으로 전이되면서 타격순간 큰 속도에 이르는 '채찍의 원리'가 사용되었다.

택견의 두름치기를 예로 들어보면, 최초 품을 내딛는 발이 바깥쪽으로 벌어질수록, 즉 소정의 범위까지 신전이 클수록 충격력은 더 커지는데, 이 말의 의미는 위에서 언급한 황인승 외(2004)의 "숙련자가 비숙련자보다 반동동작의 폭과 빈도의 차이는 슬관절보다는 고관절, 그보다는 척추동작에서 더 큰 차이를 보인다"와 유관하며 태권도의 농보법을 통한 돌려차기에 비해 택견 품밟기를 통한 두름치기가 끊어 차지는 않지만, 힘은 더 실린다는 서민수(2009: 30-31)의 견해와도 일치한다.

태권도의 돌려차기는 택견의 두름치기와 거의 유사한 동작인데,

가라테가 일본에서 국내로 유입 보급되면서 주로 발을 많이 쓰던 국내 전통무예의 동작을 도입한 것으로 보인다. 여러 배경적 이유가 있지만, 가라테의 발차기는 거의 하체 부분을 공격하는 동작으로 이루어져 있어 추론할 수 있다. 하지만 가라테의 직선운동과 끊어차기는 그대로 살리고 있어서 몇 가지 동작에서 차이를 보이고 있다.

첫째는 택견동작에서 보이는 굼실이 거의 없다. 굼실은 무릎의 오금질에서 지면반력을 통해 탄력을 얻는 동작으로써 태권도의 돌려차기는 회전축이 되는 무릎이 약간 구부려지나 그 폭이 작으며[29] 내딛는 회전축의 발끝도 태권도의 돌려차기에 비해 바깥으로 더 벌어지므로 골반도 더 개방된다.

이것은 마치 투척선수, 투수, 타자들이 힘을 가하는 방향으로 스텝을 넓게 밟으면서 기저면을 넓히는 동작과 같다. 이러한 동작은 안정된 기저면을 확보하여 균형을 잃지 않고 충분한 반동동작을 얻을 수 있을 뿐 아니라 발차기의 회전 폭, 즉 신전이 더 크게 일어남으로써 채찍의 원리에서 채찍의 끝 부분의 속도를 배가시켜 최대한의 가속을 얻으려는 의미이다.

그 이유는 후술하겠지만, 태권도의 모든 동작은 끊어 치는 동작이다. 이는 상대에게 최대한의 충격을 주기 위한 것으로, 택견에서는 금하고 있는 곧은 발질이다. 반면에 택견은 상대를 넘김으로써 승부를 내는 도괴력, 즉 느진발질을 사용하게 되어 있다. 돌려차기와 거의 유

---

29) 이 부분은 사전 동작의 의미로도 받아들일 수 있으며, 사전 동작의 폭이 큰 만큼 신전 시간과 더불어 소요 시간이 길어서 상대방이 피하거나 방어할 수 있는 충분한 시간을 확보할 수 있다는 관점에서 본다면 비효율적이라는 동작처럼 생각하기 쉬우나. 택견의 독특한 보법인 품밟기 과정에서 공방이 동시에 이루어지는 점을 염두에 둔다면 사전 동작이라는 의미보다 방어와 동시에 공격이 이루어지므로 단순히 한 동작의 분석만으로 전체를 파악한다는 점에 무리가 있다.

사한 동작임에도 두름치기는 상대의 머리 부분을 가격하더라도 부상의 우려가 매우 낮은 것이다. 하지만 무예로서의 기능을 어느 정도 확보해야 하는 것이 불가피 하므로 발질의 동선이 돌려차기보다 비교적 길고, 긴만큼 좀 더 신전이 일어나고 타격이 아닌 도괴력에 필요한 충분한 공격력을 확보할 수 있다.

아울러 곱꺾은 무릎이 그리는 마지막 궤적이 택견은 원호의 형태지만 돌려차기는 직선에 가깝다.

품밟기가 없는 태권도가 경기화를 통해 득점제를 도입함으로써 상대 선수에게 피하거나 방어할 기회를 주지 않기 위해 이 사전 동작들이 일부 생략되면서 동선은 더 짧아졌으며, 그 궤적은 대각선 형태의 직선에 가깝게 바뀌었다. 뿐만 아니라 발가락 끝에 힘을 주고 상대방에게 앞 축으로 차서 충격을 주던 동작에서 힘을 빼고 발등으로 가격함으로써 스피드 저하를 유발시키던 발과 다리에 불필요한 긴장이 해소되고 택견의 발질처럼 동작이 개선되었다.

박철희(2005)의 구술처럼 경기중심으로 태권도가 바뀌면서 겨루기에서 필요한 기술들이 발전하였다. 특히 발을 쓰는 기법들이 비약적으로 발전하게 되었다. 반면에 겨루기에서 점수를 따기 어렵거나 애매한 기술들은 아예 없어져 버렸다(박철희, 2005). 물론 택견의 일부 경기 중에서는 동선이 짧아지는 경향이 나타나기도 한다.

택견은 처음부터 보호 장구라는 개념 없이 민중에서 행해졌던 무예경기였으므로 느진발질만이 허용되었고, 이 느진발질을 효과적인 공격으로 연결하기 위해서는 동작 하나에도 신체 전체를 최대한 신전시키려는 동작체계가 도입될 수밖에 없었을 것이라는 추론이 가능하다.

정태운, 장경태(2005)는 Y대학 택견 전공자 중 택견 3단 이상 공인 단증을 취득한 9명에 대한 곁치기 동작을 분석하였는데, 국면별 소요시간을 측정한 결과를 살펴보면 다음과 같다.

동작별 평균시간은 품밟기 1.86초, 발차기에 1.46초, 기타 준비 및 회복에 0.51초로 총 3.83초가 소요되었다고 하였으며, 품밟기나 준비과정을 고려하지 않더라도 발차기동작에만 1.46초가 걸렸다고 하였다. 물론 이 실험에서는 타격의 높이를 제한하지 않고 발과 타격높이는 키의 97.7%를 나타내었는데, 이는 실용성보다는 아름다움을 추구하여 높이 차도록 요구되는 택견시범을 위한 연습의 결과라고 하였다. 태권도의 발차기를 연구한 강성철(1998)에 의하면 돌려차기는 0.59초, 뒤차기는 0.67초, 뒤후리기는 0.71초. 내려찍기는 0.78초, 앞밀어차기는 0.73초로 택견의 차기에 비해 매우 짧은 시간이 소요된다고 하였으며, 이러한 차이가 상이한 타격높이, 곁치기의 독특한 발차기 특성을 그 이유로 들고 있다.

이는 택견의 곡선적인 동작과 태권도의 직선적인 운동수행의 차이와 기술 수행자의 개인적인 기량 때문에 이와 같은 결과가 나온 것으로 사료된다.

이 논문은 특별한 분석 없이 결과를 간단하게 있는 그대로를 제시했는데, 이미 여러 번에 걸쳐 언급된 내용 가운데 이 동작과 유관한 부분들과 연관해서 부언설명을 하면, 태권도보다 확연히 차이가 나는 택견의 발차기 소요시간에 대해 타격높이나 곁치기의 독특한 발차기 특성이 분명히 택견 곁치기동작의 소요시간에 장애요인이 될 수도 있지만, 단순히 발차기행위의 시간만으로 비교하기 어려운 측면이 있다.

구체적으로 살펴보면, 첫째, 택견의 품밟기는 공방이 동시에 일어남으로 분명히 발차기의 예비동작으로 품밟기가 이루어지는 것처럼 간주하지만, 상대의 공격을 피하는 과정에 이루어지는 품밟기는 발차기 소요시간에 산정되어서는 안 될 것이다. 가령 상대의 공격에 대해 옆으로 품을 밟으면서 피하는데, 대부분 무예는 그 과정이 최소한 상대의 공격을 피하거나 막은 다음 다시 수습해서 공격을 한다는 전제이지만 택견은 피한다는 그 자체가 품밟기가 이루어지는 과정에 있으므로 상대가 공격해올 때 자연스레 한쪽으로 품을 밟으며 피하는 순간, 곁치기의 허점이 보인다면 이미 품밟기의 무릎이 굼실거리는 오금질이 이루어지면서 동시에 허리가 감기고 무릎이 곱꺾어지는 것이다.

이런 점을 고려한다면, 무릎을 곱꺾은 발을 뿌리듯 차고 다시 곱꺾어 내리는 국면만을 대상으로 소요시간을 측정해야 하지만 명확한 국면의 구분이 되어 있지 않으므로 곱꺾어 차는 제4국면만을 대상으로 할 때 평균 0.70초이다.

혹자는 택견의 입장에서 택견발차기에 너무 후한 점수를 주는 것이 아닌가 하는 의문을 제기할지 모르지만, 택견의 핵심은 바로 품밟기에 있어서 문외한이 볼 때에는 쓸데없이 우왕좌왕하는 보법처럼 보일 수도 있는 품밟기에 공방의 묘리가 담겨 있다는 점을 다시 한 번 상기시키고자 한다. 태권도는 이미 논의한 바와 같이 경기화되어 득점제를 도입하면서 스피드는 빨라졌지만, 유효한 발차기를 한 사람이 오히려 넘어지는 경우가 간혹 발생할 정도로 무예의 속성을 잃어가고 있다. 빠른 발차기만이 유효한 득점이 가능하다. 예전에는 체중을 싣거나 궤적도 어느 정도 원호를 그리면서 충격력이 실려 타격하던 발차기에서 단순히 스피드를 위해 궤적도 직선화되고 힘을 실을 필요가 없어진 것이다. 그래서 같은 뿌리에서 출발하였지만, 이미 속성이 달라진 두 무예의 발차기를 단순히 겉으로 드러난 일면만으로 비교하기는 어렵다.

이양규(2007)는 같은 논문에서 이 곁치기에 대해 정태운·장경태(2005)의 논문의 제4, 5국면을 역시 타격 준비구간, 타격 실행구간, 복귀구간 이렇게 3단계로 나누어 소요시간의 평균치를 측정하였는데, 우수집단과 비우수집단의 두 그룹 간에 현저한 차이는 없으나 우수집단이 비우수집단에 비해 타격준비구간과 타격실행구간은 다소 늦고, 복귀동작은 훨씬 빨라 전체적으로는 소요시간이 짧은 것으로 기록되었다. 참고로 우수집단의 타격실행구간의 소요시간은 0.37초이다. 물론 단순히 이 기록만으로 모든 발차기의 절대적인 소요시간과 우열에 대한 비교로 단정 지을 수는 없다.

서민수(2009: 30－31)는 태권도와 택견의 주요 차기동작의 비교에서 태권도의 앞차기, 돌려차기, 옆차기와 택견에서 외견상 거의 유사한 발질인 제겨차기, 후려차기(두름치기), 옆발질에 대해 각각 운동학적 변인을 다음과 같이 비교하였다.

태권도의 앞차기와 택견의 제겨차기 비교에서는 전체 소요시간이 앞차기가 빠른 것으로 나타났으며, 그 이유로 택견의 굼실, 능청이라는 동작원리로 해석되었다. 타격 순간의 신체 중심 변위는 좌우축, 전후축에서 차이는 유의하지 않았으며, 수직축의 변화는 제겨차기가 다소 컸는데 굼실 과정에 몸을 낮추었기 때문이다. 타격순간의 신체 중심 속도는 유의한 차이를 보이지 않았는데, 제겨차기가 미세하게 빨랐으며 발 속도는 제겨차기가 다소 크게 나타났다. 제겨차기의 전체 소요시간은 길게 나타났지만 발속도가 크게 나타났고 하퇴의 질량이 동일하다고 가정하면 타격순간의 힘은 제겨차기가 비교적 크다고 할 수 있다. 두 동작은 역학적 유사성이 다소 있으나 제겨차기는 다소 느리고 높게 차며, 타격 순간의 발속도가 컸다. 태권도의 돌려차기와 택견의 후려차기(두름치기)의 전체 소요시간에서 그 차이는 유의하였으며, 후려차기가 다소 느리게 측정되었다. 이 요인의 하나로 두 차기동작의 구현방법의 차이로 해석하고 있다. 신체 중심 변위와 속도, 그리고 타격 순간의 발속도 및 하퇴 각속도에서 차이는 유의하지 않으며, 타격 시 유사한 동작으로 볼 수 있으며 부분적으로 차이가 있는 것으로 판단되었다. 전반적으로 두 동작은 역학적 유사성이 다소 있으나 택견의 후려차기는 다소 느린 동작으로 볼 수 있다. 태권도의 옆차기와 택견의 옆발질에서 전체 소요시간은 유의한 차이를 보이지 않았다. 신체 중심 변위에서는 전후축과 수직축에서 그 차이는 유의하지 않았으나 좌우축 변위는 유의하여 옆차기가 옆발질보다 상대적으로 허리를 많이 틀어 타격하므로 변화가 비교적 큰 것으로 나타났다. 신체 중심 속도나 타격 순간의 발 속도에서 그 차이는 유의하지 않았으며 발 속도의 변화 패턴에서 슬관절이 최소가 되는 순간에는 옆차기가 빠르게 변화하는 패턴을 보였으나, 오히려 타격되는 순간에는 옆발질의 발속도가 다소 빠르게 변화하는 패턴을 보여주었다. 타격 순간의 하퇴각 속도에서도 그 차이는 유의하게 나타나지 않았다. 전반적으로 두 동작은 역학적 유사성이 다소 있으나 태권도 옆차기는 좌측 방향으로 변화가 크다고 할 수 있다.

발질의 원리를 전술했듯이 내딛는 발이 지면에 닿음으로써 뉴턴의 작용·반작용의 법칙에 의해 무릎이 얻는 탄력이 단초가 되어 나머지 공격하는 발질에 힘을 보탠다. 어느 것이 더 나은가에 대한 판단은 여기에서 의미가 없다. 그것은 경기의 규칙이 경기나 동작원리를 지배하고 있기 때문이다. 다만, 태권도는 규칙의 속성상 빠른 공격이 주효(奏效)하므로 이러한 지면반력을 얻는 과정이 짧은 시간 내에 이루어지고 있다는 것이다. 택견은 도괴력에 소요되는 충분한 반력을 얻기 위해 품밟기를 통해 타격준비시간이 상대적으로 긴 편이다. 그리고 충분한 신체의 신전에 의해 효과적으로 '채찍의 원리'가 나아가는 발에 실리게 하려고 골반이 더 신전되도록 연습을 한다. 택견에는 모든 신체굴신원리가 다 이런 식으로 이루어진다.

이러한 경위로 이루어지는 것은 결국 느진발질에 힘을 싣기 위함인데, 태권도에서 거의 쓰이지 않는 굼실동작이 불가피하게 쓰임으로써 소위 타격준비시간이 길어지게 되고 불가피하게 품밟기라는 독특한 보법이 자연 쓰이게 되는 것이다.

따라서 택견은 태권도의 돌려차기와 유사한 두름치기에 대해 당연히 더 많은 신전을 통해 차기의 가속을 얻고자 내딛는 회전축의 발끝도 돌려차기보다 바깥으로 더 벌어지며 골반도 더 개방되도록 연습하고 오금질의 상하변위도 많을뿐더러 같은 형태의 발차기라도 택견의 발질에서 오금은 더 굽혀져 있다. 더 굽혀진 오금은 차는 순간 상체가 뒤로 젖혀지는 능청동작에서 몸의 밸런스를 유지하기 위한 역할도 있지만, 무게 중심을 약간이라도 낮추어 비교적 안정된 자세를 유지하는 한편, 상대방을 가격한 충격을 외발로 지지하고 굽혀진 오금에서 더 많이 흡수할 수 있는 역할을 하기도 한다. 그리고 공격한 후에 찬 발은 항상 다시 무릎을 곱꺾어 원래의 자세로 돌아가게 되어 있으며 차기연습도 꼭 찬 발을 회수하도록 숙련과정을 거친다. 이 역시 충격을 흡수하는 과정이면서 안정성의 확보와 추스르는 것을 의미하기도 하지만, 더 중요한 것은 스스로 차기 공격이 상대방에게 잡히지 않도록 역공격에 대비하고자 하는 의미가 있다(심성섭·김영만, 2009).

6. 손질의 원리

　손질에는 '옛법'이라는 살상법과 경기에서 사용하는 기술로 나누어진다. 살상법은 상대를 타격적으로 공격하는 일종의 실전성 기술이다. 이러한 살상법은 고려의 살상적인 무예인 수박을 연습하기 위해 도입된 과정으로 유희화, 경기화되어 수박희로 발전한 것으로 알려져 있다. 이러한 점은 택견 내에도 동일한 구조로 자리 잡고 있는데, 택견을 현대적으로 체계한 신한승은 쌈수택견으로 표기하고 고심 끝에 결련택견으로 오기(誤記)하기도 했다. 반면, 경기기술은 상대를 손으로 가격하여 데미지를 입히기 위한 목적이 아닌 밀기, 잡아채기, 걸어넘기기, 잡아당기기 등의 공격적인 기법과 상대의 차기나 손질 등을 방어하는 수단으로 사용된다. 또한 상대의 밸런스를 무너뜨리기 위한 목적으로 딴죽의 보조적인 수단으로 사용되기도 한다.

　그 예로 칼재비에서 지면반력을 이용해 팔을 뻗으면서 몸 전체의 체중을 실어서 공격하는 것으로서 몸을 최대한 신전시켜 손바닥에 충격력이 실리도록 하는 것이다. 뻗어지는 팔은 직선의 궤적이 아니라 비스듬히 원호를 그리며 상대의 복장을 향한다. 인간의 움직임 대부분은 각(angular)운동요소와 선(linear)운동요소가 복잡하게 결합된 복합운동의 형태로 나타난다. 복합운동을 좀 더 쉽게 말하면 어떤 물체가 움직일 때 그 물체의 선형 움직임과 함께 물체 자체의 회전움직임이 같이 발생하는 것을 의미한다. 여기서 선형움직임이 선 운동요소이고 회전움직임이 각 운동요소에 해당되는 것이다. 여기서 공격하는 순간은 축의 각력과 몸에 팔 길이를 더한 회전반경이 커짐으로써 선속도가 빨라져 공격 스피드를 높인다.

칼재비는 상대의 복장 부분을 바로 직타하는 것이 아니라 아래에서 위로, 손바닥의 부드러운 부분으로 치밀어 올리므로 충격시간을 늘려 상대에게 충격량을 감소시켜 손상을 주지 않기 위해 배려하고 있다.

이러한 과정은 실전성과 경기기술로서 그 위력을 발휘하기 위해서는 역학적인 힘의 원리가 기본이 되어야 한다.

힘은 크기, 방향, 작용점 중에서 어느 한 가지가 변하여도 운동의 성질을 변하게 한다. 인체가 내는 힘은 근수축으로 인하여 발생하는 근력이다. 근력은 근육이 수축할 때 동원되는 근섬유의 굵기와 그 수에 비례한다.

투기나 신체접촉이 허용되는 운동경기에서 체중이 가벼운 사람이라도 근육의 순간적 수축능력이 발달해 있으면 충분히 체중이 무거운 상대를 이길 수 있다.

근력은 근육의 수축에 의해 발생되는 힘으로, 인체의 운동을 유발하는 근육이다. 근수축에는 근육의 길이가 변함없는 등척성 수축(isometric contraction)과 근육의 길이가 변하는 등장성 수축(isotonic contraction)이 있다. 근수축은 모두 골격근에 의해서 발생하는데, 이 골격근이 정지되는 시점에서 근육운동이 일어나게 된다.

운동을 일으키는 근육군을 주동근이라 하며, 주동근의 반대쪽에 부착되어 주동근의 수축력을 제어하는 근육을 길항근이라 한다. 근육은 수축작용에 의해서만 기능이 발생하므로 과도한 수축은 반대쪽에 부착된 근육의 수축으로 제어할 수밖에 없다. 특히, 스포츠 활동에서 근력증강을 위한 트레이닝을 할 때에는 근전도(electromyography)실험이 많이 사용되고 있다.

한편, 이와 같은 동작은 겨루기 기술향상에서 매우 중요한 역할을 한다. 야구에서 투수는 빠른 속도를 내기 위해 긴 와인드업을 한다. 즉 공에 힘을 주는 시간이 최대가 되게 하여 큰 충격(역적, 力積)을 갖게 한다. 해머던지기, 원반던지기, 포환던지기, 창던지기 등의 와인드업도 힘을 작용하는 시간을 길게 하여 더 큰 효과를 내고자 하는 것이다.

역적의 관계는 힘이 작용하는 시간이 없으면 속도의 변화를 일으키는 힘이 생길 수 없음을 나타내고 있다. 물체를 던지거나 칠 때에 팔로스루를 하면 공에 힘이 전달되는 시간이 길어져서 그만큼 공의 속도를 크게 할 수 있다.

물체의 운동량을 가능한 많이 증가시키기 위해서는 최대의 힘을 가해야 할 뿐만 아니라, 가능한 힘을 가하는 시간을 길게 한다. 정지한 자동차는 지속적으로 밀어야 움직이고, 또한 장거리포의 포신이 길면 길수록 발사되는 포탄의 속도는 빨라지는 것이 좋은 예이다.

100m달리기 선수에서부터 장거리 수영선수, 레인을 구르는 볼링공에 이르기까지 운동하고 있는 모든 물체는 운동량을 갖고 있다. 체중이 같은 100m 달리기 경기의 두 선수가 출발이 같았는데도 기록은 서로 같지 않다. 그 원인에 대해 출발 시 운동량으로 분석하면 다음과 같다.

① 운동량 = 질량×속도

② 운동량은 질량×속도이므로 질량이 같은 선수의 기록 차는 출발 시 속도의 차이다. 출발 시 속도 차는 블록에 가하는 작용력에 대한 반작용력의 차이이므로 동일한 스타트 자세를 취했을 때 블록에 힘

을 가하는 하지의 굴신력의 차이가 곧 속도의 차이로 나타난다.

즉 택견의 손질은 굼실에서 능청으로 이어지는 수직속도와 지면반력에 의한 충격량을 크게 하기 위해서는 하지의 굴신력에 의한 힘을 크게 하고 그 작용시간을 길게 하면 강한 파워를 낼 수 있다. 상대를 공격하기 위해서는 100m 달리기의 빠른 스타트와 지면을 미는 반작용의 힘을 이용해야 한다. 더불어 허리의 회전력과 팔의 힘이 일치했을 때 최상의 공격기술을 가질 수 있게 된다. 회전운동과 선운동(병진운동)[30] 원리의 관계는 그 예로 투척 종목 중 원반던지기나 포환던지기에서 원반이나 포환을 멀리 던지기 위한 방법으로 관성을 이용하기 위해서 제자리에서 회전운동을 한다. 회전운동을 통해 관성을 크게 하면 선속도와 연결되어 선속도가 커져 원반이나 포환이 멀리 나가게 된다. 또한 소프트볼 투수도 선속도를 크게 하려고 회전운동을 한다. 회전속도가 크면 클수록, 또는 회전하는 반경이 길면 길수록 축에서 멀리 떨어진 지점의 속도가 빨라지는 것을 응용한 것이다. 반대로 선속도가 일정할 때 회전반경을 짧게 하면 회전속도를 증가시킬 수 있다. 발레와 피겨스케이트의 회전이나 다이빙 동작의 공중회전 등은 회전반경을 작게 하여 회전속도를 증가시키는 것이다. 즉 선속도는 각속도[31]가 일정할 때 회전반경의 길이에 비례하고 각속도는 선속도가 일정할 때 회전반경의 길이에 반비례한다. 품밟기의 허릿심 회전력과 오금질의 굴신력이 합쳐지면 강한 손질기술을 구사할 수 있다.

---

30) 선운동량(linear momentum)이란 직선운동이나 곡선운동상태에서 일어나는 운동량인데, 운동 자체의 질량과 운동속도의 곱으로 나타낸다.

31) 원운동처럼 물체의 운동을 하나의 기준점에서 관측할 때 기준점에 대하여 물체가 회전하는 속도를 측정한 물리량이다. [출처] 각속도 [角速度, angular velocity] | 네이버 백과사전

겨루기는 고정된 상대를 대상으로 하지 않지만 힘을 사용하는 과학적 원리는 비슷하다. 과학적 원리를 이용한 격파의 원리를 살펴보면 다음과 같다.

격파의 원리는 첫째, 힘의 방향과 작용점이 중요하다. 즉 때리는 방향과 작용점에 따라 힘의 크기가 달라진다. 송판격파의 예를 들어 보면, 양쪽을 받친 중간을 쳐야 한다. 둘째, 압력이다. 같은 힘이라도 타점이 작을수록 압력이 강해야 위력이 강해진다. 즉 힘을 가해도 뭉툭한 쇠는 나무판자를 뚫기 어렵지만 끝이 뾰족한 못은 나무를 쉽게 뚫을 수 있다. 압력은 단위 면적당 힘이다. 즉 가해진 힘과 면적이다. 그래서 벽돌 격파 시 타점을 작게 하기 위해 손날로 격파하는 것을 볼 수 있다. 셋째, 속도이다. 운동량=질량×속도, 같은 질량이라면 속도가 빠를수록 운동량이 커지고 그 운동량은 물체에 큰 충격을 준다. 넷째, 완충효과를 줄인다. 격파 시 팔을 곧게 펴지 않으면 충격이 완화되어 큰 힘을 가하지 못한다. 격파물을 딱딱한 바닥에 놓아야 완충효과를 줄일 수 있다. 상대자가 송판을 잡은 격파물은 단단히 고정하지 않으면 충격이 완화되어 힘이 제대로 전달되지 않는다. 다섯째, 질량을 크게 한다. 망치로 치는 것보다 해머로 치는 것이 더 강한 힘을 낸다. 즉 주먹보다 다리의 파괴력이 강한 것은 질량이 더 크기 때문이다. 상대를 손질로 공격할 때 손의 힘으로만 칠 때 보다 체중을 실어주면 더 강한 힘을 내는 것도 질량이 크기 때문이다.

물체가 부서지는 것은 물체에 주어지는 힘이 물체의 변형 한계를 넘었기 때문이다. 손질은 던지기의 원리, 회전력, 굴신력, 추의 원리의 총체이다. 즉 상대를 넘기거나 손질로서 제압하기 위해서는 어깨의 힘빼기와 지면반력 그리고 위의 원리가 총체적으로 이루어졌을 때 최상의 동작을 발현할 수 있다.

손질의 원리

① 오른발을 굼실하고 왼손을 느진배에 가져간다.
② 왼발을 앞으로 눌러 밟으며 칼잽이를 한다.
요령: 왼쪽무릎이 왼쪽 엄지발가락과 수직이 되게 유지하고 오른발은 오금을 펴고 뒤로 밀어
　　　도 지탱하는 자세이다. 칼잽이는 허리의 회전력과 다리의 굴신력, 힘빼기 등이 총체적으
　　　로 이어져 강한 파워를 발현한다.

칼잽이

7. 낙법의 원리

택견은 특별히 낙법을 수련하지 않지만, 상대를 넘어뜨리는 유술로 구성되어 있어 안전하게 넘어지는 것은 필수적이다. 상대의 공격으로부터 안정된 자세로 넘어지는 것은 쉽지 않다. 유도나 합기도 등은 낙법 시 바닥을 힘껏 내리치는 경우를 볼 수가 있다. 택견은 가장 자연스럽게 넘어지는 동작으로 몸의 충격을 흡수하기 위해서 손이나 팔, 발 등으로 바닥의 충격을 흡수하여 안전성을 만든다.

한 예로 큰 트럭과 소형자동차가 같은 속도로 달릴 때 큰 트럭이 정지하기 더 어렵다. 왜냐하면, 트럭은 소형자동차보다 운동량이 크기 때문이다. 운동량은 다른 말로 표현하면 운동 상태에서의 관성을 의미한다. 구체적으로 운동량은 물체의 질량과 속도의 곱으로 나타낸다. 선운동량을 증가시키기 위해서는 질량을 증가시키거나 속도를 증가시켜야 하며, 또 운동을 일으키기 위한 힘의 작용시간의 간격을 증가시켜야 한다.

상대선수에게 손질로 이마를 맞는 경우, 상대선수의 손질이 가진 운동량을 최소로 감소시키기 위해 몸을 뒤로 물러나면 충격의 속도를 줄일 수 있고, 또한 접촉 시간을 늘리게 되면 손질의 운동량을 감소시켜 충격에 따른 충격량을 줄일 수 있다.

충격량은 시간과 힘의 복합체이며 그것은 힘이 가해진 물체의 운동량을 변화시키는 핵심적인 요소이다.

상대의 손과 맞은 사람의 이마 사이에 작용한 힘에다 접촉한 시간을 곱한 값이 날아온 펀치의 운동량이 변화한 값과 같다. 시간을 늘림으로써 충격력의 크기는 작아진다.

충격량을 흡수하는 방법을 정리해보면, 충격량은 물체가 가질 수 있는 양이 아니라, 물체들이 상호작용할 때 한 물체가 줄 수 있는 양이다. 자동차가 딱딱한 콘크리트 벽이나 돌 벽에 부딪히는 대신에 건초더미에 충돌하면 사고의 위험이 적다. 이는 건초더미에 충돌하는 순간, 정지될 때까지의 시간이 길어져 그 시간 동안에 운동량이 감소하기 때문이다.

충돌시간을 10배로 늘리면 충격력을 10배로 감소시킬 수 있다. 그러므로 충격력을 적게 하려면 충돌시간을 늘려야 한다. 매트 위에 떨어지는 수련자는 매트에 닿는 시간을 길게 하려고 근육을 이완시

① 목표점을 주시한다.

② 상대의 공격을 뒤로 물러나면서
충격을 흡수한다.

③ 상대의 공격이 이마에 닿는 순간
뒤로 충격량을 흡수한다.

키고 발과 무릎, 엉덩이, 가슴과 어깨를 수순에 따라 충돌시간을 길게 함으로써 충격력을 감소시킨다.

빠르게 날아오는 야구공을 받을 때도 손을 뻗은 상태에서 공이 닿는 순간 손을 가슴 쪽으로 당겨 충돌시간 간격을 순간적이나마 길게 하여 충격력을 적게 한다. 높은 곳에서 마루로 뛰어내리는 동작도 마루에 닿는 순간 무릎을 구부려 충격량이 감소하는 시간을 길게 한다.

이와 같이 무릎을 구부리면 뼈가 받는 힘을 10~20배까지 감소시킬 수 있다. 권투선수도 충격력을 감소시키기 위해 펀치가 날아올 때 몸을 뒤로 젖히거나 뒤로 물러선다.

짧은 시간 내에 운동량이 감소하는 경우의 충격량은 딱딱한 물체에 갑자기 부닥칠 때는 짧은 시간 내에 운동량이 감소하는 현상이다. 이때는 충돌시간이 매우 짧으며 충격력은 크다. 짧은 접촉시간의 개념은 태권도선수가 어떻게 맨손으로 벽돌을 격파하는가를 설명해준다.

태권도선수는 굉장한 운동량을 가지고 벽돌을 친다. 벽돌에 충격력을 가할 때 운동량이 급격히 감소한다. 이때 충격력은 벽돌에 가한 힘에 손이 벽돌과 접촉하는 시간 간격을 곱한 것이다. 신속하게 내려치면서 접촉시간을 아주 짧게 만들므로 충격력을 크게 한다.

반면에 주먹질은 허공에서 반줌[32) 상태로 연습한다. 주먹을 세게 움켜쥐고 연습하면 어깨가 굳고 머리에 나쁘기 때문이다. 타격 시엔 반줌의 상태에서 부드럽게 움직이다가 목표에 닿으면 재빨리 온줌으로 바꾸어 세게 콱 쥐어박는다(육태안, 1991). 그대로 주먹질을 하게 되면 접촉시간이 한참 길어지므로 충격력이 별로 없다. 이 반줌 상태

---

32) 주먹을 쥔 상태를 '줌'이라 하며 주먹을 세게 움켜쥔 것을 '온줌', 손바닥 안에 빈공간이 생기도록 해서 반쯤 쥔 것을 '반줌'이라고 부른다.

의 주먹은 내지르는 주먹질과 관련된 근육에 불필요한 긴장을 유발시키지 않으므로 정확하게 직선으로 뻗어간다. 만약에 잘하려는 마음이 앞서 긴장된 상태에서 미리 충분히 주먹을 굳세게 잡고 지른다면 불필요한 근육의 긴장으로 말미암아 정확한 직선의 궤적을 그리기도 어려울 뿐 아니라 스피드도 떨어진다.

택견에 느진발질이 바로 상대방에게 타격발질 시 발생할 수 있는 데미지(damage)를 최소화하기 위한 배려이다. 태권도의 타격발질은 충격시간이 짧은 데 비해 느진발질은 충격시간을 길게 해서 상대에게 충격량을 감소시켜 보호 장구 없이도 경기진행이 무난한 것이다.

대신에 도괴력(넘어뜨리는 힘)을 높이기 위해서 굼실거리는 무릎의 탄력과 태권도의 돌려차기에 비해 딛는 발이 바깥쪽으로 좀 더 벌어짐으로써 힘을 가하는 시간을 더 주는 경향이 있는 것이다.

즉 육상의 달리기, 던지기, 뜀뛰기 등에서는 운동량(충격량)이 클수록 기록을 향상할 수 있으나, 야구공을 받거나 공중에서 지면으로 착지할 경우에는 반대로 운동량(충격량)을 감소시킴으로써 상해예방과 평형유지에 도움을 줄 수 있다.

충격량의 공식을 제시하고, 충격량을 증가시키는 요인과 감소시키는 요인에 대해 설명하면 다음과 같다.

① 충격량=힘(충격력)×작용시간=충돌 후 운동량-충돌 전 운동량=운동량의 변화량
② 충격량의 증가: 충격력을 증가시키거나 작용시간을 짧게 함으로써 충격량을 증가시킬 수 있다.
③ 충격량 감소: 충격력을 감소시키기 위해서 감소시간을 길게 함으로써 충격력, 즉 운동량이 0이 된다.

또한 감소시간을 길게 할 수 없을 때는 충격력을 분산시킴으로써 부상을 예방할 수 있다. 즉 힘차게 던져진 공이 주는 압력은 맨손으로 받는 것보다 글러브로 받을 때 많은 면적으로 분산되어 단위면적당 가해지는 압력이 낮아지기 때문에 덜 아프게 되며 운동 상해도 예방된다. 또한 충격량을 감소시키기 위해서는 관절의 굴곡운동을 이용하고 충격면적을 넓힌다.

낙법을 위한 충격흡수방법

① 접촉면을 넓게 한다.
② 운동량의 변화시간을 길게 한다.
③ 운동량의 변화가 천천히 일어나게 한다.
④ 운동량의 일부를 회전운동으로 전환시킨다.
⑤ 작용력의 방향과 동일한 방향으로 접촉시간을 길게 함으로써 충격력을 감소시킬 수 있다.
⑥ 충격력을 분산함으로써 충격력을 감소시킬 수 있다.

≪넘어지는 법≫

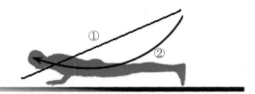

①은 직선이기 때문에 충격이 크다.
②는 곡선이기 때문에 충격이 작다.

방법1. 초보자는 원품에서 몸에 힘을 풀고 낮은 자세로 천천히 넘어지는 연습을 한다. 몸이 지면에 닿기 전에 양팔꿈치에 탄력을 주고 손바닥으로 충격을 흡수한다.
방법2. 상체의 충격을 양손바닥→양팔꿈치→배 근육→다리 힘 순으로 충격을 흡수한다.
방법3. 상체의 충격을 양손바닥→양팔꿈치 순으로 충격을 흡수한다(양 팔은 삼각형 모양을 유지하고 머리는 옆으로 돌리며, 엉덩이를 45˚ 위로 올려준다. 이는 일반적인 무술의 낙법방법이다).

앞으로 넘어지는 법

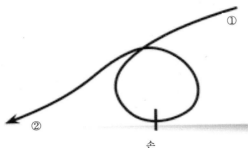

방법: 지면에 손이 닿는 순간 상지(팔꿈치)→어깨→등 순으로 둥글게 굴려준다.
※ 정면과 측면 등으로 넘어지는 경우 회전을 통해 충격량을 감소시킨다.

회전으로 넘어지는 법

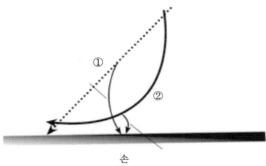

①은 지면과의 거리가 멀어 충격이 크다.
②는 지면과의 거리가 가까워 충격이 적다.

방법1. 옆과 뒤로 넘어질 때는 항상 지면에 손이 먼저 닿고 팔꿈치→견관절 등 순으로 충격량
　　　을 감소시킨다.
방법2. 공중에 몸이 솟구친 경우는 지면에 한발 또는 양발이 먼저 닿고 엉덩이→허리→등→
　　　어깨 순으로 충격량을 흡수한다. 또는 지면에 한발 또는 양발이 닿고 엉덩이를 45˚ 올
　　　려주고 손→팔꿈치→어깨 순으로 충격량을 흡수한다.

※ 위의 모든 동작들은 지면에 머리가 닿지 않아야 하며, 심장과 내장 등에 무리가 주어져서는 안 된다. 몸의 탄
　　력을 이용하여 마치 고양이의 착지동작처럼 가볍게 실시한다.

옆과 뒤로 넘어지는 법

8. 택견의 동작원리를 통해본 경기화 과정

양진방(1986)은 「해방 이후 한국 태권도의 발전과정과 그 역사적 의의」의 논문에서 한국에 도입된 초기무술로서의 근대태권도(당수, 공수, 권법 등으로 불리던 시절)에서는 촌지방식(寸止方式)33)이라는 겨루기(대련)가 이루어졌지만, 1970년대에 호구를 착용하고 직접 타격하는 경기태권도로 바뀌면서 공격－방어－반격의 구조에서 공격－반격34)의 단순구조로 기술의 기본구조가 변하는 국면을 맞이하게 되면서 탈당수(脫唐手)가 가능하게 되었으며, 한편으로는 이러한 기술의 기본구조 변화에 따라 자연스레 공격위주인 택견 경기방식의 핵심일부를 도입하게 된 점을 지적하고 있다.

주지하다시피 택견은 무예경기로서 효과적인 공격을 시도하기 위해 다양한 방법들을 동작원리 내에 삽입시킴으로써 전통적인 독특한 몸짓을 만들어냈다.

유한한 몸에서 무한한 발기술의 효과적인 공격법은 한계가 있어 굼실거리는 오금질을 통해 지면반력을 이용하거나, 다리를 곱꺾기, 힘을 빼는 몸짓에서 스피드를 키우기, 공격에 체중을 직접 싣기35) 혹은 능청거리는 반작용을 통해 간접적으로 최종 공격 포인트에 싣는 기법 등을 포함한, 다양한 방법까지 고안해 내었다. 그 어떤 보호 장구도 없이 직접 상대방과 맞붙어 기량을 키우는 실전적인 훈련까지

---

33) 기술을 발휘하여 직접 상대의 신체에 타격을 입히는 것이 아니라 목표 부위에 기술이 닿기 직전에 멈추는 방식.

34) 차기(공격)－받아차기(반격)를 기본구조로 도입함으로서 택견의 품밟기에 대비되는 농보법(弄步法, 빠른 스텝)이 필수적으로 도입되었다.

35) 칼챙이나 어깨치기 등이 체중을 직접 싣는 공격법이다. 하지만 대부분의 공격법은 능청거리거나, 굼실거리는 반작용을 통해 공격포인터에 간접적으로 체중을 싣는다.

포함된다. 현대인들이 분석해도 놀라울 정도의 동작원리를 체계화시켜 응용하고 있다. 이들의 동작원리는 다른 무예에서 그 유래를 찾기 어려운 것으로서 현대에 와서 비로소 과학적인 접근이 가능해졌고 학술적으로 해석되고 있다. 다른 무예에서는 아직도 경기 가운데 발생하는 안전사고 방지책에 심혈을 기울이고 있는 점들을 고려하면 이미 오래전부터 전승되어온 택견이 맨몸으로 부딪히는 경기화라는 한 단면만 보더라도 그 가치를 짐작할 수 있다.

어떤 맨손무예라도 경기화에서 가장 우선으로 필요한 것이 규칙(rule)이며, 그 맨손무예의 특성을 최대한 살리면서 공평한 게임과 선수를 보호하고자 규칙을 만드는 것이다. 맨손 무예에서 상대를 다치지 않게 승부를 낸다는 것은 가장 이상적인 경기방식이다.

하지만 이러한 제약 때문에 제대로 된 게임이 이루어지지 않는다면 경기방식에 문제가 있는 것이다.

맨손무예가 경기화되면서 규칙에 규제되고 규칙에 따라 근대태권도가 경기태권도로 완전히 다른 형태의 변화를 가져오듯 규칙은 경기를 지배한다.

우슈의 표연 경기에서 아무리 점수가 뛰어나도 투기력(鬪技力)과는 차이가 있다. 제대로 된 몸짓이 실전에서 효율적이라는 가정 하에서 규칙을 정한 것인데, 실전이라는 것은 상대적이므로 한순간, 한 호흡에 승부가 날 수 있지만, 표연은 여유를 가지고 미학적인 요소를 드러내는 것이어서 투기력과는 상관관계가 낮으며 이 또한 알면서도 불가피하게 채택된 점이 있다.

일본의 가라테는 인체에 직접 공격을 가하지 못하게 촌지방식으로 대련을 하지만 예전에 오랜 기간 수련한 가라테 선수들은 성한 앞이

빨이 별로 없을 정도였다고 한다. 대련은 상대적이므로 아무리 제어해도 예측을 허락하지 않는 상대라는 변수 때문에 이러한 현상이 생기는 것이다.

맨손무예에서 비롯된 경기라면 최소한 무예의 본질에서 크게 벗어나지 않으면서 경기 규칙이 적용되어야 한다. 경기화 과정에서 고유한 특성을 제대로 반영하지 못하는 우려가 있고, 불가피함을 내세워 직접겨루기를 피하거나 선수보호를 위해 호구를 착용하는 등 여러 규제 안에서 이루어지고 있다. 이러한 경기 규칙들은 인류역사와 함께해 온 몸짓이라는 큰 틀 안에서 보면 개선과 변화의 여지가 많은 것이다.

이용복(1995)은 『택견 연구』에서 다음과 같이 설명하고 있다. 원시적 격투기가 근대적 경기로 발전하는 과정에서 공통으로 나타나는 것은 전투적인 기술을 경기적인 것으로 전환하기 위하여 각양각색의 다양한 제한이 가해지고 있는 것이다.

권투는 솜을 두툼하게 넣은 장갑을 낀 주먹만을 사용하여 허리 이상의 신체 부위에 대한 때리기만으로 경기를 하고 있으며, 씨름, 유도, 레슬링 등은 때리기, 차기를 금하고 잡아 넘기기만으로 승부를 낸다. 일본의 가라테는 인체에 직접 공격하지 못하며, 태권도는 머리, 몸통, 샅을 보호하는 몸 가리개를 착용하고 차고 때리기로 점수를 판정하고 있다. 우슈(Wushu)의 표연종목은 체조경기와 흡사한 경기규칙이며 산타(散打) 역시 태권도나 타이복싱과 유사한 경기방식이다.

이러한 격투기 경기가 종합적이지 못하고 특정한 기술만의 겨루기로 한정되어 격투기의 본질과는 거리가 있다고 생각하면서, 최근에는 여러 가지 신종격투기가 출현하였다.

그러나 이 경우에도 잔인성만 가중되었을 뿐 역시 규칙에 의한 제한성은 배제하지 못하고 있다. 이것은 경기의 안전을 위하여 당연한 조치이며, 사회적 정서에 부응하는 일이기도 한 것이다. 그리고 맨손으로 싸우는 기술이란 원래 전투기술보다는 경기기술이 본질이므로 제한적 기술사용은 맨손격투기의 원초적 원리이다.

택견은 다른 종목에 비하여 기술의 제한이 덜하며, 몸 전체에 대한 공격이 허용되고 있다. 뿐만 아니라 아무런 보호 장비도 착용하지 않는다. 그 대신에 공격기술을 연하고 무르게 전환하고, 급소를 피하고, 비교적 신체 부위 중에서 안전한 곳을 공격목표로 선택한다. 또한 공격 시 사용하는 신체 부위는 주먹머리나 손모서리, 발뒤꿈치, 발모서리와 같은 강한 부위 대신 손장심, 발등, 발바닥 등의 비교적 부드러운 부분을 사용하는 것이다.

그뿐만 아니라 상대방에게 타격을 주는 기술을 금하고, 밀쳐내고 걸어 당기는 도괴력(倒壞力)을 발휘하는 기술을 위주로 하고 있어서 안전성에 만전을 기하고 있다(이용복, 1995)고 언급했는데, 이것은 택견이 무예경기로서는 거의 발전의 정점 혹은 진화의 끝에 와 있다는 사실을 시사하는 것으로 그 과정을 태권도의 역사가 잘 보여주고 있어서 이들 과정을 통해 재조명해볼 수 있다.

근대태권도(당수)가 경기태권도로 변하면서 거의 전반에 걸쳐 주로 손 중심 기술에서 발 중심 기술로 바뀌었다. 근대태권도가 중심이 낮은 자세를 유지하면서 촌지방식(寸止方式)의 대련을 하던 방식에서 경기태권도로 넘어오면서 택견의 품밟기에 대비되는 농보법(弄步法)의 빠른 스텝을 구사하면서 자연히 무게 중심은 높아지고 자세변화가 심해지는 겨루기의 형태로, 그리고 비록 호구를 착용하였지만 직접 가격하는 방식으로 바뀌었다. 근대태권도가 형(型)을 위주로 수련하면서 방어기술이 중요하게 취급되었으나, 경기태권도로 바뀌면서 형(型) 위주 수련에서 택견과 같이 낱기술 수련위주로, 더불어 겨루기 위주의 대인연습으로 변화되었으며 방어기술이 거의 사라졌다(이용복, 1995). 이 모든 변화는 호구착용과 끊어 차는 발질을 제외하면 거의 택견의 규칙을 자연스레 따르고 있는 것이다.

양진방(1986)은 같은 논문에서 "경기태권의 발전과정에는 전통택견을 모방하거나 수용코자 하는 의식적인 노력은 찾아볼 수 없었다. 밖으로 드러난 과정만을 살펴볼 때는 경기태권과 전통택견사이에 나타나는 동질성은 우연한 일치에 의한 것이라고 할 수밖에 없다"라고 서술하고 있으며 이 또한 틀린 말이 아니다. 하지만 손기술 위주였던 근대태권도가 발기술 위주로 바뀌고 그 이외 수많은 변화는 호구 위를 직접 가격하는 규칙의 변화에서 비롯된 것이다. 사실은 우연한 일치가 아니라 규칙의 변화가 불러온 필연적인 결과이다. 다시 한 번 상술한 '맨손무예경기는 규칙에 규제되고 나아가 경기를 지배한다'라는 사실을 상기시키고 싶다.

하나의 가정으로 '거추장스러운 호구를 벗어버린다면' 단언하건대 경기태권도는 필연적으로 또 여러 번의 변화과정을 거쳐 현재 택견의 운동 원리와 경기방식을 채택하게 될 것이다.

불가피하게 선수보호를 위해 만든 호구이지만 그 호구로 인해 경기 자체의 존망이 달려 있다면 재고하지 않을 수 없다. 규칙이라는 것은 필요에 의해서 만들어지는 것이지만, 아무래도 한계가 있을 수밖에 없으므로 발전에 저해가 될 수 있다. 때로는 과감히 그 틀에서 벗어나 보다 발전된 방향으로 나아 갈 필요가 있다.

택견의 현재 모습은 이미 현재 태권도가 겪고 있는 모든 과정을 거쳐서 형성된 것이다.

보호 장구가 없었던 아주 오래전 택견을 하던 이들은 이 과정을 훨씬 빠르게 단축해 현재의 규칙에 정착했을 것이다. 역으로 선수의 안전을 위해 만든 보호 장구가 오히려 제대로 된 경기의 발전을 저해시키고 있다. 태권도인들은 경기화의 정착과 관중의 관심을 유도하기 위해 많은 고심을 했다고 이야기하지만, 2008년 베이징 올림픽 태권도 경기를 관전한 시청자들은 태권도 경기의 농보법에 대해 '스카이 콩콩'이란 별명을 붙였다.

발질은 단순히 발을 들어차는 행위나 단순히 다릿심만으로 이루어지는 것이 아니므로 내딛는 발을 통해 지면반력을 흡수하여 내차는 발에 힘을 싣는 것이다. 지면반력을 어떻게 효과적으로 얻어서 사용할 수 있는가에 따라 발질에 힘과 속도가 배가되는 것이다. 태권도의 농보도 수직스텝을 이용해서 반력을 공격하는 발질에 싣는데, 택견의 발질처럼 넘어뜨리고자 하는 도괴력이 필요 없으므로 무릎의 오금질이 극히 적으며 발질의 마지막 부분을 끊어, 효과적으로 상대방에게 충격을 주고자 하는 것이다.

한편 택견의 발질은 모두 품밟기 가운데 이루어지는 오금질에서 나온다. 택견의 핵심은 품밟기에 있어 문외한이 볼 때에는 쓸데없이 우왕좌왕하는 보법처럼 보일수도 있는 동작에 공방의 묘리가 담겨있다. 오금을 굼실거리는 품밟기를 통해서 지면반력을 얻어 공격의 기회를 엿보거나 공격하는 발질에 힘을 싣는 것이다. 그러한 오금질 만으로도 힘이 부족해서 공격하는 순간 상체를 뒤로 젖히는 능청동작이 이루어지는데, 이것은 상체를 뒤로 젖힘으로써 그 반작용의 힘을 내지르는 발질에다 싣기 위함이다(김영만·오세이, 2010: 234).

한편 "택견의 품밟기가 공간이 넓지 않은 특정한 조건에 의해서 자연스럽게 발달할 수 있는 우연한 형태(이창후, 2010: 177-178)"라는 견해를 제시하고 있으나 실상과 괴리가 있다. 이창후(2010: 177)는 이러한 품밟기에 대한 논리는 오늘날 택견경기에서 어느 정도 공간이 확보되면서 품밟기가 사라지고 태권도와 다름없는 발놀림이 나타난다고 하였다. 이 부분에 대해서는 두 가지를 언급할 수 있다. 첫째, 소위 명석 두어 장 안에서 승부를 나눈다는 것은 제한된 공간이기도 하지만, 택견에서 피하는 기법을 거의 찾아볼 수 없는데, 그것은 현재 택견 일부 경기가 과거의 규칙에 근접하지 않는다는 것과 같다. 택견은 피한다는 의미는 좌 혹은 우측으로 품을 밟으면서 좌 혹은 우측으로 품을 밟으며 공수전환이 쉽게 이루어지도록 동작원리와 구조로 이루어져 있다. 즉 뒤로 피하기만 하면 경기자체가 성립되지 않으므로 거의 모든 무술경기에서 이 점은 제재의 대상이 된다. 소위 말하면 공격권내에 들어올 수 있도록 일정 간격을 유지해야 한다는 경기조항을 적용하지 않아서 생기는 현상인 것이다. 태권도경기에서도 피하기만 한다면 경기가 성립되지 않으므로 별도의 제재를 가하지만, 택견에서는 이미 이러한 과정을 거쳐 한발이 공격권 내에 있어야 한다는 대접의 규준36)(이용복, 1995: 50-51)을 정해 놓았다. 이것은 태권도뿐 아니라 어떤 무예경기이든 경기는 관중이 개입되므로 필수불가결한 요소이다. 둘째, 택견은 발질과 기합이 끊임없이 이어지므로 여타 무예경기에 비해 체력소모가 심하다. 예전보다 육체적 활동이 줄어든 현

---

36) 상대가 공격하기 쉬운 지점에 한 발을 밟고 있어야 한다는 대접의 규준은 택견경기를 가능케 하는 원리로서 이 규준에 의해 택견 기술의 형태가 결정지어진다.

대인들에게 있어서 품을 지속적으로 밟으면서 이어지는 기합과 더불어 발질공격을 한다는 행위 자체가 쉽지 않아서 생기는 것이다. 거의 모든 택견선수들이 경기를 위해 별도의 체력단련을 할 만큼 충분히 여유 있는 사회적 여건이 조성되어 있지 않다. 이러한 부분이 택견의 태권도화를 부추긴 것은 분명한 사실이지만, 그렇다고 해서 택견 품밟기의 원래 의미는 언급한 견해와 전혀 다른 것이다.

지금보다 치안의 부재가 훨씬 미흡한 아주 오래전, 옛날에는 택견도 근대태권도처럼 곧은발질(끊어차기)로 사람을 상하게 하였을 것이다. 그 흔적들은 곧은발질이라는 용어와 함께 옛법(쌈수)이라는 이름들로 남아 있다. 그러나 경기화 과정에서 사람을 상하게 하는 문제점들이 경기화, 유희화에 걸림돌이 되었을 것이며 상대를 다치지 않게 하려는 의도에서 느진발질이라는 별도의 규칙으로 대체가 불가피했을 것이다. 당시에는 호구라는 개념은 무장들이 입는 갑옷이며 그것을 입고서 일반인들이 무예경기를 한다는 발상은 상상하기 어려우므로 경기에 사용되는 발질은 느진발질 이외에는 대안이 없었을 것이다.

느진발질을 하다 보면 상대에게 유효한 공격을 하더라도 실제 확연히 표가 나지 않으며 공격의 묘미 또한 없다. 그래서 자연히 느진발질에 힘을 실을 수밖에 없는 현재 동작원리로 발전하게 되어 있는 것이다. 어떤 경기에서도 피하기만 한다면 경기가 성립되지 않으므로 별도의 제재를 가하듯이 택견에서는 이미 한발이 공격권 내에 있어야 한다는 규칙을 암묵적으로 정해 놓은 것이다. 이것은 태권도뿐 아니라 어떤 무예이든 경기화로 발전하는 과정에서 어느 것이라도 빠뜨리거나 거치지 않고는 진전이 있을 수 없는 부분이다.

태권도의 공격-반격으로 이어지는 변화한 기술의 기본구조는 비록 호구를 착용했다 하더라도 예전에 살상을 목적으로 하던 무술에서 기원 된 경기무예로 받아들이기는 어렵다. 아무리 경기라도 방어 개념 없이 공격 때마다 서로 같이 죽자는 동귀어진(同歸於盡) 식의 경기진행은 적극적이고 과감한 경기를 통해 관중에게 더 가까이 다가갈 수 있는 부분은 이해되지만, 그대로 호구에 너무 의지하는 경기로 비춰질 수 있다.

하지만 또 다른 측면에서 본다면 이러한 공방구조는 우리민족이 지닌 전통무예의 기질적 특성과 유관할 가능성도 없지 않다. 택견에서 방어기법이 거의 없다는 것은 품밟기의 절묘함에 있기도 하지만 다른 한편으로 공격에 대해 방어보다 적극적인 대응은 역공격이므로 경기에 임하는 우리민족의 전통적인 기질적 특성이 반영되지 않았나 하는 조심스러운 추측을 할 수 있다. 그런 점에서 바라본다면 태권도의 공격－되받기 기술의 기본구조는 단순히 경기태권도로 분화·발전하면서 생겨난 규칙의 변화만이 아니라 우리나라 전통무예와 유관한 기질적 특성일 수도 있다.

단언하건대 그 어떤 맨손무예라도 상대방에 충격을 최소화하는 느진발질로 맨몸에 직접 가격하는 규칙을 정하는 경기로 바뀐다면 그 궁극의 최종발전단계는 택견의 동작원리로 귀결될 것이다.

이러한 가능성은 근대태권도에서 경기태권도로 변화하고 진행하는 과정에서 이미 확인되고 있는 것이다. 그래서 태권도에서 호구를 벗어던진다면 태권도의 택견화는 더 가속화될 것이다.

이와 관련해서 공격범위 내에서 품밟기를 하는 것과 택견에서 넘어뜨리는 규칙은 종목이 다르므로 규칙도 다를 수밖에 없다는 해석보다 무예의 경기화 과정에 불가분하게 인정되었을 것이라는 추론이다. 또한 택견도 처음부터 현재까지 드러나고 있는 여타 무술들의 경기화 과정을 거쳤을 것이다. 오병수박희(五兵手搏戲)라는 고려사의 기록은 이미 맨손무예의 경기화가 이루어지고 있다는 사실을 시사하는 것이다. 당시의 규칙은 현대의 상업성이 현저히 가미된 복잡한 규칙과는 달리 선수의 안전과 관중들이 인식할 수 있는 승부에 초점이 맞추어졌을 것이다. 이러한 맨손무예경기에서 단순한 규칙은 특정한 동작원리(느진발질 등)로 불가분 발전하게 되어 있다. 그런 점에 주목한다면 수박희나 분화·발전된 택견은 이미 오래전에 진화의 정점에 달한 맨손무예임을 반증하는 것이다. 만약에 태권도 경기에서 호구를 벗어던지게 되면 안전을 위해 발차기는 느질거리는 기법을 사용하게될 것이다. 경기에서 상대가 계속 피하기만 하여 경기진행이 어렵다면 제도적으로 규칙을 정해 상대가 공격하기 쉬운 지점에 한 발을 딛고 있어야 한다는 '대접의 규준' 도입이 불가피할 것이다. 이후의 변화는 이전에 언급된 모든 동작체계의 수용과정을 거쳐 비로소 진화의 정점인 택견으로 완결되는 것이다.

양진방(1986)은 이러한 세계화의 과정에서 KTA와 WTF에 의해 천명된 태권도의 본질은 역사적으로 '택견'에, 기술적으로는 '차기'에, 양식상으로는 '경기'에 그 중심이 있음을 강조함으로써 한국 태권도는 도입된 일본당수를 극복하고 더욱 한 단계 위의 현대화한 수준의 것이다. 보다 직접적으로 전통무예의 본질을 회복한 무예로서 세계 속에 나타났던 것이라고 태권도의 택견화라는 전통성 회복에 주목하고 있다. 태권도의 변화를 전통문화의 한 속성으로 인식하지 않고 단순히 태권도 내부에서만 바라보는 시각적 한계를 드러낸 점은 아쉽다.

근대태권도가 경기태권도로 변천하는 과정을 겪듯이 고려 시대의 여러 기록을 통해 택견의 이러한 과정을 유추해 볼 수 있다.

택견의 현재 기록에서 확인되는 것 중 가장 오래 된 것은 인조 26 년(1648)의 『교본 역대 시조 전서』에 "少年 十五 二十 時에 ㅎ던 일이……속곰질 쒸움질과 씨름 탁견 遊山ㅎ기"라는 대목이다(朝鮮王朝實錄; 김영만, 2010: 20). 이외의 역사의 기록은 다대하여 별도의 언급을 피하며[37] 역사서에는 주로 수박(手搏), 수박희(手搏戲), 박희(博戲, 拍戲) 각저희(角觝戲) 혹은 그냥 박(搏)으로 표기되는데 주목할 것은 '놀다'를 의미하는 '희(戲)'이다.

아울러 이들 역사 기록에는 사람들을 살상하는 살인적 위력의 수박에 관한 기록이 여러 번에 걸쳐 나오기도 하지만, 한편에는 경기로서의 또 다른 모습의 여러 기록들이 나오는데 씨름을 지칭하는 각저희와 수박희가 같은 기록물(『高麗史』, 卷36 忠惠王 4年 5月 6月條)에서 확인되거나 많은 어전 여흥 행사에 수박희 경기가 열렸다는 기록들을 볼 수 있으며, 이렇게 성행된 수박희는 희(戲)가 의미하듯 일종의 경기임을 시사하고 있다. 씨름경기와 같은 공간에서 벌어지는 근대의 택견 모습이 고려 충혜왕 시절에서도 존재했다는 역사적 기록이 있다. 그러나 살상의 기술이 난무하는 경기에 '놀다'는 의미의 '희(戲)'라는 용어가 처음부터 사용되지는 않았을 것으로 추정된다.

이러한 경기가 처음부터 존재했을 리는 만무하고 익히고 수련하는 과정에 수많은 시행착오를 거쳐 규칙이 정해졌음을 추측할 수 있는데, 현재 경기태권도의 변화와 다른 점은 당시는 지금처럼 호구도입 자체가 불가능한 상황이었으므로 우리가 현재 생각하고 있는 소요시

---

37) 이들 기록의 수집은 이용복(2002)의 『한국무예 택견』(학민사, 50~65)과 오장환(1994)의 『택견전수교본』(영언문화사, 33~54)에 상술되어 있다.

간보다 훨씬 빠르게 현재 택견경기의 모습을 갖추었으리라 짐작할 수 있다.

정인모·이신영(2001)은 조선 시대의 수박희에 관한 연구에서 조선 시대에는 군제의 개편과 더불어 수박희가 무예 체육 중심종목에서 서민중심의 민속경기나 유희·오락으로 바뀐 듯하다. 그 증거로 순조 때 유숙(1827~1873)이 그린 대쾌도의 그림을 보면 당시에 씨름과 더불어 수박희를 하는 모습이 잘 나타나 있다. 이러한 사실은 전쟁의 양상이 달라지고, 시대가 개화됨에 따라 군인의 무예보다는 민속경기로 발전했음을 말해준다.

조선초기에는 수박희가 무인의 가장 기본적인 무술이었을 뿐만 아니라, 제도적으로 병사를 뽑는 선군 종목이었다. 이러한 이유로 수박희는 일반 백성 사이에도 널리 퍼져 있었을 것이다. 조선 시대에 와서야 비로소 민속경기나 유희, 오락으로 바뀐 듯 서술하고 있지만, 아래에서 서술되는 여러 사례는 『고려사』에도 여러 번에 걸쳐 서술되는 부분들이며 『고려사』, 권36 충혜왕 4년 5월, 6월조에 나오는 각저희는 수박희와 같이 나오는 씨름을 지칭하는 용어로(오장환, 1994), 이재학(2002)과 최상수(1988) 외 여러 자료에서 각력(角力), 각력희(角力戱)와 더불어 『고려사』를 포함하고, 『조선왕조실록』 곳곳에 기록으로 남아 있다.

현재 여러 고화에서 확인되듯이 소위 씨름과 택견처럼 한 공간에서 볼 수 있는 경기임을 시사한다.38) 그리고 『고려사』를 포함하는 수

---

38) 정재성·김형묵·박영길(2007)은 "그동안 많이 알려진 신윤복(1785)과 유숙(1846)의 〈대쾌도〉와 한말 풍속화가였던 기산(箕山) 김준근(생몰년 미상)의 풍속도, 민화 등에서도 택견은 씨름과 함께 야외에서 경기가 진행되었음을 보여준다"고 하였다.

박에 관한 기록들을 살펴보면, 수박과 수박희가 혼용되어 나타나지만, 주로 수박희를 행한 곳은 현재의 씨름인 각저와 같이 궁외에서 왕실의 일반적인 행사와 연회석상에서 관람용 유희로 자주 행해졌으며, 경기적 의미가 있는데 비해 '놀다'라는 의미의 희(戲)가 없는 단순히 수박으로 쓰인 용례는 무예 혹은 살수로 사용된 빈도가 높다.

오장환(1994)은 고려 시대의 수박희는 무예적 기능이 강한 특징을 지녔다고 하였으며, 나현성(1968)은 "수박희가 무사선발의 기준으로 활용"되었고 또한 육태안(1994)은 "수박희는 문치주의에 의한 민간무예의 유희적 성격에 맥을 이었다"고 하였다. 한편 김길평(1998)은 "이처럼 수박희는 유희적 성격 때문에 택견과 같은 것으로 오인하는 때도 있으나 수박희는 손과 발을 모두 사용하는 강한 무예적 성격의 활동이었지만, 택견은 발 위주의 부드러운 성격의 유희적 활동이라 할 수 있다" 하였는데, 고려사의 기록에서 주로 수박과 수박희의 표기가 혼용됨에도 하나같이 수박희만을 언급하고 있다.

적어도 나라의 역사를 기록하는 사관이 마음 내키는 대로 혼용해서 기록할 리 없는 것은 자명한 사실로서 수박과 수박희의 구분된 기록은 엄밀히 분석해보면 분명한 차이점을 지니고 있다.

두 가지 관점에서 견해를 달리하고 있는 학자들의 이러한 오류는 수박과 수박희에 대한 명확한 이해가 결여된 판단으로 해석된다. 수박 혹은 수박희라고 일컫는 고려 시대의 무예는 무예적 성격과 유희적 성격을 동시에 지니고 있는 것처럼 보이는데, 근대 택견에서도 옛법이라 하여 살수(쌈수)가 같이 전해져왔지만, 경기에서 사용을 금지한 것과 같은 맥락으로 수박과 수박희는 택견에서 곧은발질과 느진발질의 차이 혹은 옛법과 경기수(競技手)의 차이로 판단된다.

김길평(1998)은 수박에서 한자로 손 手를 사용함으로 수박희는 손과 발을 모두 사용하는 강한 무예적 성격의 활동이었을 것으로 추정하는데, 전술한 바와 같이 양진방(1986)의 근대 태권도에서 경기태권도로 변화, 즉 무예에서 경기로 전환되면서 손기술은 사라지고 발기술이 진보하였다는 대목을 상기시키고 싶다.

발기술은 신체 어디에 적중해도 그 충격이 커서 효과적인 데 비해 손기술은 신속함과 정묘함이 요구되기도 하지만, 접근전에서 실수의 기능을 배제할 수 없으므로 유희적 경기에서는 심각한 타격을 주는 행위는 규칙으로서 제한하게 되고, 따라서 손을 이용한 기술로는 당연히 밀고 당기는 이상의 역할이 어려우니 발질이 우세해질 수밖에 없다.39)

많은 학자가 '수박이나 수박희가 무예적 성격이냐, 유희적 성격이냐?'라는 문제로 견해를 달리하고 있는데 이것은 근대 택견의 모습에서 쉽게 판단할 수 있는 부분이다.

아울러 수박희에서 희(戱)의 개념에 대해 이용복(1995)의 『택견연구』에서 '희(戱)'란 실없으면 즐김, 놀이 등을 뜻하며 자못 도덕성과 진지성의 결여, 비생산적인 것으로 생각하기 쉽다. 그러나 놀이, 또는 놀이를 즐기는 것은 우연적이고 무목적적인 것이 아니다. 놀이는 일의 반대 개념이 아니라 일을 근원적으로 가능케 하는 기능이 있고, 진지성에서 대립하는 것이 아니라 놀이 자체의 자발성에서 규칙준수의 합리성을 가지고 가장된 가치를 추구하는 합목적성이 있는 것이다. 무희(武戱)란 힘을 겨루는 놀이, 전투적 놀이, 놀이적 투기라는 의미

---

39) 이런 의미로 볼 때 김길평의 손과 발을 모두 사용하는 강한 무예적 성격의 활동이었을 것으로 추정하는 것은 수박희가 아니라 수박으로 보아야 할 것이다.

이다. 즉 무예를 행하는 것으로 즐거움을 삼고, 가장된 가치를 추구하는 훈련의 축적을 통하여 삶의 질을 향상하는 것이다. 추사의 '유천희해(遊天戲海)' 말과 같이 무한히 넓고 깊게 즐거움을 쫓는 것은 단순한 쾌락이 아니라 수행자의 도락이다. 현대 스포츠의 개념과 접근될 수도 있는 무희라는 용어는 한국적 무예개념을 적절히 표현하는 단어로 생각된다. 『고려사(高麗史)』, 『조선왕조실록』 등의 사서에도 수박희(手搏戲) 각저희(角抵戲, 角觝戲) 등의 맨손무예를 지칭하는 기록이 보이고, 사전에도 각희를 '택견 또는 씨름으로 풀이하고 있다'라고 언급하고 있는데 오랫동안 어전 여흥 행사에서까지 성행된 수박희가 사람을 살상하는 경기일리는 만무하며 적어도 경기로서 순화된 모습이었을 것이다. 이것은 근대태권도가 경기태권도로 바뀌고 일부 당수는 여전히 가라테로 남아 있어 공존하는 현실로 미루어볼 때 서론에서 언급했던 제임스 허튼의 동일 과정의 법칙에서 '현재는 과거의 열쇠'라는 표현을 상기시키고 싶다.

우리나라에서는 민속경기뿐 아니라 무예에 이르기까지 오래전부터 현대적 개념의 경기가 이루어졌다. 이러한 전통적 경기와 관련되어 우리 민족의 독특한 기질 중의 하나는 각박하고 심각한 전쟁이나 전투기술까지도 유희화·경기화를 통해 쉽게 풀어내는 성향이 상당히 많다.

그 예로 『고려사』에 사람을 살상하는 기능을 지닌 수박을 순화시켜 유희화·경기화한 수박희(手搏戲)의 사례(김영만, 2009: 6)나 『선조실록(宣祖實錄)』 비망기(備忘記)로 정원에 전교(傳敎)하기를, "또 권법(拳法)은 용맹을 익히는 무예인데, 어린 아이들로 하여금 이를 배우게 한다면 마을의 아이들이 서로 본받아 연습하여 놀이로 삼을 터이니 뒷날 도움이 될 것이다[40]"라는 기록이 있다. 그리고 조선 시대 실학자 반계 유형원의 『반계수록(磻溪隧錄)』에 "구준이 말하기를……그렇기 때문에 옛날에는 사냥으로 전투훈련을 하였고 제사를 이용하여 사냥을 하였으며 또 짐승을 잡는 일로서 그 기술을 연마하였다[41]"한 것이나 이덕무의 『청저관전서(靑莊館全書)』에서 "그러므로 봄사냥(春蒐)과 가을사냥(秋獮)은 그 말을 사열하는 것이요, 향음주례(鄕飮酒禮)는 활쏘기를 연습하는 것이며, 투호(投壺)의 놀이와 축국(蹴鞠)하는 놀이에 이르기까지 은미한 뜻이 그 사이에 존재하지 않은 것이 없으니…[42]"라고 하였다. 그야말로 유희나 사냥을 이용하여 전투연습을 염두에 두었다. 무예의 기능을 지닌 택견에 대해서도 송덕기는 택견을 수련, 운동, 교육 등의 표현보다는 '즐긴다'는 여가적 개념으로 표현(김이수・송진석, 2002: 103−104)했으며, 이러한 우리 민족의 독특한 기질은 현대에도 찾을 수 있는데 사람을 살상하는 기능을 지녔던 근대태권도가 원래의 이미지에서 상당 부분 탈피하여 현재는 경기태권도로 급속히 바뀌었을 뿐 아니라 올림픽 정식종목으로까지 채택된 경우가 바로 그 사례이다(김영만・심성섭, 2011b: 16).

수박을 수박희로 연습하는 과정을 도입했다면 역사성을 지닌 택견도 마찬가지이다. 택견 옛법 등의 손질이나, 곧은발질은 경기에 사용되지 않는 살상기능을 지닌 순수무예이다. 택견은 수박과 수박희에서 분화・발전되어 당시 서울・경기 일원에만 한정되어 성행된 것이다

---

40) 『선조실록(宣祖實錄)』 124권, 33년(1600 경자) 4월 14일 2번째 기사

41) 丘濬曰…於是。因蒐狩而習之。因祭以行獵。用獸以試術。…(『반계수록(磻溪隧錄)』 류형원/권二十三/병제고설/강무)

42) 故春蒐秋獮。所以簡其馬也。鄕飮之禮。所以習其射也。以至投壺蹴踘之戱。莫不有微意存於其間(『청장관전서』 이덕무/권24/편서잡고4)

(김영만・심성섭, 2011b: 20).

이는 수박과 수박희가 공존했었고 택견이 쌈수기능과 경기기능을 지닌 것처럼 무예기능의 근대태권도와 이후의 경기태권도가 생겨난 것 또한 동일한 맥락이다. 택견은 호구를 상상할 수없는 시대에 생겨났음으로 맨몸을 직접 가격할 수밖에 없는 느진발질과 수반되는 품밟기가 사용되었고, 태권도는 호구라는 획기적인 도구를 착용함으로써 곧은발질과 농보가 도입되었다. 무예문화라는 측면에서 본다면 전형적인 전통무예의 양상을 밟고 있다. 이러한 점은 주로 태권도가 당수의 영향 속에 성립되었지만, 문화라는 개념에서 볼 때에는 전통무예의 전형적인 특성이다. 이러한 우리나라 맨손무예의 특성은 적어도 주류를 이루던 맨손무예 전체를 관통하여 흐르고 있다.

현재 확인되는 택견표기로서 가장 오래된 기록은 인조 26년(1648)의 『교본 역대시조 전서(校本歷代時調全書)』에 수록된 "탁견 遊山ᄒᆞ기"라는 대목이다(김영만, 2010: 20). 여기에 표기된 '탁견' 기록은 조선 인조 때의 사관(史官)을 겸했던 박동량의 일기, 『기재사초(寄齋史草)』(1592년)에서 확인되는 수박 기록[43]보다 불과 약 50년 정도 이후의 기록이다. 그럼에도 불구하고 택견은 청년과 청소년 놀이로 성행하고 있다. 청소년의 무예관련 놀이문화가 단기간에 형성되지 말라는 법은 없지만, 적어도 성인들 문화를 거친 다음에 그 아래 연령대의 문화로 전이되는 것이 보편적인 상식이다.(김영만・심성섭, 2011b: 19) 무예에 대한 소양이 약간이라도 있는 사람들이 보는 일반적인 관점에서 택견의 동작은 어느 한 순간에 만들어질 수 있는 동작이 아니다. 더

---

43) 憲軍見賊暫退 遂移入靈圭陣 賊踵後乘之 諸軍遂大亂 赤手搏戰 猶不少挫 未幾 憲爲亂兵所殺 (『寄齋史草』下, 壬辰日錄 3, 조헌의 금산 전투/1592. 8. 18).

구나 당시 청소년기에 씨름과 더불어 유행하는 놀이로 정착되기까지에는 훨씬 더 많은 기간이 소요되었을 것이다. 그렇다면 일반적인 관례로 볼 때 수박과 동시대에 존재했을 가능성이 크다.

이러한 유희와 무예의 양면성을 지닌 택견에 대해서 사람들은 분리해서 받아들이지 않고 혼용해서 사용하다 보니 때로 혼란이 빚어지기도 한다. 신한승도 무술과 경기의 중층구조를 지니는 택견에 대해 고심을 한 모양이다. 그래서 쌈수의 의미로 결련(決然)택견이라는 조어를 만들어냈다.[44]

전통무예와 관련해서 택견뿐 아니라 다양한 무예들이 존재했을 것으로 확실시되나 나라를 빼앗기고 사회적 혼란기 속에서 전해지지 않음은 안타까운 일이다. 현재 전통무예를 표방하는 일부 무예도 사회적 여건상 계보가 분명치 않아 제도권에 벗어나 있거나 쌈수 성격의 위력적인 평양 박치기 같은 일부 기능들은 아예 퇴화하였다.

택견은 시대 여건상 쌈수들은 공개적으로 전승되고 수련하기에는 껄끄러운 상황이었고, 경기화된 택견이 주로 당시 사람들에게 인식되어 있었으므로 이후 제도권 무술에 흡수되거나 사라졌을 것이다. 쌈수와 관련하여 육태안(1993: 186)은 "신씨(신한승)가 전해준 말에 따르면 구한말까지 전국의 씨름판을 돌며 황소를 타가는 전문씨름꾼들처럼 경찰의 눈을 피해 은밀하게 거액의 돈이 걸린 결련택견판이 벌어졌었고, 패자는 반죽음의 상태에 이르곤 했었다"라고 언급하고 있어서 실제 쌈수택견은 경기택견과 더불어 행해졌지만, 현재는 혼용해서 쓰이고 있어서 이에 대한 정립이 필요하다.

---

44) 쌈수의 의미로 결련택견에서 결련(結連)을 결연(決然)으로 표현한 신한승의 誤記(이용복, 1995: 18).

실제로 신한승이 언급한 돈내기 판의 격투기는 구한말 외국인의 기록에서도 볼 수 있다. 1890년 연말 두 번째 조선을 방문한 영국인 아놀드 새비지-랜도어(Arnold H. Savage-Landor; 1865~1924)는 "조선에서 볼 수 있는 독특한 광경중의 하나로 일대 일의 격투이다. 그들은 자주 다른 도시 혹은 다른 지역 패거리 간에 현상금을 건 격투를 보면서 흥겹게 즐기는데 싸움꾼들은 대체로 주먹을 이용해서 싸우나, 프랑스에서처럼 무릎과 발을 사용하는 것도 허용되어 있다"(아놀드 새비지-랜도어, 1999: 233)고 하여 유사한 기록을 남기고 있다.

『재물보』에 "박재(撲梓 나무치기)같은 종류도 탁견이라 한다"라고 했으며 「조선 무예와 경기를 말하는 좌담회」(『朝光』 7권 4호 조선일보사, 1941)에서 택견에 대해 자세히 언급하고 있는데 그 일부를 발췌하면, "나무를 차서 배운 사람은 사람을 못 죽여도, 짚으로 배운 사람은 사람을 죽인다고 하지요!……짚을 차서 배운 사람은 가벼운 짚을 차서 착착 부러뜨리는 것이니 힘이 한정이 없단 말에요. 나무로 배운 사람들이 짚으로 배운 사람들에게 선생님 한다는 게죠. 두발당성이니 네발당성이니 하는 것이 택견에서 나오는 말인데 여러 가지 기술이 많은 모양입니다……이 사람들은 어디를 차면 죽고 어디를 차면 산다는 것을 다 알고 있습니다"라고 하여 일제강점기말까지도 수박이나 택견이 맨손무예의 일반명사의 의미가 있으며 수박(수박희)과 택견은 무예와 경기의 중층구조로 전해져 왔음을 시사한다. 즉 무예기능을 지녀 사람을 살상하는 쌈수와 이를 연습하는 경기구조가 동시에 전해져 왔음을 의미하는 것이다.

이러한 쌈수가 현재 퇴화하고 흔적만 남은 것은 일본강점기하에서 정상적인 활동이 불가능하였거나 혹은 제도권 무예에 흡수되었을 가능성을 내포한다.

맨손무예의 한정된 규칙 안에서 벌어지는 근접경기로서 '유한한 몸의 무한한 발기술의 예술(김용옥, 1994)'이라는 표현처럼 기법을 최대한 그리고 다양하게 발휘하기 위해 불가피하게 이러한 동작원리가 형성되었으며 이들 기법은 유한한 몸으로 낼 수 있는 궁극의 몸짓임을 미루어 짐작할 수 있다. 이 온존한 원리는 오랜 세월에 걸쳐 확립되었으므로 규칙이 바뀌지 않는 한, 그대로 이어져 갈 것이며 여타 관련 운동법의 적용에도 많은 영향을 주리라 믿는다.

참고문헌

『高麗史』

『校本歷代時調全書』

『寄齋史草』

『磻溪隨錄』

『朝鮮王朝實錄』

『靑莊館全書』

강성철(1998). 「태권도 차기동작의 분류에 따른 운동역학적 분석」. 미간행 박사학위논문. 성균관대학교 대학원.

강태정 역. 吉丸慶雪 저(1997). 『발경의 과학』. 서울: 서림문화사.

고영환·박규태·김광래(2001). 『체력향상을 위한 걷기』. 서울: 대경북스.

기천문 본문(1998a). 『기천(氣天)』. 서울: 초록배.

기천문 본문(1998b). 『기천문 입문』. 연구사.

김길평(1998). 「한국 무예 사상과 태권도의 변천」. 한국사회체육학회지. 제10권. 23 - 37.

김산·허인욱(2002). 「택견의 어원에 관한 소고」. 한국체육사학회지, 제9호, 195 - 203.

김상현(1997). 『계간택견』. (사)대한택견협회.

김성수(2002). 『골프 스윙의 원리』. 서울: 전원문화사.

김영만(2009). 『택견 겨루기論』. 서울: 레인보우북스.

김영만(2010). 『택견 겨루기總書』. 서울: 상아기획.

김영만(2010). 「민속경기와 전통무예로써 택견수련체계의 발전방안」. 미간행 박사학위논문, 숭실대학교 대학원.

김영만·오세이(2010). 「품밟기 동작원리에 관한 연구」. 한국체육과학회지, 제19권 제1호, 231 - 240.

김영만·심성섭(2011a). 「태권도 경기화 과정을 통해 본 택견 경기규칙의 재조명」. 한국체육과학회지, 제20권 제1호, 139 - 149.

김영만·심성섭(2011b). 「한국의 전통무예 활쏘기, 씨름, 택견에 관한 연구」. 한국체육사학회지, 제16권 제1호, 15 - 26.

김영만·김창우·이광호(2011). 「택견에 내재된 기합의 의미에 관한 고찰」. 대한무도학회지, 제13권 제1호, 41－57.

김용옥(1990). 『태권도 철학의 구성원리』. 서울: 통나무.

김이수 · 송진석(2002). 「현암 송덕기에 관한 연구. 국무총론」. 배달국무연구원. 제1권 1호, 91－108.

김재호(1996). 「택견의 몸짓이 지닌 민중적 요소에 대한 고찰」. 미간행 석사학 위논문, 연세대학교 교육대학원.

김창국(1992). 「태권도 돌려차기 동작의 운동역학적 분석」. 한국운동역학회지, 제2권 제1호, 24－36.

나현성(1968). 『한국 체육사의 연구』. 서울대학교 사범대학.

도기현(2003). 『택견 그리고 나의 스승 송덕기』. 서울: 동재.

도기현(2007). 『우리무예 택견』. 서울: 동재.

문병용(2004). 『알기 쉬운 운동역학』. 도서출판 대경북스.

민경환(1986). 『한당선생의 석문호흡법』. 서울: 서울문화사.

박방주(2011.10.10). <중앙일보>암 전이의 중요 통로 경락, 실체 드러났다. http://joongang.joinsmsn.com/.

박철희 구술 · 허인욱 정리(2005). 『사운당(泗雲堂)의 태권도 이야기』. 장백비교 무예연구소.

설적운(1997). 『선무도 교본 上』. 서울: 도서출판 다다.

설적운(2008). 「전통무예의 진흥법 시행에 따른 발전방안」. 제2차 한국무예포 럼. 한국무예포럼, p5.

심성섭 · 김영만(2008). 「택견의 능청동작과 유사 관련 동작과의 비교 분석 및 단전의 의미고찰」. 한국체육과학회지, 제17권 제4호, 228－296.

심성섭 · 김영만(2009). 「택견의 동작원리에 대한 운동역학적 접근」. 한국체육 과학회지, 제18권 제1호, 1175－1184.

심성섭 · 김영만(2009). 「택견의 차기 동작원리에 관한 연구」. 한국체육과학회 지, 제18권 제3호, 219－228.

아놀드 새비지-랜도어 지음, 신복룡 · 장우영 역주(1999). 『고요한 아침의 나라』. 집문당.

양진방(1986). 「해방 이후 한국 태권도의 발전과정과 그 역사적의의」. 미간행 석사학위논문. 서울대학교 대학원.

양진방(2002). 「근대무술론」. 대한무도학회지, 제4권 제2호, 43－56.

오장환(1994). 『택견전수교본』. 서울: 영언문화사.

육태안(1991). 『우리무예 이야기』. 서울: 학민사.

육태안(1993). 『바람은 눈에 보이지 않나니』. 서울: 중토문화사.

육태안(1994). 「전통무예 수벽치기의 유래와 기법에 관한 연구」. 미간행 석사
　　　학위논문, 수원대학교 대학원.
이경명(1997). 『빛깔있는 책들 태권도』. 서울: 대원사.
이양규(2007). 「택견 기본거리 차기동작의 운동학적 분석」. 미간행 석사학위논
　　　문, 창원대학교 대학원.
이양규 · 김정태 · 박성현(2008). 「택견 기본 차기동작의 수행시간, 신체중심의
　　　이동변위 및 발속도 비교분석」. 한국사회체육학회지, 제32호, 891－899.
이용복(2002). 『한국무예 택견』. 서울: 학민사.
이용복(1993). 「씨름과 택견의 민속학적 비교」. 중앙민속학, 제5권, 29－43.
이용복(1995). 『택견연구』. 서울: 학민사.
이재학(2002). 「조선왕조실록에 나타난 각저에 대한 고찰」. 배달국무원: 국무
　　　논총, 제1권 1호, 216－243.
이중헌 구술 · 서허봉 정리 · 김태덕 번역(2007). 『逝去的 武林』. 서울: 두무곡출판사.
이창후(2010). 『태권도 현대사와 새로운 논쟁들』. 서울: 상아기획.
임동규(1990). 『한국의 전통무예』. 서울: 학민사.
정인모 · 이신영(2001). 「조선시대의 수박희에 관한 연구」. 체육사학회지, 제8
　　　호, 96－111.
정재성 · 김형묵 · 박영길(2007). 「택견 경기방식의 새로운 통합 문제」. 한국체
　　　육교육학회지, 제12권 제2호, 71－85.
정철수 · 신인식(2005). 『운동역학총론』. 서울: 대한미디어.
정태운 · 장경태(2005). 「택견 곁치기동작의 운동학적 분석」. 대한무도학회지,
　　　제7권 제2호, 205－218.
조성균 · 남도희 · 이재돈(2010). 「문헌에 보이는 전통무예 택견의 역사성과 정체
　　　성(1910－1958년을 중심으로)」. 한국체육철학회지, 제18권 3호, 19－44.
주명덕 · 이기청 공역(2005). 『운동역학』. 서울: 대한미디어.
최복규(1995). 「전통무예의 개념정립과 현대적 의의」. 미간행 석사학위논문,
　　　서울대학교대학원.
최상수(1988). 『한국의 씨름과 그네의 연구』. 서울: 정동출판사.
최영렬 · 전정우(2006). 「태권도와 택견 기술의 비교 연구」. 한국체육과학회지,
　　　제15권 1호, 197－206.
최인애 · 박광동 · 이연종 · 이종훈 · 이경일 · 강경환 · 서정석 · 인희교 · 김차
　　　남 공역. Peter M. McGinnis저(2006). 『스포츠 생체역학BIOMECHANICS
　　　OF SPORT AND EXERCISE』. 서울: 대한미디어.
한당(2006). 『천서』. 서울: 석문출판사.

한성(2008). 『하늘예감』. 서울: 석문출판사.

황인승 · 이성철 · 임정(2004). 「태권도 돌려차기 시 분절들의 반동동작」. 한국 운동역학회지, 제4권 제2호, 139－152.

황풍(2000). 『수련요결』. 서울: 석문출판사.

Bruce C. Elliott, Kevin G. Baxter, Thor F. Besier(1999). Internal Rotation of the Upper-Arm Segment During a Stretch-Shorten Cycle Movement. Journal of Applied Biomechanics, 15, 381－395.

Bryan, J., & Tiggemann, M.(2001). The effect of weight-loss dieting on cognitive performance and performance and psychological well-being in overweight woman, 36(2).

Crawford, V., Scheckenbach, R., & Preuse, H, G.(1999). Effect of niacin-bound chromium supplement-ation body composition in over weight African-American woman, Diabetes Obes Metab. 1(6).

Margaret, G., Robert McAfee Jr. & Carol L. Wolf. editors(1972). GLOSSARY OF GEOLOGY, American Geological Institute Washington, D.C.

Kim Joo Hyung(2008). 『Taekkyon』. 서울: ㈜동심.

제2장 택견 겨루기의 원리

1. 택견 겨루기 기술의 원리

택견과 타 무술의 차이점은 상대를 다치지 않게 배려하면서 제압하는 것이다. 상대를 다치지 않게 하기 위해서 타격적인 차기는 금지되었고, 주로 상대의 중심을 흩뜨리는 유술적 기술이 발전하게 되었다.

타 무술은 공격 거리를 주지 않기 위해 일정한 간격을 유지하는 것에 비해, 택견은 상대가 공격하기 유리하도록 한쪽 발을 앞으로 내준다. 그러나 공격 가능권에 발을 내어주지만, 품밟기로 상대의 공격이 어렵게 자주 다리를 바꿔가며 상대의 타이밍을 빼앗는다. 이때의 모습은 마치 춤을 추듯 굼실거리고 능청거리는 리듬감 있는 모습으로 연출된다. 이러한 형태의 동작 속에 내재한 겨루기 기술의 원리를 살펴보고자 한다.

1) 자세(Stance)

택견에는 '자세'가 존재한다. 운동능력을 발휘하는 데에는 신체 각 부위가 조직적으로 통일된 동작을 해야 한다. 자세란, 활동능력을 충분히 발휘할 수 있도록 몸을 움직이거나 가누는 모양이다. 그것은 동작의 설계이자 동작의 기초이다. '효과 있는 자세', '능률적인 자세', '안정된 자세'란 선수가 겨루기의 목적을 충분히 수행할 수 있는 최상의 형태를 말한다.

좋은 자세는 가장 적은 동작으로 가장 에너지 소비를 적게 하여 가장 좋은 결과를 얻을 수 있는 모양을 말한다. 뛰어난 선수는 에너지를 쓸데없이 사용하지 않는다. 그것은 숙달된 기술에 의해 효율적인 동작을 행하고 쓸데없는 동작을 줄이며, 신체가 효율적으로 작용할 수 있도록 훈련되어 있으므로 약간의 에너지로 운동을 행할 수 있기 때문이다.

2) 발놀림(Footwork)

택견의 발놀림은 품밟기이다. 품밟기는 굼실과 능청을 통한 허리의 회전력으로 힘이 만들어진다. 상대를 느진발질로 차서 넘기기 위해서는 공격자가 공격한 힘이 상대의 체중이나 버티는 힘보다 커야한다. 공격자가 상대보다 체중이나 힘이 약할 때는 상대의 움직임이나 기울기를 이용해야 한다. 예를 들면 체중의 이동 시 상대의 발이 지면으로부터 떨어져 있는 순간에 공격하면 지면으로부터 마찰력이 적기 때문에 적은 힘으로 상대를 제압할 수 있다. 택견의 힘은 잘 조절된 풋워크(품밟기)에서 나온다.

택견의 품은 몸에 힘을 빼고 서 있는 형태이다. 무예의 기법은 서 있는 동작에서 즉각적인 반응이 이루어질 수 있어야 하며 균형과 안정성, 그리고 융통성과 민첩성이 있어야 훌륭한 기술을 발휘할 수 있다.

택견의 품은 겨루기에 필요한 조건을 완벽하게 갖추고 있다. 얼핏 보아서는 허점이 많아 보이나 사실 이러한 형태는 무예에서 가장 높은 수준으로서 예기치 않은 상황에 부딪쳐 임기응변하는 술기는 준비된 자세 속에 들어 있는 완벽한 준비에서 나오는 것이다. 그것은 곧 항상 대비하는 달인(達人)의 경지이다.

택견의 품밟기는 진퇴가 자유롭고 일정한 틀 속에 갇혀 있지 않다. 그리고 두 발의 앞뒤 거리나 옆폭이 좁고 움직일 때는 일정한 리듬을 타고 있어서 고정된 순서를 가지는 것처럼 보이기도 한다.

송덕기는 "택견에서 몸을 능청대며 느지르는 것도 덮어놓고 하는 것이 아니고 발을 품(品)자로 놓는다는 약속이 있으며, 누구든지 땅에 먼저 손을 짚으면 패하게 되어 있다(한국일보, 1964.5.16)"라고 하였다. 또한 '코리언게임스'에는 "두 사람은 발을 벌리고 서로 정면으로 마주 보고 선다. 경기자는 각각의 발을 한 발짝 뒤로 물러서 제3의 지점에 놓을 수 있다. 그러므로 발은 언제나 3개의 지점 가운데 하나에 놓인다"라고 되어 있다. 이 두 기사에 '발을 품자로 밟는다는 약속'과 '발은 언제나 3개의 지점 가운데 하나에 놓인다'라는 내용은 동일하게 품밟기가 가지고 있는 일종의 규칙성을 설명하는 것이다. 평소에 송덕기와 신한승은 한결같이 '품밟기가 택견의 전부'라고 강조하였다.

품밟기는 3박자로서 강, 약, 약 혹은 약, 약, 강하며 악센트가 있는 삼박자이다. 여기서 이루어지는 모든 오금질은 반작용에 의한 지면반력을 무릎으로 흡수하여 이 삼박의 리듬을 타는데, 허리를 약간씩 회전하면서 앞으로 내밀며 능청하고 굼실하며 뒤로 빼는데 이 또한 전후좌우로 움직이는 동력이 된다. 서양의 몸짓이 막연히 아치를 그린다는 표현을 쓰거나 대흉근을 앞으로 내미는 신전의 정점이라면 단전(丹田)을 앞으로 내미는 품밟기의 능청은 우리 고유의 몸짓이면서 신전의 정점이다. 택견의 몸짓은 단전을 정점으로 최대한의 신전(伸展)이 이루어지는데 이런 개념을 서구의 시각으로 이해시키기는 어렵다. 여기에 활개짓까지 곁들인다면 그야말로 굼실굼실, 우쭐우쭐, 능청능청, 으쓱으쓱 가운데 무예로서의 독특한 보법을 밟으면서도 신명나는 몸짓이 이루어지는 품밟기가 된다.

또한 품밟기는 택견의 핵심 구성 요소인 대접의 규칙과 경기자 사이의 안전성을 고려하여 개발되는 는지르기 기법과 필연적 관계를 맺고 있어 그 자체로서 강제성을 갖지는 않지만, 이것을 바탕으로 하여 택견 기법이 형성되므로 일종의 규칙처럼 그 필요성이 강조되고 있다.

3) 중심(Balance)

모든 것에 중심이 빠지면 혼란이 오게 마련이고 중심이 없으면 균형이라는 개념도 나올 수 없다. 균형은 치우침이 없다는 것이다.

중심은 심신의 균형을 흐트러짐 없이 유지하는 것이다. 겨루기에서 항상 자신의 중심은 유지하고 상대의 중심을 흐트러지게 하는 것이 승리의 지름길이다. 즉 모든 기술은 안정성을 가졌을 때 최상의 힘이 발휘되지만 불안정한 균형에서는 충분한 힘을 발휘할 수 없다. 따라서 공격이나 방어 시, 순간과 정지 상태에서 안정된 자세를 갖추어야 한다. 움직임의 시작에서부터 움직임이 끝날 때까지 안정적인 상태를 유지해야만 한다.

택견에서 중심과 리듬을 유지하기 위해서는 발차기 공격 시 차는 다리보다 축의 다리에 밸런스를 유지하는 것이 중요하며 단순히 발로 차는 것보다 허리의 회전력으로 차는 것이 밸런스와 파워를 만들어준다. 즉 허리로 몸의 밸런스를 잡고 굼실에서 능청으로 이어지는 힘을 이용하여 뱃심으로 상대를 밀어 차거나 걸어 당겨야 상대를 넘길 수 있다.

타 무술의 경우를 살펴보면, 태권도는 전후좌우의 빠른 스텝으로 중심이 위에 있어 발차기에 유리하게 이루어져 있다. 반면 중국무술 중 남권의 경우, 기저면이 넓고 중심이 낮아 손기술을 활용하기에 적합하다.

택견 기술의 경제성과 합리성은 선수의 중심과 조정 능력에 달려 있다. 품밟기 시 기저면의 폭을 변화시키거나 신체를 앞뒤로 자세를 변화시키거나, 기저면을 낮추거나 높여서 중심의 위치를 조정해야 한다. 그렇게 함으로써 겨루기를 용이하게 할 수 있다.

겨루기에서 우수한 선수는 올바른 중심의 위치 확보, 중심의 부드러운 이동, 상지와 하지의 협응, 신체조정력(복원력) 등의 모든 능력에서 뛰어나다. 즉 이러한 능력이 다이내믹하고 효율적인 폼을 형성하여 밸런스를 유지하는 주요 요인이 된다.

미야모토 무사시가 평상심을 강조했듯이 상대와의 겨루기에서 평상심을 잃게 되면 긴장으로 인해 평상시의 실력을 발휘하지 못하게 되는 것은 겨루기 경기에서 볼 수 있다. 무예인은 겨루기에서 몸과 마음의 밸런스를 유지하여 서로 다른 것이 아닌 하나가 되는 융화가 될 수 있도록 하는 것이 필수적이다.

4) 각도(Angle)

  품밟기의 굼실과 능청은 다양한 공격 기술의 기본동작이다. 품밟기는 상대를 공격하거나 방어하기에 적합한 자세이다. 굼실하는 자세는 마치 바벨을 어깨 위에 올려놓고 앉았다가 일어서는 과정처럼 고관절(엉덩이)을 뒤로 빼는 자세와 흡사하다. 즉 능청에서 굼실이 되는 순간 허리에서 다리로 이어지는 형태가 S자가 되도록 고관절(엉덩이)이 뒤쪽으로 45도 빠진 자세가 되는데 이 상태에서 축의 다리가 일어나면서 차기나 딴죽을 자유롭게 할 수 있는 각도가 나온다.

  특히 상대를 밀어차서 넘어뜨리기 위해서는 굼실을 약 45도(고관절)의 자세에서 공격해야 상대를 쓰러뜨릴 수 있다.

  능청 상태에서 역시 공방이 자유로운 앞다리 10~20%, 뒷다리 80~90%를 가지고 있어 언제든지 상대의 공격을 반격으로 되받기 할 수 있는 각도가 된다. 또한 고관절의 자유로운 원운동으로 품밟기에서 원하는 위치나 방향으로 상대를 자유로운 각도로 공격할 수 있게 된다. 그러나 타 무술의 경우, 상대와의 근접상태에서 발차기 공격이 가능한 각도가 이루어지지 않으므로 팔꿈치나 무릎 등을 이용한 공격을 한다.

5) 거리와 공간(Distance & Space)

  겨루기에서 거리와 공간은 중요한 의미가 있다. 즉 아무리 힘이 강하고 뛰어난 기능을 가지고 있다 하더라도 거리가 상대에 미치지 못하면 무용지물이 되고 만다.

대부분 직선과 곡선적인 동작이 복합된 공격 형태의 스텝과 자세가 있다. 반면 택견은 유술적 격술로 이루어져 있어 가까운 거리에서 유리한 기본자세를 갖추고 있는 품밟기를 사용한다. 품밟기의 굼실과 능청을 통해 곡선적인 원운동으로 이루어져 있다. 상대와의 근접전은 몸의 중심을 뒤쪽에 둠으로써 공간 확보가 이루어져 뒷발보다 앞발을 사용하는 공격이 용이하다. 굼실을 하는 순간 공간이 확보되고 능청을 통해서 공격이 이루어져 가까운 거리에서 힘과 스피드가 동반되는 발질로 상대방을 차서 넘어뜨릴 수 있다.

다시 말해, 품밟기는 굼실과 능청을 통해서 근접전에서 공간을 확보해주고 원운동인 고관절의 굼실에서 능청으로 이동하는 경로에서 고관절이 S자 형태의 원이 되므로 거리확보와 더불어 힘을 최대한 발휘할 수 있어 근거리나 원거리 모두에서 공격을 자유롭게 할 수 있다. 또한 상대의 직선적인 차기 공격과 딴죽 공격으로 뒤로 넘어지는 순간은 회전의 원리를 이용하여 상대를 되받기를 할 수 있다. 이는 택견의 독특한 동작인 굼실과 능청을 기본으로 오금질과 뱃심의 힘을 이용하기 때문이다. 그리고 품밟기의 기본인 허(虛)와 실(實)을 동시에 1:9 또는 2:8 비율로 중심을 지니고 있기 때문이다. 그러나 일반적으로 동양의 다른 무예에서는 이와 달리 기마식(騎馬式)이나 전굴자세(前屈姿勢), 태권도의 앞굽이 같은 기본 보법으로 이루어져 있어 근접전에서 차기는 불리한 면을 지니고 있다.

타 무술의 경우 근접상태의 발차기는 주로 뒷발로 공격하거나, 스텝을 바꾸거나, 스텝을 뒤로 빼면서 공격을 한다. 그리고 근접전에서 상대가 접근하면 뒤로 물러나거나 붙거나 또는 옆으로 비켜서 대처하는 것이 보통이다. 이처럼 발의 보법 전체가 움직여서 공격하거나 방어를 할 수 있지만 택견은 제자리 품밟기 상태에서 상대의 공격을 원운동으로 피하거나 상대의 힘을 역이용할 수 있는 강점이 있다.

6) 상황 판단 능력(Judgement Ability)

이것은 택견 겨루기 시 시각 또는 운동감각에 따라 상황을 판단하는 능력이다. 운동감각은 시각이나 청각(언어정보)을 차단해도 의식할 수 있는 신체운동의 감각이다. 일상적인 말로 하면, 이것은 운동의 '느낌'이라고 일컬어진다.

택견 겨루기의 상황판단능력은 운동감각에 따른 상대의 움직임에 대한 예측능력을 포함하는 것을 알 수 있다. 이 능력은 시각 등의 감각에 의해 얻어진 정보를 기초로 하여, 상대의 공격에 대한 미래의 움직임을 예측하는 능력이다.

아무리 강한 근력을 갖고 있어도 정보의 인지력이 없으면 기술을 유효하게 발휘할 수 없다. 우수선수와 보통선수의 차이 중 하나는 '보는 힘'의 차이이다. '보는 힘'이란 여러 가지 감각기능이 일체가 되어 다이내믹하게 기능하고 쓸데없는 에너지를 줄이며, 포인트에 대해 뛰어난 힘을 보이는 것이다.

7) 이완(Relaxation)

릴랙세이션(relaxation)이란 이완한다, 긴장을 푼다는 의미이다. 운동생리학적인 의미는 "의식적으로 근의 불필요한 긴장을 제거하는 운동의 일종"으로 볼 수 있다. 운동은 수축에 의해 일어나고 릴렉세이션은 근조직의 이완과 관계가 있다. 운동수행에 필요한 만큼 작용근을 긴장시키고, 관계없는 부분을 이완시키는 것이 운동의 원칙이다. 작용근의 긴장이 적다는 것은 에너지 사용이 적다는 것을 의미한다. 이러한 작용근과 반대 기능을 하는 길항근이 긴장하면 몸이 굳어지고 힘이 생긴다. 동작에 대한 길항을 위해 기능의 정밀함과 정확성에서 손해를 보게 된다. 정교한 동작의 조정은 커다란 힘을 사용하지 않을 때 가장 잘 이루어진다.

더욱이 근의 긴장을 완화함으로써 신경과 정신적인 긴장도 같이 완화하는 것이다. 따라서 근을 이완할 때에는 머리로 의식하여 행하지 않으면 뇌와 신경이 이완되지 않는다. 너무 긴장하거나 너무 굳어지지 않도록 긴장을 푸는 수단으로서 양손과 몸을 움직이거나 잠깐 팔의 힘을 빼서 아래로 늘어뜨리는 등, 적당한 근긴장을 두는 것이 필요하다. 또한 이완한다는 것은 쓸데없는 에너지를 사용하지 않을 뿐만 아니라 넘어져서 다치는 것을 예방하기 위해서는 매우 중요하다. 예를 들면 상대의 공격을 받을 때 몸에 힘을 빼고 탄력성과 유연성을 통해 공격의 충격을 흡수할 수 있다. 즉 택견겨루기에서 '힘을 넣는 곳'과 '힘을 빼는 곳'을 안다는 것은 매우 중요하다. 과도한 긴장은 근육의 불필요한 긴장을 유발시켜 사지의 원활한 움직임을 저해한다.

8) 스피드(Speed)

스피드는 기술에 위력을 더해주고, 기술을 효율적으로 발휘시키는 것이다. 스피드(speed)란 상대를 순간적으로 앞지르며 상대를 먼저 차거나 거는 것을 의미하는 것만이 아니다. 여러 가지 형태의 '기민함', '재빠름'을 나타내는 말이다. 스포츠에서 질주속도만이 스피드가 아니며 얼마나 빠르게 나아가는가가 아니라 얼마나 빨리 도달하는가가 목적을 달성하는 데 중요하다.

겨루기에서는 일반적으로 보는 속도, 동작의 속도, 움직임의 속도 등 '기술의 민첩함'이 요구된다. 스피드 증가는 최상의 경기력 발휘에 필수적인 요건이다. 우수한 선수들의 공통적인 특징은 다른 선수들보다 스피드가 약간 더 빠르다는 것이다. 힘=질량×속도이다. 속도는 힘을 내는 데 있어 필수적인 요소이다. 상대와의 거리가 가까워도 속도가 빠르면 힘이 상대에게 전달되어 강한 충격을 줄 수 있다. 이러한 속도를 내기 위해서는 반동력, 호흡, 집중이 동반했을 때 최고의 속도를 낼 수 있다.

9) 지구력(Endurance)

지구력이란 장기간에 걸쳐 강도의 변화 없이 전신적인 운동을 오랫동안 지속해낼 수 있는 능력을 말한다.

택견 겨루기는 대부분 힘의 지속적 발휘능력이 요구된다. 각자가 가지고 있는 기술을 효율적으로 발휘하기 위해서는 겨루기를 마지막까지 수행할 수 있는 충분한 에너지가 필요하다. 경기 도중 운동 에너지가 없어지면 기술을 효율적으로 발휘할 수가 없다. 택견에서 걸고, 차고, 손질하는 지구력이 기본적으로 요구된다. 지구력 향상을 위해서는 신체 조직의 기능을 발전시키는 것이 중요하다.

기술의 끈기(지구력)란 사람이 어떤 특정한 운동을 지속할 수 있는 시간의 길이에 의해 결정된다. 우수한 선수의 매우 높은 지구력은 한 순간 만들어지는 것이 아니라 수년간에 걸친 훈련에 의해 익힐 수 있다. 끈기는 선수의 최대산소섭취량(심폐지구력), 근지구력, 의지력, 올바른 품, 경제적인 에너지 사용법, 쓸데없는 에너지 줄이기(효율) 등과 관계있다. 또한 조화로운 몸동작과 선수의 의지력에 영향을 받게 된다.

① 지구력 향상을 위한 수단과 방법

산소의 섭취능력 향상을 위해서는 운동 활동을 지속하는 방법이 가장 유익하다. 택견 훈련과정에서 산소섭취 수용을 늘리기 위해서는 산이나 숲에서 지속적인 달리기를 한다.

② 무산소성 지구력 향상을 위한 수단과 방법
　가. 최상의 훈련방법은 자유로운 겨루기 경기이다.
　나. 조건적·자유겨루기와 기구를 이용한 훈련 등
　다. 줄넘기를 이용한 훈련, 상대와의 훈련 등

10) 타이밍(Timing)

타이밍이란 자극의 수용과 반응의 결정에 관련된 '결단시간'이라고 할 수 있다. 공격 타이밍, 되받기 타이밍 등 택견겨루기 상황에서 '좋은 타이밍'이 중요하다. 이 한순간을 놓치면 그 효과는 반감하거나 마이너스 결과(실수로 연결된다)가 된다. 자극의 이동은 너무 빨라도 너무 느려도 안 된다. 딱 적당한 시기에 자극과 반응이 일치하도록 반응을 컨트롤해야 한다. 바둑의 정석에서 말하는 수순과도 같다.

타이밍의 발달은 운동수행의 성공 가능성을 높여주고 정확하고 충분한 연습, 실전과 같은 겨루기 연습과 실제 경기의 경험을 통해서 가능해진다.

① 템포(Tempo)

겨루기는 강하고 능동적인 기법으로 유한 기법을 쓰는 상대를 대적하고, 반대로 과격한 기법을 쓰는 상대는 유한 기법으로 상대한다.

상대가 100%의 힘으로 공격할 때, 힘이 직선적일 때는 원운동으로 되받기고 직선으로 공격하면 맞는 타이밍을 100%의 충격을 충분히 흡수하기 위해서는 몸을 부드럽게 하여 마치 솜이 총알의 방탄 작용을 하는 것과 같이 몸으로 충격을 흡수할 수 있어야 한다. 이러한 타이밍 연습은 능청 상태에서 굼실의 경로로 흡수할 수 있다. 템포의 완급으로 상대를 공격하는 것이 중요하다. 일정한 박자나 빠르기 그리고 속도는 상대에게 기술이 노출되기 쉽다. 엇박자로 상대를 속여야 원하는 목적을 달성할 수 있다. 품밟기의 삼박자 리듬은 일정한 동작이나 기합이 아닌 엇박자로 이루어진다. 즉 삼박자를 하나, 둘, 셋이 모두 같은 박자가 아니라 약, 약, 강의 엇박자이다. 이러한 엇박자는 상대를 속일 수 있고 춤추는 듯한 동작으로 상대를 방심하게 만든다.

② 리듬(Rhythm)

리듬은 일정한 규칙에 따라 반복되는 움직임을 말한다. 음악은 장단과 강약 따위가 반복될 때 그 규칙적인 음의 흐름이 만들어진다.

음악의 리듬에 맞춰 춤을 추듯이 택견은 율동적인 동작으로 구성되어 있어 춤을 추듯 리듬을 타게 된다. 이러한 리듬은 상대선수에게 엇박자의 흐름 변화로 리듬을 깨지게 할 수 있다. 상대선수의 리듬을 깨뜨리는 방법은 승리를 얻기 위해서는 필수적인 요소이다. 선수는 한 번에 상대선수를 이기고자 할 때 마음이 고조된다. 강력한 공격은 될 수 있으나 공격을 하려는 순간 마음이 흔들리게 되면 공격의 흐름이 깨지게 된다. 공방 시 자신에게 유리한 리듬을 만들어 경기의 흐름을 주도해야 된다.

11) 속임수(Trick)

택견의 기본 품밟기는 허(虛)와 실(實)이 공존하는 자세이다. 앞, 뒤로 움직임이 용이하고 체중이 같이 실려 있는 것처럼 보이지만 앞발 또는 뒷발에 중심이 있어 상대의 공격을 쉽게 피할 수 있고 반격할 수 있다.

허(虛)는 공격을 하는 쪽이 되고 실(實)은 축이 된다. 택견은 허(虛)와 실(實)을 자유자재로 이동할 수 있는 리듬을 타고 있어 체력소모를 최소화한다. 마치 그네를 타는 것처럼 한쪽의 힘이 반대쪽으로 작용하여 많은 힘을 들이지 않고서도 무게 중심이동이 가능하다. 발놀림은 앞뒤로 발을 춤추듯 움직이면서 적당한 타격 거리를 잡아 상대를 공격한 후 잽싸게 뒤로 물러서는 것이다. 쉴 새 없이 위아래로 움직이는 팔은 상대의 정신을 산란하게 만들 뿐 아니라 동시에 일격을 가할 자세를 취하고 있는 것이다. 마치 공격을 하는 것처럼 헛손질하거나, 또는 실제 손으로 일격을 가한 뒤에는 주로 위력적인 발 공격이 뒤따르곤 한다. 공격과 방어 동작을 동시에 수련함으로써 가장 노련한 선수가 되는 것이다. 몸을 흔들거리듯 움직이므로 상대로 하여금 혼란을 주어 상대가 공격할 목표 지점을 쉽게 공략하지 못할 뿐 아니라, 춤추는 듯한 동작으로 상대를 방심하게 하여 방심하고 있다고 생각하게 한다.

12) 정확성(Accuracy)

택견의 겨루기에는 일반적으로 효율적인 폼, 기술의 속도, 기술의 강도, 기술의 지속성, 기술의 정확성 등이 요구된다. '정확성'이란 운동의 정밀함을 의미하고 이론적으로 힘을 낼 때 정확성의 의미로 사용된다. 이것은 동작을 정확히 행하는 능력이고, 정확하다는 것은 목표로부터의 어긋남이 적다고 하는 것이다. 기술의 정확성은 일반적으로 스피드가 느린 상태에서 얻어지며, 스피드를 늘리면 정확성은 감소한다. 정확성을 높이는 데에는 일반적으로 비교적 느린 스피드로 정확성이 어느 정도의 수준에 도달할 때까지 연습한 후 점차 스피드를 늘려가는 것이 좋다.

정확성과 스피드의 관계

① 정확성을 강조하는 팀은 정확성이 뛰어나다.

② 스피드를 강조하는 팀은 스피드가 뛰어나다.

③ 스피드·정확성을 동시에 강조하는 팀은 그 둘의 중간에 있게 된다. 효율적인 겨루기를 위해서 스피드와 정확성을 동시에 중점을 주는 것이 좋다.

13) 집중력(Concentration)

집중력(concentration)이란 하나의 중요한 목적에 주의력을 집중하는 것이다. 택견기술을 성립시키는 데에 집중력은 의식과 주의력을 과제에 집중시켜 감각기에 의한 과제의 확인, 중추신경에 의한 운동의 기획, 근육에 의한 운동의 발현을 일으키고, 그것에 의해 고도의 겨루기 기술을 발휘시키는 데 도움을 준다. 수돗물의 호수를 보면 끝이 작을수록 강하게 물줄기가 뿜어져 나오는 것을 볼 수 있고 스키장에서 신발을 신고 걸어 다니면 눈밭에 빠지는 것을 볼 수 있지만 스노보드와 같이 면적이 넓은 것은 빠지지 않고 스키를 탈 수 있다. 공격에서 몸 전체의 체중이 공격하는 발에 집중되었을 때 상대를 차서 넘어뜨릴 수 있다.

14) 자신감(Confidence)

택견겨루기에서 자신감(confidence)만큼 무서운 위력을 발휘하는 것은 없다. 자신감을 느끼고 있는 선수는 거침없이 대담하게 플레이할 수 있고, 능력을 넘어서는 힘을 발휘하게 된다. 반대로, 자신을 잃었을 때는 플레이가 전혀 이루어지지 않는다. 우유부단하게 되어 모든 플레이가 두려워지고, 자기도 어떻게 해야 좋을지 모르게 되며, 자신의 실력을 충분히 발휘하지 못하게 된다. 그러면 어떻게 하면 자신감을 가질 수 있을까? 선수를 무작정 칭찬한다고 자신감이 생기진 않는다.

자신감을 갖고 싶어 한다면 결과를 얻을 때까지 연습하는 수밖에 없다. 많은 연습과 경험에 의해 쌓아 올린 기술에 대해서는 자연스럽게 자신을 가질 수 있다. 또한 자신감을 얻기 위해서는 연습 경기에서 많은 성공경험을 하는 것이 필요하다.

15) 자기지배력(Self-Control)

택견겨루기 수행에는 여러 가지 스트레스가 존재한다. 그러나 무엇보다도 심리적인 압박에 대한 스트레스를 극복하는 능력이 택견기술 발휘에 크게 영향을 준다. 따라서 경기에 동반되는 긴장·공포·불안·좌절 등을 극복해야 한다.

심신일여(心身一如)의 개념에서 볼 때 이러한 감정은 전신의 모든 세포에 영향을 미친다. 정신과 행동은 서로 얽혀 있으며 활동은 심리적 작용을 받는다. 불안과 과긴장, 흥분, 냉정의 결여는 불필요한 호르몬을 분비시키고, 근육의 경직, 부자연스러운 호흡, 그 외에 겨루기에 부정적인 신체적 징후가 수반된다. 따라서 집중력과 판단력에 악영향을 미치며, 신체적으로 통일되지 못한 상태가 되어버린다. 그러므로 선수는 꾸준한 연습과 정신력의 강화를 통해 자기의 정신을 컨트롤할 수 있는 자기지배력(self-control)을 높여야 한다.

2. 택견 겨루기의 요점

1) 상대에게 부상을 입히는 기술을 사용해서는 안 된다.
2) 승부수는 적극적인 공격과 함께 기합을 넣어 상대의 경각심을 일으킨다.
3) 모든 공방의 기(氣)는 품밟기에서 이루어져야 한다.

4) 손질과 발질을 병용하고 연결동작을 많이 연습한다.

5) 가급적 상대를 움직이게 하여 상대의 중심을 뺏도록 한다.

6) 택견이 차서 쓰러뜨리는 것을 승부의 기준으로 하고 있다는 점에 유의한다.

7) 상대가 공격하려고 하거나 공격한 직후 승부의 기회로 삼고 적극적인 방어와 반격을 한다.

8) 달려 들어와서 잡으려는 상대에게는 정면차기로 승부를 내는 방법과 상대의 힘을 역이용하는 방법이 있다.

9) 솟구쳐 차기로 얼굴을 공격하는 것은 택견의 꽃이다.

10) 붙들렸거나 붙잡았을 때는 즉시 딴죽으로 넘기는 기술을 적용한다.

11) 활개짓은 상대를 방어하고 현혹하거나 공격에 대비하는 자세이다.

12) 발을 옮기지 않더라도 무릎을 굼실대는 동작을 멈춰서는 안 된다.

13) 시선은 상대의 전체와 주위 사정까지 한눈으로 파악할 수 있도록 한다.

14) 모든 몸짓에 한국의 고유한 멋이 담겨 있어야 한다.

3. 택견 겨루기 기술의 요점

1) 시각을 확대한다

상대의 신체 일부만 보지 말고 상대의 모든 움직임을 주시하고 주변 환경까지 시야를 넓게 가진다.

2) 품밟기는 모든 기술의 바탕이다

품밟기는 굼실을 넣어 순발력을 높이고 능청거림으로 탄력적인 힘을 증진한다.

그리고 변화 있는 품밟기로 상대의 공격 의도를 사전에 저지한다.

3) 상대 앞에 한쪽 발을 내어 주는 대접의 상태를 항상 유지하여야 한다

4) 상대를 움직이게 한다

상대의 의사와 다르게 움직이게 함으로써 겨루기의 주도권을 잡는다. 이것은 선제공격으로 상대의 반격을 유도하거나 의도적으로 허점을 보여줌으로써 상대의 공격을 유도할 수 있다. 가만히 서 있는 상대를 넘어뜨리는 것은 아주 힘들다. 따라서 내 힘뿐만 아니라 상대의 힘을 이용하고, 품밟기의 변화로 상대의 대응동작을 끌어낸다.

5) 상대의 시야를 혼란케 한다

활개짓이나 얼렁발질로 상대의 시선을 혼란케 하거나 이쪽에서 시선을 강하게 쏘아보거나 고의적으로 시선이 딴 곳을 향하는 것처럼 위장할 수 있다.

6) 앞에 나와 있는 다리를 괴롭혀라

택견의 묘미는 대접의 규칙에 있다. 앞에 나와 있는 상대의 다리를 끊임없이 공격하여 상대를 움직이게 함으로써 심리적인 여유를 고갈시킬 수 있다.

7) 상대의 공격은 곧 승리할 수 있는 반격의 기회로 생각한다

8) 선제공격할 때 반드시 상대의 반격을 예측하여 그에 대한 재반격을 준비해야 한다

9) 기합은 유용한 기술이다.

기합은 자신의 기세를 상승시키고 폭발적인 힘을 낼 수 있다. 또한 상대를 놀라게 하거나 기세를 꺾는 효과를 얻을 수 있다.

10) 가급적 겨루기의 모양이 한국적 멋과 흥이 나타나도록 여유 있는 심리상태를 유지한다

4. 겨루기 훈련 처방의 원리

훈련의 원리란 합리적이고 능률적인 트레이닝 적용법칙의 기준이며 필수불가결한 규범이다.

1) 과부하(過負荷)의 원리

과부하(over-load)는 사람이 일상생활 중에 받는 자극보다 더 강한 자극을 주는 것이다. 즉 생리적 작용을 촉진하는 자극 수준을 의미하며 적응된 부하(load)보다 많은 양의 부하가 주어져야 한다. 훈련효과를 가져오기 위해서는 운동 강도, 시간, 빈도가 신체 조직이나 신체기관 계통에 충분한 자극을 주어야 한다는 훈련 원리이다. 이 원리는 과도한 훈련을 하는 것이 아니라 신체의 적응이상의 부하를 주어 적응수준을 올리는 것이다. 또한 부하를 지나치게 증가하면 부상의 원인이 되기 쉽고 효과를 거둘 수 없다. 근력을 증강시키기 위한 부하는 근육이 감당해낼 수 없을 만큼 강한 것이어야 한다. 예를 들어 맨몸으로 발차기를 온 힘으로 30회 할 수 있다면 발에 고무 튜브나 모래주머니를 차고 30회 이상 실시함으로 과부하의 원리에 이를 수 있다.

즉 얼마나 힘든 운동을 몇 시간 동안 몇 번, 그리고 며칠간 계속해야 할 것인가 하는 구체적인 운동으로 처방되어야 한다. 과부하의 원칙이란 신체의 적응능력 이상의 부하를 주어 적응수준을 올리려는 것이다.

2) 점진성(漸進性)의 원리

점증부하(progressive load)라고도 한다. 훈련 처방요건에 따라 운동의 질과 양을 점진적으로 증가해가는 것을 뜻한다. 주간 단위로 주기를 가지고 폭넓은 계단식으로 증가시키는 것이 바람직하다. 택견은 같은 동작의 반복이 많이 필요하다. 같은 동작이 반복되더라도 먼저 횟수를 늘리고 다음에 훈련의 강도를 점차 늘려가므로 체력과 기술 향상에 많은 도움이 된다. 부하를 증가시킬 때는 한 번에 너무 많이, 자주 증가시키면 근골격계(筋骨格系)에 운동 상해를 가져올 수 있으므로 유의해야 한다.

3) 계속성(繼續性)의 원리

훈련을 계속해서 실시하지 않으면 효과가 없으니 시간이 짧아도 1년 중 계속해서 실시하는 것이 중요하다. 일반적으로 택견선수들은 경기가 끝난 후나 비시즌 중에 훈련을 실시하지 않는 경우가 있는데 전문적인 선수가 되기 위해서는 언제나 지속적으로 수련을 게을리 해서는 안 된다. 특히 택견기술은 반복적으로 행하는 훈련이기 때문에 오랜 시간의 휴식기간은 선수들의 기술 감각과 유연성 쇠퇴, 체력저하 등이 발생할 수 있으므로 휴식기간에는 최소한 스트레칭 정도는 매일 해주는 것이 중요하다.

4) 개별성(個別性)의 원리

훈련이라면 모두 동일한 것을 행하는 것처럼 생각하기 쉬운데 그것은 잘못된 생각이다. 체력이 강한 사람은 강하게 체력이 약한 사람은 약하게 훈련을 함으로써 효과를 거둘 수 있다. 단체 훈련 시 선수의 체격조건 등을 고려하여 훈련을 실시하는 것이 효과적이다. 택견 경기는 체급별 경기와 무체급 경기로 나누어지는데 경량급 선수는 스피드가 좋지만 파워가 약할 것이고, 중량급 선수는 스피드가 부족한 대신 파워가 뛰어날 것이다. 따라서 경량급과 중량급을 분리해서 훈련하는 것이 좋으며 서로 장단점을 보완해서 훈련한다면 좋은 결과를 가지게 될 것이다.

5) 자각성(自覺性)의 원리

훈련은 자칫하면 아무런 자각 없이 행하기 쉽다. 훈련은 스스로 자각해서 계획을 세우고 훈련의 목적에 따라 실시방법을 스스로 검토해야 비로소 효과를 거둘 수 있다. 택견선수는 자신의 부족한 부분을 스스로 깨우쳐 훈련에 임했을 때 훌륭한 선수가 될 수 있다는 것을 잊지 말아야 할 것이다.

5. 택견과 타 무술 기술 원리의 차이점

무예는 똑같은 인간의 생체조건하에서 형성되었다. 몸의 가동범위가 같고 호흡기능이나 생각을 한다는 것이 모두 같기 때문이다. 전 세계의 인간은 같은 형태의 몸에서 나오는 동작은 비슷할 수밖에 없다. 그러나 각 무예, 무술, 무도가 종목과 나라마다 각기 다른 형태의 몸짓을 지니고 있다. 이러한 이유는 나라마다 사람들의 언어와 관습과 풍토가 다르듯이 무예 역시 문화적 배경, 지리적 환경 등이 각 무예의 형태를 다르게 만든 것이다. 또한 새롭게 창안하는 과정에서 동물의 형태에서 영감을 얻기도 하고 전수하고 사사받는 사람들의 취향이나 신체적인 조건 때문에 필연적으로 다를 수밖에 없다. 일본은 게다라는 나막신을 신고 생활을 하고 맨발로 움직이던 과거의 생활습관이 유도,

검도, 가라테, 아이키도 등 맨발무도 형성에 자연스럽게 개입되었던 것이다. 그래서 발의 앞부리로 차는 앞차기 형태로 나타난 것이다. 중국무술은 앞부리로 보다 발뒤꿈치로 차는 것을 볼 수 있듯이 이러한 현상은 종목마다 신체문화와 관련된 상이한 특성에서 비롯된 것이다.

겨루기는 남을 공격하면서 느끼는 만족감을 경험하려는 동물적인 특성이 내포되어 있다.

가라테는 일본에서 몸 전체가 무기라고 대중들에게 알려진 최초의 그리고 최고의 무술이다. 가라테 기술의 살상력(殺傷力)으로 겨루기에서 상대를 다치게 하거나 죽일 수도 있기 때문에 직접 가격(直接加擊)은 불가능하였다(스티븐 캐페너, 1998).

이로 인해 예로부터 가라테는 손기술이 발달하였고 형(形, gata)을 매우 중요시하며 대련(對鍊, kumite)보다 형 위주로 발전한 무술이 되었다.

중국무술인 우슈(Wu-shu)는 국제종목으로 크게 표연종목(表演種目)과 산수(散手, 대련) 부문으로 구분되며 표연종목은 투로 경기에서는 장권(長拳), 남권(南拳), 태극권(太極拳), 병기류(兵機類) 도(刀), 곤(棍), 검(劍), 창(槍)으로 분류되고, 격투기는 체급별 토너먼트로 상대와 기량을 겨루는 격투(산수, 散手)로 나뉜다.

태권도, 가라테, 우슈의 경기를 각 체급별로 구분해 놓은 것은 상호간 직접적(直接的)인 신체의 접촉(接觸) 또는 충격(衝擊)이 심하며, 특히 상대방에게 타격(打擊)을 가해 득점하여 승부를 가리는 경기이므로 선수 상호 간의 체중 차이에서 오는 타격(打擊)의 생리적 충격(衝擊)을 최소화시켜서 선수의 안전을 확보하고 그리고 대등한 경쟁 조건에서 힘과 기술, 정신력을 겨룰 수 있도록 하기 위해서이다.

태권도와 우슈경기는 몸통의 직접 타격으로 몸통보호대를 착용(着用)하고 경기를 함으로 선수들의 부상위험을 최소화할 수 있다.

격투기 종목의 경기는 연습이나 경기에서 항상 부상의 위험에 노출되어 있다. 특히 전신의 근육과 관절을 공격수단으로 사용하는 태권도는 공방기술이 다양하고 부상의 위험도가 높은 투기종목이므로 항상 보호장비(保護裝備)를 착용하여 그 위험에 대비한다.

다른 동양무술이 겨루기의 위험성이 높아 경기방법이 발달되지 않은 것과 비교하면 택견의 겨루기는 가히 독보적(獨步的)이다. 가라테의 겨루기는 위험성을 배제하기 위하여 목표지점 바로 앞에서 공격 기술을 끊어주는 방법을 사용함으로써 마치 약속대련처럼 되어버리고 만다.

이들은 기본동작과 형, 그리고 약속대련에서 가급적 짧은 시간 내에 승부를 낼 수 있는 강하고 빠른 기법의 숙달에 매달려 왔기 때문에 상당한 숙련이 되지 않고는 힘의 조절을 자유자재로 사용하기란 불가능하다. 그래서 형의 수련에서 기법의 완숙을 얻으려는 생각을 하게 되고 결과적으로 형 중심의 수련체계를 갖게 되어 버리는 것이다. 중국권법의 일파에서는 약속된 상태의 겨루기 기법을 연결해 형식을 만들어 혼자서 연습하도록 발전시킨 것도 있다.

일본의 가라테는 형의 해설이라 하여 약속된 겨루기를 하기도 한다. 이러한 것은 모두 실제 격투와 유사한 겨루기에 대한 접근법으로 채택된 것이다. 그러나 이러한 노력에도 겨루기에서 얻을 수 있는 성과에 미치지 못하고 있는 것이 현실이다.

여기서 택견은 놀라운 발상의 전환을 보여준다. 다른 무술은 강한 부위로써 약한 곳을 노리고, 짧은 시간, 빠른 움직임의 속도와 가장 짧은 거리를 얻기 위한 직선(直線)을 추구함으로써 겨루기에서 위험성을 배제할 수 없었다. 그런데 택견은 이와 정반대의 발상을 한 것이다. 즉 부드러운 부위로 단단하고 비교적 안전한 곳을 완충 동작으로 시간을 길게 하고 곡선(曲線)으로 먼 거리를 구하는 것이다.

이것이 택견의 경기를 자유롭게 발전시키는데 성공한 요체이다. 그래서 애기택견이나 결련택견 등의 경기가 활성화할 수 있었다. 싸움에서 경기로 전환하는 데는 단지 승부를 결정짓는 방법, 즉 넘어뜨리고 상투를 차게 되면 이긴다는 등의 약속만 있으면 되는 간단한 일이었을 것이다.

이와 같은 생각을 할 수 있다는 것은 몇 백 년 전의 무술가들로서는 도저히 생각할 수 없었을 것이다. 일본의 가라테만 하더라도 1920년에 후나고시가 약속대련 방식을 고안하였지만, 자유대련은 제2차 세계대전이 끝난 후부터 비로소 발전하기 시작하였다. 지금 현재에도 동서양을 막론하고 격투기가 택견만큼 자유스러운 경기로 발전한 것은 찾아보기가 어렵다. 동양무술은 아직도 위험성을 배제하지 못하여 경기가 불가능한 상태로 있는 것도 있고, 직접 상대의 몸을 부딪치지 않고 약간의 거리를 유지하고 기술만 보여주는, 마치 형의 연무와 같은 형태로 경기하는 경우도 있다. 그리고 이미 세계적인 스포츠로 발전된 유도는 찌르기와 차기, 꺾기 기술을 제외하고 있어서 무술로서는 무가치한 형태로 변해 버렸으며 태권도 역시 보호 장구를 착용하거나 잡아 넘기는 기술을 금한 경기가 되었다. 서양의 격투기도 권투는 솜을 두둑이 넣은 장갑을 끼고 때리기만으로 경기를 하고 레슬링도 특정한 기술로서만 승부를 가리고 있다. 특히 넘어뜨리는 종류의 경기는 지나치게 기술이 한정되어 있어서 결국 근력위주의 경기가 되어버리고 기술의 묘미를 즐길 수가 없게 되어버렸다.

따라서 택견을 스포츠와 경기의 입장에서만 본다면 신기할 정도로 방법이 뛰어나다. 그러나 이런 점이 무술의 경기화에 부정적 견해를 가진 무술가들의 시각으로 본다면 택견은 무술가로서의 가치가 평가절하 될 소지(素地)가 있다. 물론 애초부터 맨손무예가 전투를 위해 존재하지 않았다든가 다른 무술에 비하여 보다 오랜 경기의 역사를 지닌 것이라는 점을 들어 논쟁의 초점을 비껴버릴 수가 있을 것이다. 그러나 필자의 견해로서는 택견이 결코 싸움기술로서 평가절하 될 이유가 없으며 오히려 다른 무술보다 우세한 가치를 지니고 있는 것으로 판단하고 있다.

　이를 논증(論證)하는 것은 그리 어렵지 않다. 우선 택견의 수련은 겨루기 위주로 되어 있어 형 위주의 무술에 비하여 상대의 변화에 민감하게 반응하는 감각을 기르고 격투기와 유사한 체험을 많이 할 수 있다는 등의 이점에 대해서는 별다른 이의가 없을 것이다. 다만, 문제는 택견이 채택한 겨루기의 방법이 실제 격투에서 유용할 수 있느냐의 여부가 논점이 될 것이다. 우리는 흔히 무술의 고단자가 되면 힘의 강약을 자유자재로 조절하고 자신의 의도대로 상대를 제어할 수 있게 된다고 믿고 있다. 고단자라면 강하고 날카로운 기법을 부드럽게 순화시키고 상대의 급소 대신에 위험성이 적은 부분을 골라서 공격을 한다는 것은 어려운 일이 아니다. 이런 경우를 거꾸로 생각하면 택견의 숙련자가 급소를 찾아 공격하고 강력하고 날카로운 기법을 사용하는 것도 역시 쉬운 일이다.

　이용복은 택견을 소개하게 되면서부터 많은 사람으로부터 부드럽게 보이는 택견의 외모와 또 상대에게 위해를 주지 않게 배려하는 연습방법이 습관화될 때 과연 격투가 벌어졌을 때 강력한 무기로 전환이 될 수 있겠느냐는 질문을 받았다. 이 질문에 대해 여러 가지 예증을 들어 설명하고 실기를 해 보임으로써 상대를 수긍케 하였다. 이것에 대해서 한국인으로서 일본 가라테의 명인인 최영의(崔永宜:오오야마)의 이야기로 설명을 대신하였다.

어떤 유명한 발레리나가 무뢰한들에게 습격당했다. 그녀는 태어나서 한 번도 싸움이란 것을 해보지 않았고, 무술을 익힌 일도 없었으나 필사적으로 반항을 하다가 정신이 들어서 보았더니 무뢰한들은 그 자리에 모두 쓰러져 있었다고 한다. 어떻게 해서 상대를 쓰러뜨렸는지 기억하지 못하지만 무뢰한들 사이를 비켜가면서 발로 걷어찬 것을 기억하고 있다고 말했다. 최영의는 그가 5명의 상대를 이길 수 있었던 비결은 발레리나로서 그의 몸에 밴 리듬에 있었다고 설명하고 있다. 그리고 그 발레리나는 최씨의 지도로 보통 다른 사람의 네 배, 다섯 배의 숙달도를 보였다고 하였다(최영의, 1996).

무술영화를 본 사람이라면 무섭게 부릅뜬 눈과 야수와 같이 입과 코를 찡그리고 창자를 끊어내는 듯한 기합소리를 내지르며 온몸의 근육을 뻣뻣하게 부풀어 오르게 한 연기자의 모습을 보고 강력한 무술이라는 인상을 받은 경험이 있을 것이다. 그러나 무술을 모르는 사람에게는 그와 같은 모습이 위협적인 것이 될지 모르지만 제대로 무술을 알고 있는 사람에게는 오히려 허점을 드러내는 결과 외에는 아무런 효과가 없다. 격투에서나 연습에서 나를 막론하고 냉정한 심리 상태와 몸은 순발력이 최대한 가동될 수 있도록 해야만 승리할 수 있다. 따라서 택견의 겨루기 방법에서 공격력이 위험성을 배제하고 있다 하더라도 숙달만 되면 격투에서 아무런 문제가 될 수 없는 것이다. 오히려 손질과 발질의 다양한 기법을 종합적으로 연습할 수 있기 때문에 한정된 기술만 연습하는 무술에 비해서 기술을 더 많이 습득할 수 있고 상대의 몸을 직접 타격하지 않는 연습보다 더 실전적이라 할 수 있을 것이다. 백범일지에서 치하포에서 김구 선생이 칼을 든 일본군 장교를 맨손으로 살해한 것도 택견기술의 실전 위력을 입증하는 좋은 실례이다.

겨루기의 중요성을 역설하면서도 그동안의 책에서 충분한 설명을 할 수 없는 것은 첫째, 겨루기는 체험으로 스스로 터득해야 한다는 점과 둘째, 여기 수록된 기본동작을 비롯한 모든 기법의 설명이 오로지 겨루기를 과정적으로 설명하는 것이다. 셋째, 택견의 겨루기나 격투기를 충분히 설명할 수 있는 체험이 부족하기 때문이다. 체험부족은 그 동안 택견이 80여 년간 정체되어 있었으므로 겨루기의 기능을 가진 사람이 없었던 때문이다. 송덕기는 일찍이 견주기의 체험이 많았지만, 너무 오랜 공백 기간이 있었으므로 기억도 쇠퇴할 뿐만 아니라 특히 노쇠하여 실기를 재현하기가 어려웠다. 신한승의 경우에도 40대 중반에 택견을 익혔으므로 실전의 경험이 없었다. 그리고 지금은 치안질서가 안정되어 있어 자유당 말기의 소년시절에 태권도를 시험하던 것처럼 일부러 깡패들이 모이는 뒷골목을 찾아다닐 형편도 아니다. 택견을 수련하는 젊은이들은 이런 현실적 사정을 이해하고 자신의 체험으로 잃어버린 택견의 겨루기를 되찾아야 한다. 택견을 아끼는 사람들끼리 모여 박력 있는 겨루기를 연습하는 데 더욱 많은 노력을 기울여야 한다. 겨루기의 다양한 축적이 미래 택견의 표준이 된다는 사실을 염두에 두고 후배들에게 훌륭한 체험을 남길 수 있도록 해야 한다.

6. 겨루기 기술의 실제

택견의 핵심인 품밟기를 적용하는 방법과 실제 겨루기에서 많이
사용되는 기술을 공격연결기술과 되받기 기술로 구분하여 각 기술의
예로 정리하였다.

1) 품밟기의 적용

(1) 공격받은 발을 이용한 되받기

①   ②

① 상대가 회목치기로 공격해 오면, 축의 발이 굼실과 동시에 무릎을 곱꺾어 피한다.
② 피한 발로 내지르기 공격을 한다.
요령: 피한 발의 즉각적인 공격전환을 위해서는 몸의 중심을 뒷발에 두고 굼실에서 능청으로
　　　이어지는 동작으로 공격을 한다.

(2) 공격받은 반대 발을 이용한 되받기

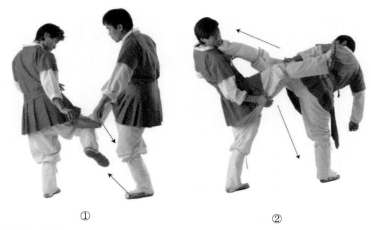

① ②

① 상대가 낚시걸이로 공격하면 발너울대기로 피한다.
② 피한 발을 뒤로 빼면서 발을 바꾸어 가로지르기로 공격한다.
요령: 몸의 중심을 재빨리 뒤로 보내면서 발너울대기 한다. 굼실과 능청을 통한 중심이동으로
      되받기를 한다.

2) 공격연결 기술

　다양한 공격을 연속적으로 실시하는 공격방법이다. 한 번의 공격
으로 상대로부터 승리하기는 쉽지 않다. 딴죽과 차기의 연속공격기술
은 승리의 중요한 요소가 된다.

❖ 공격연결기술 분류표

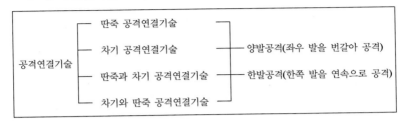

공격연결기술 ┬ 딴죽 공격연결기술 ┐
            ├ 차기 공격연결기술 ├─ 양발공격(좌우 발을 번갈아 공격)
            ├ 딴죽과 차기 공격연결기술 ┤
            └ 차기와 딴죽 공격연결기술 ┘ ─ 한발공격(한쪽 발을 연속으로 공격)

(1) 딴죽 공격연결기술

본 기술은 딴죽 공격 후 다양한 상대의 움직임에 따라 품(品)이 버티거나 뒤로 물러나는 상황에 따라 양발을 바꾸면서 공격하는 기술이다. 겨루기에서 많이 사용되는 대표적인 기술을 소개한다.

가. 양발을 이용한 딴죽 공격연결기술(회목치고 밭낚시걸이)

①   ②

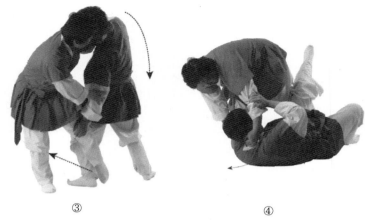

③　　　　　　　　　　　　④

① 겨루기 자세
② 오른손과 오른발로 발회목을 친다.
③ 상대가 피하거나 버티면 반대쪽 다리를 밭낚시걸이를 한다.
④ 걸어 넘긴다.
요령: 상대의 덜미를 당겨서 뒤로 버티는 힘을 역이용해서 낚시걸이를 건다.

나. 한발을 이용한 딴죽 공격연결기술(안짱걸고 앞회목치기)

①　　　　　　　　　　　　②

③　　　　　　　　　　　　④

① 겨루기 자세
② 오른발로 안짱걸이를 한다.
③ 왼발이 좌측으로 빠지면서 앞회목을 친다.
④ 걸어서 넘긴다.
요령: 왼발로 상대의 오른발 회목을 끌고 가듯이 회목을 친다.

(2) 차기의 공격연결기술

　택견은 발차기 위주로 구성되어 있다. 특히 경기에서 택견의 발질은 상대를 차서 넘어뜨리는 도괴력(倒壞力)을 위주로 한다. 공격 시 상대에게 강한 발모서리나 발뒤꿈치를 사용하지 않고 발장심이나 발등 같은 부드러운 부위로 상대를 다치지 않게 차서 넘어뜨리거나 얼굴을 차면이길 수 있는 승부방법으로 구성되어있다. 본 장에서는 택견의 기본발차기를 연속해서 두 번 공격하는 것을 소개한다. 단발로 상대를 차서 승부를 내기는 쉽지 않으므로 다양한 형태의 연속적인 공격을 연습할 필요가 있다.

가. 양발을 이용한 차기 공격연결기술(제겨차고 두름치기)

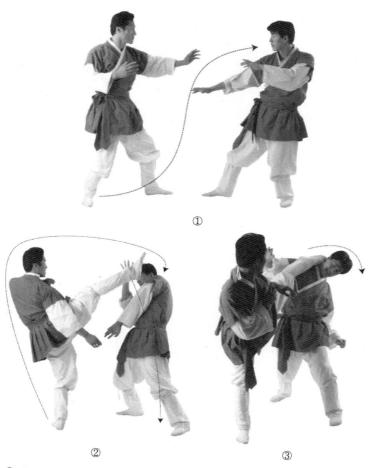

① 겨루기 자세
② 상대의 얼굴을 오른발로 제겨차기를 한다.
③ 두름치기로 상대의 얼굴을 찬다.
요령: 두름치기 공격 시 오른쪽 45도 앞으로 전진 하면서 찬다.

나. 한발을 이용한 차기 공격연결기술(발따귀 가로지르기)

① 겨루기 자세
② 오른발로 상대의 얼굴을 발따귀로 공격한다.
③ 찬 발의 다리를 곱꺾어 거두어들인다.
④ 재차 상대의 턱을 가로지르기로 공격한다.
요령: 공격 시 한발을 바닥에 내리지 않고 허리와 발의 회전을 이용해서 찬다.

(3) 딴죽과 차기의 공격연결 기술

택견 겨루기는 딴죽과 차기를 함께 사용할 수 있다. 이러한 기술은 상하의 공격을 자유자재로 사용할 수 있어 다양한 형태의 기술과 전술 및 전략을 만들어 낼 수 있다. 경기규칙은 딴죽공격 시 목덜미를 잡고 차면 크게 다칠 수 있어 반칙으로 정해져 있다. 즉 차는 순간 목덜미를 놓으면서 차야 한다.

겨루기는 딴죽과 차기의 허실을 서로 조화시켜 적용하고 상대의 공격을 역으로 되받기와 공격을 흘려보내는 방법을 사용할 수 있다. 또한 상대의 흐름을 허와 실의 움직임을 읽을 수 있어야 자기가 원하는 공격을 할 수 있다. 딴죽과 차기의 공격연결기술이 겨루기에서 선수의 기능을 향상 시켜줄 것이다.

가. 딴죽과 차기의 양발 공격연결기술(덧걸이 두름치기)

①

②   ③

① 덧걸이를 하면 상대가 버틴다.
② 비스듬히 왼발을 상대 옆으로 내딛는다.
③ 두름치기로 상대의 얼굴을 찬다.
요령: 두름치기는 상체를 상대 앞으로 숙이면서 찬다.

나. 딴죽과 차기의 한발 공격연결기술(밭장치고 두름치기)

①

② ③

① 겨루기 자세
② 왼발로 상대의 발회목을 밭장치기로 공격한다.
③ 반대편으로 상대의 얼굴을 두름치기로 찬다.
요령: 첫 번째 밭장치기를 허(虛)수로 찬다.

(4) 차기와 딴죽의 공격연결기술

차기와 딴죽이 동시에 이루어지는 형태는 전통적인 의술과 겨루기
전술의 비슷한 점을 찾아 볼 수 있다. 자기가 원하는 곳을 공격하기
위해서는 단발의 공격으로 상대를 이기기는 쉽지 않다. 얼굴을 공격
하기 위해서 하단공격으로 신경을 밑으로 가게하고, 하단을 공격하기
위해서는 상단을 공격하는 방법이 효과적이다.

택견은 백기신통비각술(百技神通飛脚術)이라 할 정도로 다양한 형
태의 발질을 사용한다. 상단과 하단, 하단과 상단, 전후좌우 등 원하
는 차기를 하기 위해서 발을 번갈아 차기도 하고 한발로 얼렁발질을
하기도 한다.

가. 차기와 딴죽의 양발 공격연결기술(내지르고 회목치기)

① 오른발로 상대의 복장을 내지르기로 공격한다.
② 반대쪽 상대의 발목을 회목치기 한다.
③ 걸어서 넘긴다.
요령: 내지르기 후 반대쪽에 상대의 발 밖으로 내딛어며 공격한다.

나. 차기와 딴죽의 한발 공격연결기술(발따귀 밭낚시걸이)

①

②   ③

① 오른발로 상대의 얼굴을 발따귀로 찬다.
② 찬 발로 상대의 오금을 밭낚시걸이 한다.
③ 걸어서 넘긴다.
요령: 상대가 얼굴을 방어하지 못하면 차기로 공격하고 방어가 되면 밭낚시걸이로 공격한다.

3) 되받기 기술

되받기 기술이란 상대의 공격을 역이용하여 차거나 걸어서 넘어뜨리는 기술이다. 즉 상대의 허점과 힘을 역이용하여 상대를 제압하는 기술이다. 택견 경기는 공격 기술도 중요하지만 이에 못지않게 되받기 기술도 매우 중요한 기술이다. 통계적으로 보면 공격 기술의 빈도수는 높게 나타나지만 승패에 대한 성공률이 매우 낮게 나타난다. 이러한 관점에서 가능한 선수들에게 넓은 범위의 되받기 기술을 훈련시켜야 한다.

되받기의 기회는 먼저 속임 동작이나 품밟기를 이용한 연결기술이 효과적이며, 상대 선수가 공격을 하도록 유도하거나 상대가 공격을 하는 순간, 공격이 끝나는 순간 등 경기상황에 따라 예측하고 관찰 또는 판단하여 어떤 기술이 반격에 적합한가를 결정한다. 또한 되받기 기술 중 상대선수의 체격, 체력 조건에 따라 되받기의 형태는 달라진다. 지도자는 선수 개개인의 좋은 특성을 발견하고 그 특성에 맞는 적합하고 효율적인 되받기 기술을 훈련시켜야 한다. 되받기 기술에는 손질, 딴죽, 차기 등으로, 공격하는 방법에 따라 한발 되받기 또는 두발 되받기 또는 공격 상황에 따라 공격하는 발 되받기, 축의 발 되받기 등으로 나누어진다.

상대방의 되받기 기술을 다시 되받기 하는 기술은 본 서(書)에서는 생략을 하고 다음 기회에 수록하고자 한다.

❖ 되받기 기술 분류표

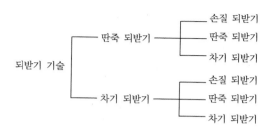

(1) 딴죽 되받기

딴죽 되받기는 상대의 딴죽을 딴죽-손, 딴죽-딴죽, 딴죽-차기로 되받는 기술이다.

손으로 되받기는 손으로 상대의 목이나, 몸통과 오금 이상부위의 다리를 치거나 잡아채면서 넘어뜨리는 기술이다. 특히 상대의 기술과 움직임의 허점을 이용하여 정면, 측면, 회전력 등을 이용한 공격으로 되받기를 한다. 이때 상대의 힘을 역이용하고 어깨와 몸의 중심과 발의 움직임으로 되받기를 한다. 되받기의 손기술은 허리 아래부위를 위로 끌어올리면 반칙이 되므로 아래 손은 고정시키고 위의 손에 체중을 실어 되받기 한다.

딴죽 되받기는 상대의 공격 타이밍에 따라 되받기의 기술도 다양하게 구분될 수 있다.

가. 손으로 되받기(회목치기-양손긁기)

①   ②

① 회목을 치면 양손긁기를 한다.
② 걸어서 넘긴다.
요령: 상대가 회목치기로 공격하면 앞으로 넘어지는 힘을 역이용하여 되받는다.

나. 딴죽으로 되받기(안짱걸이-밭장치고 오금밟기)

①

②   ③

① 안짱걸이로 공격을 한다.
② 공격하는 발을 피하면서 발장치기로 되받아 돌린다.
③ 균형을 잃은 상대의 오금을 밟아 넘긴다.
요령: 상대가 안짱걸이를 하는 순간에 발장치기로 되받는다.

다. 차기로 되받기(회목치기-내지르기)

①   ②

① 상대가 회목치기로 공격한다.
② 공격당한 발로 상대의 복장을 내지르기로 되받아 찬다.
요령: 공격당하는 순간 발을 뒤로 뺏다가 즉시 허리의 회전으로 되받기 한다.

(2) 차기 되받기

겨루기에서 차기 되받기는 팔과 손, 딴죽, 차기로 되받기를 한다. 되받기는 타이밍에 따라 공격을 하는 순간, 공격 후 되돌아가는 순간에 상대의 허점과 타이밍을 이용해서 되받기 하는 승리를 위한 기술이다.

가. 손으로 되받기(내지르기-회목잽이 칼잽이)

① ②

① 내지르기로 공격하면 회목잽이를 한다.
② 오른발이 앞으로 나가면서 칼잽이로 넘긴다.
요령: 내지르는 발을 뒤로 당겨서 상대가 앞으로 당겨가지 않으려고 뒤로 버티는 힘을 역이
　　용하고 상대의 발목을 옆으로 틀어서 중심을 흔들면서 공격한다.

나. 딴죽으로 되받기(두름치기-안짱걸이)

①
②
③
<반대쪽 사진>

① 겨루기 준비자세
② 회목치기를 피하면서 두름치기로 되받기 한다.
③ 두름치기 하는 순간 오금차기나 안짱걸이로 걸어서 넘긴다.
요령: 오금차기 시 상대를 앞으로 끌어당긴다.

다. 차기로 되받기(발따귀-는지르기)

①

① 상대가 발따귀로 공격을 하면 앞쪽 발로 상대의 느진배를 는지르기로 공격한다.
요령: 뱃심으로 상대의 느진배를 위에서 아래로 밟아 내리듯이 찬다.

참고문헌

김영만(2009). 『택견 겨루기 論』. 서울: 레인보우북스.

김영만(2009). 『택견 겨루기의 이론과 실제』. 서울: 레인보우북스.

김영만(2010). 『택견 겨루기 總書』. 서울: 상아기획.

김영만·심성섭(2011). 「태권도 경기화 과정을 통해본 택견 경기의 재조명」.
    한국체육과학회지, 제20권 제1호, 139 – 149.

이용복(1995). 『택견연구』. 서울: 학민사.

최영의(1996). 『실전 공수도 교범』. 서울: 서림문화사.

제3장 기합과 호흡의 원리

1. 기합(氣合)

택견의 기합은 독특한 발성으로 이루어져 있다. 기합이란 기를 모으는 소리로 정신집중과 기세와 투지를 불러내기 위해 내지르는 소리이다. 즉 기운과 기력을 만들어내는 행위이다. 그리고 기합은 상대를 공격하기 직전, 공격 시, 방어 시에 정신과 힘을 육체로 표현하기 위하여 내지르는 소리이다.

기합에 대한 이러한 인식은 무예에서 의도적으로 하는 기합을 두고 해석한 것으로 볼 수 있다. 보통 우리가 대하는 무예의 기합 소리는 '얏, 에잇, 이얏, 챠, 어라차……' 등인 데 비하여 택견의 기합은 '익크, 에이크(혹은 엑크)' 등으로 발성한다. 국어사전에서는 에끄, 에끄나, 에끼 등의 감탄사를 뜻밖의 일에 놀랐을 때 내는 소리라고 풀이하고 있는데 익크, 에이크는 에끄, 에끄나 에끼보다 더욱 센말로서 그만큼 정신적, 육체적 긴장의 강도가 높은 상태에서 나오는 발성이다.

익크, 에이크 등의 기합은 우리 몸이 외부의 자극으로부터 위기를 감지하였을 때 생명방어본능에서 나타나는 무의식적인 발성이다. 놀랐을 때 온몸의 세포가 곤두서듯이 긴장하면서 '익' 하고 숨이 즉각

끊어진다. 그리고 그 위기가 지나가고 긴장이 이완되면서 막혔던 숨을 '흐-' 하고 내뱉게 되는데 '익'과 '흐-'가 마찰음으로 연결되어 발성되는 것이 '익크'인 것이다. 익크에 비하여 '에이크'는 그 긴장 상태가 현저히 완화된 느낌을 주는데 이 기합 발성은 다른 무술의 기합처럼 인위성이 내재되어 있다. 이처럼 택견에는 자연 현상으로서의 기합과 다소 인위성이 가미된 기합이 혼합되어 있다.

수련의 정도가 깊어지면 동작과 기합은 저절로 일치되어 나타난다. 그러나 초보자들로서는 더욱 효율적으로 기합과 동작을 일치시키는 훈련으로 기합 소리를 크게 내는 연습과 동작마다 기합을 넣는 연습을 일부러 하는 것이 좋다. 그리고 기합은 호흡과도 밀접한 관련이 있는 만큼 무술 수련에서 대단히 중요한 분야이다.

2. 택견의 기합에 내재된 의미[45)

동양무예는 신체의 활동력을 가장 효율적으로 사용하는 방법으로서 호흡법이 고도로 발달해 있다. 무예로 잘 연마된 신체는 짧은 시간에 많은 양의 신진대사가 이루어질 수 있는 강한 호흡을 하게 되는데 강하고 짧은 호흡은 때때로 '쉭, 쉭' 하는 유성 파열음으로 나타나기도 하고 기합 소리가 되기도 한다.

기합은 소리를 내며 공기를 격심하게 발산하는 것으로 본질적으로는 외침이다. 사전적으로는 '호흡이 맞음'이라고 표현하고 있는데 이는 자신의 기운, 능력을 한 곳으로 집중한다는 의미이다. 즉 기합은

---

45) 본 내용은 김영만(숭실대학교)·김창우(용인대학교)·이광호(연세대학교)의 대한무도학회지, 제13권 1호, 41-57에 게재된 논문임.

에너지를 한 곳으로 통합하는 역할을 하며, 정신을 흩트리지 않고 한 곳에 모아 어떠한 목적수행을 위한 집중력을 드러내는 방편이기도 하다(임일혁, 2008: 147).

우선 태권도에 나타나는 기합의 의미를 살펴보면 태권도에서 기합은 품새에서는 필수적이나 시범 시 행동으로 보이는 기합 넣기가 있고 격파 시에는 필수적 요인으로 작용한다. 품새의 경우 기합은 리듬을 절정에 이르게 하는 요인이며, 격파 시에는 힘의 집중과 파괴력을 높이기 위한 수단이다(임일혁, 2008: 149-150).

그러나 택견의 기합은 태권도와 다소 목적이 다르다. 동작은 모두 동적 단전호흡법과 일치하고 있어서 작위적으로 호흡을 훈련하지 않더라도 자연스럽게 호흡이 연마되고 있다. 특히 품밟기 가운데 삼박자의 '익크', '엑크' 기합을 넣으면서 반복 숙달을 하는 것은 기합이 적시에 자연스럽게 발성되도록 하고자 함이다.

기합은 그 크기나 정도가 가장 적절해야만 효과가 큰 법이다(이용복, 1997 : 139-143). 택견의 기합은 여타 무예보다 중요한 두 가지 다른 특징을 지니고 있는데, 하나는 장단과 추임새로 표현되는 부분이고 다른 하나는 큰 소리로 상대의 주의를 환기 시키는 신호와 구령의 기능을 대신하는 부분이다.

이 두 부분은 현재 택견의 모습에서 역으로 거슬러 올라가 형성과정이나 배경을 유추할 수 있는데, 하나는 수박에서 수박희 과정을 거쳐 택견으로 분화, 발전에서 생겨난 경기화, 유희화의 산물이라는 점과 다른 하나는 특히 장단과 추임새로 끊임없이 반복되는 삼박자의 기합이 자율신경을 반복적으로 각성시켜 동작의 효율을 극대화하려는 의도가 내포되어 있다는 점이다. 이러한 반복적인 택견의 기합은 숙련될수록 자율신경과 수반되는 몸짓이 빠르게 반응하고 효율성이 높아진다.

특히 자율신경이 심신의 상태와 매우 긴밀하고 유기적인 관계에 있다는 사실은 무예연마를 통해 심신단련을 추구하던 선조가 몸을 단련하면 자연 마음도 닦인다는 막연한 논리가 아닌 기합을 통해 실제 마음에 영향을 끼쳤으며, 그 사실은 현대에 와서 과학적으로 입증되고 있다.

이러한 기합에 대한 실험적 연구들이 다양하게 이루어져 왔고, 실제 그 효과가 과학적으로 검증됐다. 여기서는 이러한 실험적 연구 결과와 기존의 여타 관련 연구 자료를 통해 택견의 독특한 기합의 의미에 대해 조명해보고자 한다.

따라서 한국 신체문화의 특징을 연구하는 중요한 의미가 있으며, 또한 택견의 기합에 내재한 의미를 살펴보고자 한다.

1) 기합과 관련된 실험적 선행연구

체육이나 스포츠에서 신체적 활동은 주로 대근활동을 통해서 이루어지게 되는데 인간의 행동은 단순히 육체의 움직임이 아니라 내적인 동인(動因)과 외적인 유인(誘因)의 역동적인 관계에 의해 일어난다.

근의 수축에 의해 근력이 발현되는 신체운동은 일상생활에 활용되는 1차 예비근력 20~70%, sport나 training에서 발휘하는 2차 예비근력 70~90%, 긴급 시 의지의 control을 초과하여 생리적 극한의 능력을 나타내는 3차 예비근력의 3단계로 분류되는데, 이상철(1992: 385)은 제3차 예비근력의 능력발휘는 많은 요인이 있는 것으로 밝힌 바

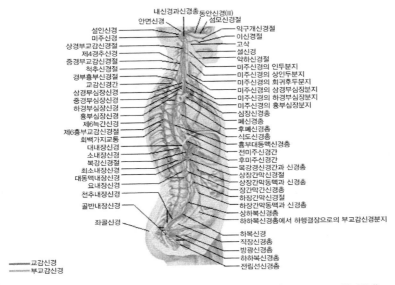

자율신경계

내신경과신경총 동안신경(Ⅲ)
안면신경 섬모신경절
설인신경 익구개신경절
미주신경 이신경절
상경부교감신경절 고삭
제4경추신경 설신경
중경부교감신경절 악하신경절
척추신경절 미주신경의 인두분지
경부흉부신경절 미주신경의 상인두분지
교감신경간 미주신경의 회귀후두분지
상경부심장신경 미주신경의 상경부심장분지
중경부심장신경 미주신경의 하경부심장분지
하경부심장신경 미주신경의 흉부심장분지
흉부심장신경 심장신경총
제6늑간신경 폐신경총
제6흉부교감신경절 후폐신경총
회백가지교통 식도신경총
대내장신경 흉부대동맥신경총
소내장신경 전미주신경간
복강신경절 후미주신경간
최소내장신경 복강신경간과 신경총
대동맥내장신경 상장간막신경절
요내장신경 상장간막동맥과 신경총
천추내장신경 장간막간신경총
하장간막신경절
골반내장신경 하장간막동맥과 신경총
상하복신경총
좌골신경 하하복신경총에서 하행결장으로의 부교감신경분지
하복신경
직장신경총
방광신경총
하하복신경총
전립선신경총

━━━ 교감신경
━━━ 부교감신경

출처: 옥과 건강원, cafe.daum.net/kimSBallery

자율신경계

있어 여러 학자에 의해 다양한 연구와 시도가 진행되고 있다.

여기에는 주로 심리적인 면과 생리적인 면이 동시에 유기적인 관계로서 인체에 심리적 자극을 가하면 생리적인 조절 기능에도 영향을 미치는 것으로 알려졌으며 물리적 기초 아래에 최대근력을 발휘할 수 있는 고정된 최대의 한계치를 생리적 한계라 할 때 실제로 발휘할 수 있는 근력은 심리적 상태와 환경적 요인에 의해 항상 변동된다(최창국·권영진, 1983: 161). 이러한 심리적 혹은 환경적 요소로서 기(氣)와 관련되어 설명하려는 시도가 있으나 구체적인 메커니즘의 제시에 한계가 있다.

기합으로 발휘되는 능력은 심리적 한계의 제약을 받고 있으며, 이한계를 높이는 방법으로 Ikai Michio & Steinhaus(1961)는 "근 변화의 심리적인 요인으로 기합, 동기, 암시, 최면, 약물 등에 의해서 변동된다"라고 주장하고 있다. 특히 '자발적 기합'을 이용한 수의적 최대 근력은 12%, 최대파워는 14.6% 증가한다고 보고한 바 있으며, 이종호, 이창섭(1983: 97－107)은 동기부여에서 내적인 이유가 외적인 이유보다 더 오랫동안 효과를 발휘한다고 보고하고 있다.

최면과 관련해서 김한강(1965: 25－30)은 인간이 수의적(隨意的) 행동을 할 때 자신에게 암시를 주어서 심신합일이 되게끔 가벼운 자기최면을 유도해서 상황에 적절한 힘을 발휘한다고 주장하고 있다. 또한 최창국(1974: 27－32)은 자기최면 혹은 타인최면으로 잠재의식을 가동케 하는 자율신경의 자극으로 평상시보다 감각을 예민케 함으로써 반응시간을 단축할 수 있음을 강조했다.

한편, 훈련을 통한 근력의 증대는 근섬유 크기의 비대에 의한 증가와 신경효율성의 변화에 의한 증가인데 기합으로 일시적인 근섬유 크기의 변화는 기대할 수 없으므로 신경효율성의 변화에 의해 근력 증대가 일어난다. 기합을 넣으면 우리 몸은 흥분상태가 되며 운동뉴런 역시 흥분하게 되어 신경 신호가 더 빨리 그리고 더 많이 각 근육에 전달되어 더 큰 힘을 내게 되는 것이다. 같은 양의 전기 자극으로 신경을 자극하였을 때 동일한 양의 운동 뉴런이 동원되어야 하지만 기합을 사용하였을 때 더 많은 운동뉴런이 동원되고 운동 신경 효율성에 긍정적인 영향을 미쳐 근력의 최대 등척성 수축력이 증가 한다(강경환·윤준구, 2001: 85－93; 정익수 외 4인, 2009: 655－661).

강경환·윤준구(2001: 90)는 3년 이상의 무도수련자들이 기합을 사용하였을 때 근력이 15.14%, 초심자들은 14.31% 증가함으로 숙련자와 비숙련자 사이에서도 기합이 주는 효과에 다소 차이가 있음을 제시하였다.

이러한 실험은 태권도의 단련자와 비단련자 간에도 이루어졌는데, 기합의 영향으로 태권도 단련자가 비단련자에 비해 외부로부터의 무작위 자극(정보)을 빨리 입력함과 동시에 재빨리 출력시키는 시스템이 탁월하여 단위 시간당 근력 발현 증가가 이루어져 기합도 숙련에 의해 빠르게 반응하고 효율성이 높아지는 것을 알 수 있다(박길화, 1999: 28).

즉 이 부분은 장단과 추임새로 특히 품밟기 과정에서 끊임없이 이어지는 택견의 독특한 기합의 의미를 되돌아보게 한다. 품밟기 가운데 택견의 기본기를 익히며 가쁜 숨을 몰아가면서도 삼박자의 기합을 넣는 과정은 단순히 심폐기능 강화 과정을 넘어선 선조의 안배가 이 반복되는 택견의 독특한 기합 속에 숨어 있는 것이다.

최창국·권영진(1983: 165)은 평상시와 기합 시(기합즉시, 6초 후)의 비근력(比筋力)을 측정하였는데, 신경의 대소에 따른 전달속도로 인해 근의 수축기가 달라 기합 즉시의 경우는 평상시보다는 증가하였으나 기합 6초 후 보다는 낮았으며 기합 6초 후에는 신경의 자극이 충분히 전달되어 근의 동시수축이 이루어져 강축현상으로 큰 장력이 발생하였고 또한 부지불식간에 자율신경이 가동, 전신의 힘이 한곳으로 집중적으로 발휘되어 기합 즉시에 비해서 약 4~5배의 증가율을 보였다고 하였다.

그러나 기합 후 10초 후에도 현저히 근력이 증가한다는 보고(김상근, 1986: 21)가 있으므로 단순히 결과물만으로 판단할 때 숙련도에 따른 차이를 배제하면 대략 기합 후 6~10초 범위에서 근력이 효과적으로 증강되며 숙련도에 따라 이러한 시간도 앞당길 수 있다는 가능성을 내포한다.

근육의 수축에 의하여 발생하는 장력(張力)의 총합을 근력이라 하는데, Steinhaus와 Ikai의 실험연구에 의하면 근 수축력은 근 수축 시에 자기 스스로 지르는 큰 소리에 영향을 받으며 또 계속되는 근작업에서 피로가 나타나기 시작할 때에 자발적인 높은음과 함께 근력을 발휘하면 현저하게 능력의 높은 회복을 볼 수 있다(이종호・이창섭, 1983: 100)고 하였다.

특히, 이승일(2006: 14)은 무의식적 기합과 자발적 기합의 두 가지 기합방식이 대뇌피질을 억제하여 대뇌피질의 흥분수준을 높여줌으로써 수련자의 심리적 한계와 생리적 한계를 뛰어넘을 수 있다고 하였다.

기합으로 표현되지는 않으나 유사한 호흡과 발성이 유용하게 쓰이는 전투기 조종사들의 훈련 가운데 L-1이라는 호흡발성법은 기합의 유용함을 단적으로 보여주는 것으로 무예나 스포츠 분야가 아닌 극한의 위기상황에서 쓰인다. 전투기 조종사는 급하강, 급상승 시에 한 방향으로 높은 중력가속도가 걸리면서 피가 쏠리게 되고 정신을 잃을 확률이 높다. 이를 방지하기 위해서 사용하는 L-1이라는 호흡발성법은 아랫배에 힘을 꽉 주고 호흡은 3초 간격으로 쉰다. 호흡은 짧고 간결하게 하고, 호흡 시 '헙', '흑' 등 소리를 내어서 성문을 닫아주며 호흡한다(인연의 열쇠: http://nnjjhf.tistory.com/4, 2010.9.10). 미세한 차이는 있지만, 무예에서 사용하는 기합과 크게 다를 바 없다.

기합과 관련된 연구논문들에는 큰소리도 자율신경을 자극하는데 매우 유용한 것으로 보고되고 있다. 그 예로서 씨름이나 줄다리기 등에서 넣는 으라차! 혹은 여엉차! 혹은 기타 함성과 같은 것이 자율신경을 자극하는 데 매우 유용한 것이다. 여러 실험적 결과에 대한 연구들은 많았지만, 그동안 그 이유는 명료하게 밝혀지지 않았다.

앞서 언급한 Steinhaus와 Ikai의 실험연구 결과처럼 유선숙(2003: 40)은 음악 감상과 노래 따라 부르기가 자율신경계 반응에 어떠한 영향을 미치는지에 대한 연구 결과, 노래 따라 부르기를 한 피험자들의 점수가 음악 감상활동을 한 피험자들에 비해 통계적으로 유의하게 높은 것으로 보고하고 있으며, 특히 LF/HF ratio(LF/HF 간의 비율을 의미하는데 이는 교감신경과 부교감신경 전체적인 균형정도를 말함)가 통계적으로 더 큰 차이를 보여 발성이 이루어지는 노래 따라 부르기가 기합이나 큰소리와 같이 자율신경계에 더 현저한 영향을 주는 결과를 보여주었다.

통증환자들의 신경·생리학적 측면을 분석하기 위한 자율신경검사와 관련된 이다연·이주영(2010: 79−80)의 연구에서도 자율신경계 변화에 대한 음악의 효과를 알아본 결과는 휴식, 음악 감상, 음악 활동 가운데 음악 감상과 결합한 발성 음악 활동이 SDNN(The standard deviation of the NN interval)이란 전체 NN 간격의 표준편차를 의미하며, 기록시간 동안에 심박동의 변화가 얼마나 되는지를 가늠할 수 있는 지표)이다. 스트레스 저항도, 스트레스 지수에서 유의한 효과가 있으며 통증환자들의 신경·생리학적 측면을 분석하기 위한 자율신경검사에서도 음악 감상보다는 음악 감상과 결합한 발성 음악 활동이 더 효과적으로 나타났다.

공통으로 이러한 기합이나 발성과 관련되어 자율신경을 자극하고 각성시키는 가장 유력한 가설 중의 하나로 목 주변에 가장 많이 발달한 자율신경의 분포에 주목할 수 있다. 큰소리를 통한 성대의 진동이나 그 여파로 인한 공명이 이 자율신경들을 적극적으로 자극하고 있는 것이다.

발성이란 폐장 속의 공기가 밖으로 호출될 때 성대에 있는 두 장의 리이드가 진동함으로써 발생하는 모든 공명음을 총칭하는데(문영일, 1984: 15-16) 이러한 진동이 목 주변의 자율신경인 교감신경과 부교감신경을 지속적으로 자극하여 각성시키기 때문이다.

김균형(2006: 414)은 호흡에 대해 다음과 같이 설명하고 있다.

> 호흡이 모든 발성의 바탕이 되어야 한다. 소리란 일종의 반동 원리를 이용해서 조절하는 것으로 대사를 말하거나 혹은 노래를 부를 때 지속적으로 뱃심이 소리를 받치고 있어야 하며 단전이 분명한 소리를 내기 위한 견고한 받침대가 되어야 한다. 이는 특히 횡경막에 대한 강조를 의미하는 것으로 숨을 들이쉰 상태에서 횡경막은 가슴의 모든 긴장을 배 아래로 내려 보낼 수 있어야 하며 가슴은 완전히 비어 공명통으로 충분히 울려 횡격막에 부딪쳐 밖으로 나가는 것으로 횡경막이란 극장의 음향 반사판에 간주한다.

단전이 분명한 소리를 내기 위한 견고한 받침대가 되어야 한다는 표현은 단전호흡을 의미하며 가슴이 완전히 비어 공명통으로 충분히 울린다는 것은 이러한 소리가 성대에 있는 두 장의 리이드가 진동과 더불어 공명이 좁은 목 전체를 통해 일어나면서 자극한다는 말이다. 그리고 가슴이 효과적인 공명통의 역할을 하기 위해서는 의도적으로 가슴을 펴주어야 한다. 이 의도적으로 가슴을 펴는 행위는 횡격막이 원활하게 아래로 내려갈 수 있도록 도와주므로 격렬한 운동이나 다량의 호흡이 요구되는 성악 등의 발성에 필수적이다.

　폐에는 근육이 없으므로 폐를 부풀리는 것은 늑간근이라는 가슴 근육과 횡격막이라는 흉강과 복강 사이의 막이다. 숨을 마시면 외늑간근이 수축하면서 늑골을 위쪽으로 올리고 횡격막이 아래로 내려가 흉곽이 확장된다. 숨을 뱉을 때는 반대로 내늑간근의 수축(외늑간근의 이완)과 횡격막이 올라가 흉곽이 수축한다. 가슴의 효과적인 공명통 역할은 반복되는 기합이나 오랜 시간의 성악 발성에 있어서 성대의 리이드에 가해지는 지속적인 자극에도 부담을 줄여준다.

　이러한 목 주변에 분포되며 기합을 포함하는 큰소리나 성악의 발성에 의해 영향을 받는 자율신경으로는 첫째 교감신경으로 목 부위 울대 제일 튀어나온 부위(속칭 아담의 사과)에서 수직으로 내려가서 근육(흉쇄유양돌기근 또는 흉쇄유돌근으로 명명됨)과 만나는 부위의 움푹한 곳에 교감신경인 경신경절이 있으며 그리고 목 앞에서 내려오는 근육(흉쇄유돌근)과 흉쇄골을 만나는 부위 안쪽(천돌 양옆 부위) 밑 바깥쪽의 움푹한 부위에 경교감신경절이 있다(조화선국, 2010. 9.10).

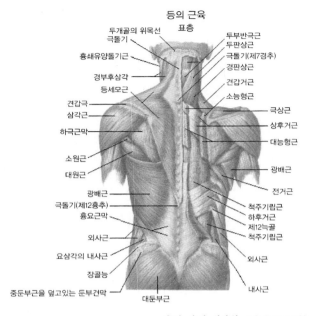

등의 근육
표층

두개골의 위목선
극돌기
흉쇄유양돌기근
경부후삼각
등세모근
견갑극
삼각근
하극근막
소원근
대원근
광배근
극돌기(제12흉추)
흉요근막
외사근
요삼각의 내사근
장골능
중둔부근을 덮고있는 둔부건막

두부반극근
두판상근
극돌기(제7경추)
경판상근
견갑거근
소능형근
극상근
상후거근
대능형근
광배근
전거근
척주기립근
하후거근
제12늑골
척주기립근
외사근
내사근

대둔부근

출처: 옥과 건강원, cafe.daum.net/kimSBallery

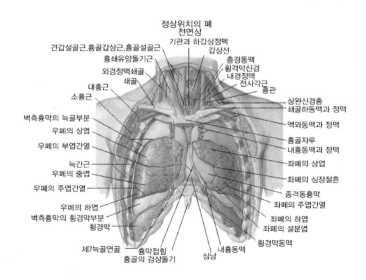

정상위치의 폐
전면상
기관과 하갑상정맥
갑상선

견갑설골근,흉골갑상근,흉골설골근
흉쇄유양돌기근
외경정맥쇄골
대흉근
소흉근
벽측흉막의 늑골부분
우폐의 상엽
우폐의 부엽간열
늑간근
우폐의 중엽
우폐의 주엽간열
우폐의 하엽
벽측흉막의 횡경막부분
횡경막
제7늑골연골
흉골의 검상돌기

총경동맥
횡격막신경
내경정맥
전사각근
흉관
상완신경총
쇄골하동맥과 정맥
액와동맥과 정맥
흉골자루
내흉동맥과 정맥
좌폐의 상엽
좌폐의 심장절흔
종격동흉막
좌폐의 주엽간열
좌폐의 하엽
좌폐의 설분엽
횡경막동맥

흉막접힘
심낭
내흉동맥
쇄골

그리고 목 뒤쪽의 경추신경은 척수관을 통해 이어져 있으며, 각 마디 사이에서 양쪽으로 분지되어 있다. 부교감신경으로는 목 부위의 부교감신경중의 하나인 미주신경은 앞쪽에서 보았을 때 목 좌우에 있는 총경동맥 바로 뒤(총경동맥과 흉쇄유돌근 사이)에서 목을 따라 내려가는 부분에 자리 잡고 있다.

　　한편, 박정선(2000: 14-16)은 인간의 성대조직 내 자율신경계의 지배에 대해 혈관 주위 및 분비선에 직접적으로 분포하여 그 작용을 나타낸다고 하였다. 이러한 자율신경의 각성이나 활성화에는 운동, 직접적인 다양한 자극, 혹은 근막경선(Myofascial Meridian)이나 한의학적 경혈반응점 등의 간접자극을 통한 여러 실험적 연구들의 이론적 배경이나 연구결과들이 보고되고 있다.

머리와 목 근육(앞면)
HEAD AND NECK MUSCLES

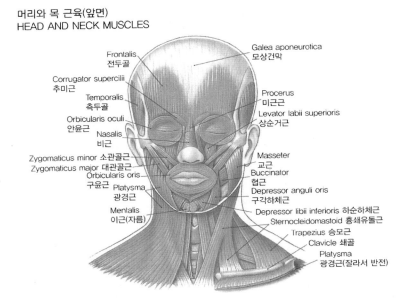

근막경선은 인체 근육의 구성단위인 수많은 근섬유 가닥들을 포장지와 같이 각각 싸고 있는 근막(筋膜, myofascial)들은 혈관계, 신경계와 같이 인체에서 전신적(유기적)인 연결(link, network)경로(주행경로)인 근막경선을 따라서 인체 근막계를 형성하게 되는데, 이 근막계는 전신으로 퍼져 나가서 인체의 모든 조직을 얽어매고, 결합시켜주고, 지지해주는 역할을 한다. 이러한 근막경선은 역학적인 힘(장력, 긴장)의 전달경로가 되어 근막 긴장선(myofascial tensional line)을 형성하여 퍼져 나가서 전신에 걸쳐서 근골격계 통증 질환을 일으키기도 한다.

홍양자(2007: 3)는 근육의 근긴장섬유가 뇌의 시상하부와 이어져 있으며 자극을 받으면 시상하부의 분비를 활성화하면서 자율신경의 교감신경과 부교감의 밸런스를 가져온다고 하여 정동중추를 활성화시키는 운동들은 자율신경의 실조증을 예방하고 감소시키는 데 도움을 준다고 하였으며, 심정묘(2006: 2−5)는 손을 이용한 경부림프절의 직접적인 자극에서 MLD(Manual Lymphatic Drainage), MLD는 Dr, Vodder에 의해서 만들어진 손을 이용한 림프의 배출을 촉진시키는 방법이며 전 세계 의학, 미용 분야에서 공식적으로 널리 사용되고 있는 용어이다)가 신체에 미치는 영향은 상당히 다양하게 보고하고 있는데 피부 관리 시 적용하는 특히 경부림프절을 포함하는 MLD는 스트레스에 의해 항진되는 교감신경계에 진정효과(Calming Effect)를 일으키는 것으로 보고하고 있다.

목 주변에는 자율신경이 가장 많이 분포되어 있는데 여타 무예와는 달리 지속적이고 반복적인 독특한 택견의 기합발성을 통한 성대의 진동이나 그 여파로 인한 공명이 목 주변의 자율신경인 교감신경과 부교감신경을 적극적으로 지속적으로 자극하여 각성시키고 있는 것이다. 이러한 형태의 기합은 기혈순환에 도움을 줄 뿐 아니라 숙련에 의해 자율신경의 각성에 수반되는 몸짓이 빠르게 반응하고 효율성이 높아진다. 그리고 횡격막을 최대로 활용해서 이루어지는 택견의 역동적인 호흡은 호흡력을 키우고 심폐기능을 강화시킨다.

최광석(2006: 2)은 보통 사람들이 흉식 호흡에 익숙해져 있어서 숨을 쉴 때 가슴이 나오면서 배가 안으로 들어가게 되며 가슴으로 숨을 쉴 때 횡격막의 상하운동 폭은 약 2cm가 되는데, 이때의 공기유통량이 약 0.5리터 정도이고 복식호흡을 해서 배로 숨을 쉬게 되면 횡격막의 상하운동 폭이 6~8cm로 늘어나게 되며 횡격막이 1cm 늘어나면 약 0.25리터의 공기가 더 흡입된다고 하였다. 따라서 호흡이 불량하더라도 복식호흡을 하게 되면 평상시의 3~4배 많은 1.5~2리터의 공기를 마시게 되므로 몸 구석구석에 필요한 산소를 충분히 공급할 수 있게 된다고 하였다.

더불어 끊임없이 이어지는 택견의 기합은 자연스러운 기합발성을 통해 성대구조를 강화시키는 기능이 있는데, 이러한 기능들은 특히 성악에서의 호흡과 발성연습에 매우 효과적임에도 그리 알려지지 않았다.

이상의 논리를 통해 유추한다면 반복되는 택견의 기합, 혹은 지속적인 큰소리, 그리고 성악 등을 통해 목 주변의 자율신경을 각성시키는 다양한 소리요법은 자율신경 실조증(autonomic dysfunction)에 유용한 효과가 있을 것이라는 가설을 생각해 볼 수 있다. 그리고 좀 더 사고를 확장한다면 놀랐을 때나, 충격을 받았을 때에 지르는 비명도 돌발하는 상황에 성대주변의 자율신경을 각성시켜 적응하기 위한 자연스러운 반응이라고도 할 수 있다.

택견의 기합발성이 성대주변의 자율신경을 각성시켜주는 단적인 예로 수련 이후에 마치 우리가 흥겹게 놀고 난 뒤 체증이 뻥 뚫리며 정신적인 쇄락(灑落, 상쾌하고 시원)해지는 것을 들 수 있는데, 근래에 흔히 볼 수 있는 사례로 자신이 좋아하는 운동경기의 연고팀을 목청을 높여 열렬히 응원함으로써 얻어지는 효과와 동일하다고 할 수 있다.

부가적으로 많은 운동이 자율신경 실조증에 효과가 있는 것으로 알려졌는데 인체에서 소위 꼬리뼈라고 부르는 천추에 분포되는 부교감신경은 척추관을 통해 이어져 있으며, 각 마디 사이에서 양쪽으로 분지하고 있어서 특히 골반을 많이 쓰는 택견의 품밟기는 이들 부교감신경을 적극적으로 자극함으로써 여타 운동보다 현저히 자율신경의 각성에 효과가 있을 것으로 기대된다.

2) 다양한 무예에 수반되는 기합

기합발성은 동양무예 수련의 중요한 일부이다. 단음절에서 두 음절 이상으로 표현되며 '이얍!', '으라차!', '얍!', '엿!', 등을 들 수 있는데, 용도로 분류하면 하나는 기세를 드러내어 상대를 제압하자는 의미가 있으며, 다른 하나는 말 그대로 기를 모아 가장 효율적이고 강한 공격으로 상대를 무력화시키자는 의미이다.

때로는 이 기합이 방어적인 의미로 사용되거나 택견에서는 추임새 역할을 하는 때도 있으나 공격적인 기합의 경우에는 단음절이 효과적이다. 두 음절 이상의 기합에는 숨을 들이마시고 아랫배로 압축하는 과정들이 다소 길 때 쓰이는데, 씨름판이나 줄다리기 같이 상대적으로 힘을 길게 쓸 경우의 기합은 비교적 길어서 '어라차!', '여엉차!'가 쓰이나 생사를 겨룬다거나 극도의 긴장이 동반되는 경기에서 목표 한 지점에 집중공격 시는 단발성으로 효과적인 갈무리를 통한 발산을 위해 순음이나 치음으로 끝나 얍!, 엿! 등의 표현이 쓰인다.

전투를 앞두고 기세를 돋우기 위해 지르는 경우는 기합이라 하지 않고 함성이라 하여 여러 사람이 동시에 큰 목소리를 모으는 것으로 현대스포츠 경기에서 응원으로 흔히 사용되는데, 무예의 대결에서 사용되는 기합과는 다르지만 무리를 지어 내뱉는 함성이 시너지효과를 통해 기세를 올린다거나 각자의 자율신경을 각성 시킨다는 점에는 어느 정도 유사한 효과를 지닌다.

노승환(2002: 45)은 생사를 논하는 무예에서 기합은 함성과는 달리 기(氣), 심(心), 체(體)가 하나의 상태로 되어 이것의 힘을 일점에 집중시켜서 위력을 발하는 것이다. 따라서 기합은 심신의 통일된 힘을 낼 때 발하는 것이므로 자연히 동작에 적응한 힘찬 기합을 넣어야 하며 필요 이상의 큰 소리를 내는 것은 무익하다고 하였으며, 이용복(2009: 102-103)은 흔히 '이얏', '얏' 하는 소리를 지르지만 실제로 근육의 움직임과 호흡과 일치를 이루지 못하는 경우가 많은데, 그런 점에서 택견의 기를 끌어올리는 기성이야말로 자연의 소리라 하였다.

한편, 무예에서 기합은 힘의 폭발력을 증강하는 것이 기본 목표이지만 부차적으로 극한상황에서 자신의 공포감을 없애고 상대의 기를 제압하는 효과도 있다(장경태 외 2명, 2008: 27). 그러나 필요 이상의 큰 소리를 내는 경우를 허장성세라 하여 오히려 기세를 떨치기보다는 두려움을 감추려는 의도가 내포되어 있으므로 생사를 건 무예 경기에서는 짧으면서도 강한 기합이 요구된다.

무예를 겨룸에 있어서 과도한 긴장으로 인한 근육의 경직에 대해 기합으로서 해소하는 역할에 대한 연구를 살펴보면 다음과 같다.

김대식 · 김광성(1987: 400-401)은 다음과 같이 설명하고 있다.

기합의 중요한 기능은 Valsalva(발살바: 입과 코를 막고 숨 쉬는 동작)운동을 방지하는 것으로 Valsalva운동은 한 사람이 무거운 물건을 옮기는 집중력이고, 격렬한 노력에 호흡은 억제되고 근육을 긴장시키는 단계에서 밀폐된 기도에 반하여 강제로 숨을 내쉬려는 노력을 말한다. Valsalva운동의 문제점은 첫째 운동을 하면서 숨을 참고 갑자기 힘을 줄 때 뇌에 산소공급이 일시적으로 차단돼 의식을 잃게 되거나, 둘째 근력훈련 운동 중 호흡을 멈추는 valsalva maneuver는 심장에 스트레스를 주기 때문에 심장에서의 혈류가 억압을 받게 되고 혈압이 위험 수준에 오르게 되는 것으로 이러한 잠재적 위험에 대해 기합이 Valsalva운동을 방지할 수 있다는 것이다[46].

박철희(2005: 60−61)는 기합을 다음과 같이 설명하고 있다.

기합과 대성(大聲)을 혼동하기 쉬운데 무예에서 말하는 기합이란 충만한 정신력을 말하며 '대성'이라 함은 말 그대로 소리를 크게 내는 것을 말한다. 따라서 기합이란 고의로 기합을 만들거나 단지 소리만을 내는 것이 아니고 기력이 충만하여 자연히 성대를 통하여 발해지는 것이니 초심자가 이 기합을 체득하기는 어려우므로 처음에는 크고 강하게 내는 연습부터 해야 한다. 기합의 효과로는 자기 자신의 의기를 북돋으며 힘을 한 점에 집중시킬 수 있음과 동시에 상대의 기력을 좌절시킬 수 있다. 또한 상대를 혼란스럽게 유도하는 데도 필요하다. 그리고 함부로 연발하는 기합은 불필요하며 뱃속에서 내려고 노력해야 한다. 수련 중 상대를 멸시하는 기합이나 실례의 의미를 포함할 수 있는 기합은 삼가야 한다. 기합에 의해서 그 사람의 인격기량을 알아볼 수가 있다.

형의권에서는 기합을 뇌성(雷聲)이라 표현한다. 즉 천둥같이 사나

---

46) Valsalva운동을 방지할 수 있다는 점에서는 앞에서 언급한 전투기 조종사들의 훈련 가운데 L-1이라는 호흡발성법과 그 이치가 동일하다.

운 소리를 뇌성, 기합이라 표현하고 있다. 주검남(周劍南)은 중국무술 자료집에서『형의권의 연구』를 통해 기합에 대해 언급하고 있는데, 뇌성은 곧 발경시(發勁時)에 내는 소리로 일찍이 형의권에서는 모두 기합소리(雷聲)를 내고 연습하였다고 설명하고 있다. 또 그는 자신의 교감서의 말을 인용하여 말하기를 소리를 내는 것은 곧 단전을 진동 시켜 발경을 조장하는 것이다. 그러므로 뇌성은 강한 발경을 하기 위 한 비법으로 전수되었다(김이수, 2005: 186 재인용)고 하였다.

『오륜서』에서 전투에서 싸움의 시초에 거는 목소리는 상대를 위압 하는 큰소리로 한다. 또한 싸움이 한창인 때 내는 소리는 약간 나지 막하게 배의 깊숙한 곳에서 나는 소리로 지르며, 그리고 전투에서 이 긴 다음에 내는 함성은 크고 강하게 내지른다. 이것이 세 가지 목소 리다. 1대 1의 싸움에서도, 적이 움직이려 하면 치는 척하며 그 순간 에 '얏' 하고 소리를 지르고, 소리가 끝나면서 칼을 내려치는 것이다. 또 적을 쓰러뜨린 후에 내는 소리는 승리를 알리는 목소리이다. 이 둘을 '선후(先後)의 목소리'라고 한다. 대도를 치는 동시에 크게 소리 를 지르는 일은 없다. 또 싸움이 한창인 때 지르는 것은 박자를 타기 위해 지르는 것이므로 나지막하게 지른다(미야모토 무사시(宮本武藏), 1992)고 하였다.

정리해보면, 함부로 연발하는 기합은 불필요하며, 뱃속에서 내려고 노력해야 하고 무성의 기합도 대단히 중요하다. 단전을 진동시켜 발 경을 조장하는 소리나 뱃속(단전) 깊숙한 곳에서 나는 소리, 무성(無 聲)의 기합이라는 표현은 호흡으로 단전에 들어온 기운을 갈무리를 통해 공격적인 동작에 기운을 싣는다는 것을 의미한다.

이러한 형태의 낮은 발성이나 무성의 기합은 당연히 기세를 올리

거나 사기진작 혹은 자신감을 얻는 것과는 거리가 있다. 오히려 일격
필살을 노리는 가운데 이루어지는 것이다. 오히려 분위기에 맞지 않
은 큰 기합은 허장성세로 비춰질 수 있다. 생사를 가늠하는 대등한
결투에서 자신의 상태를 보여주지 않기 위해서는 오히려 무성의 기
합이 효과적일 수 있다.

   무예경기에서 기합효과와 가치는 4가지로 요약되는데, 첫째, 기합
을 통해 순간적으로 근력을 최대한으로 발휘할 수 있으며, 둘째, 호흡
의 연속성을 통해 호흡조절을 가능하게 함으로써 단전호흡의 효과를
얻음과 동시에 기적(氣的) 능력을 발휘하며 근육을 이완시키는 효과
가 있다. 셋째, 기합을 통해 흐트러진 자세를 바로잡는 효과가 있으
며, 마지막으로 심리적 가치로서 자아에게는 자신감 배양이라는 효과
가 있다. 특히 지적할 만한 것은 계측적으로는 불가능하지만, 현상적
으로 나타나는 기적(氣的)인 요소 등 동양철학적인 부분이 많이 내재
하여 있음을 언급하였다(김이수, 2004: 50; 이승일, 2006: 21).

   한편 기합과는 동떨어진 표현처럼 들리지만, 불교의 법문에서 사
용되는 '할(喝: 큰 소리로 고함치는 것)'은 참선자로 하여금 고정관념
과 집착, 알음알이, 그리고 사량(思量), 분별심을 끊고 깨닫게 하기 위
한 것으로써 '할'은 깨달음의 길로 인도하기 위한 교육용 수단으로
언어적 매질/벼락/격외의 소리/꽉 막힌 생각을 뚫어주는 가르침 등으
로 풀이되는데, 크게는 기합의 범주에 포함할 수 있으며 다만 무예에
서의 기합과는 달리 외적으로 상대방에게 긍정적인 긴장과 사고의
벽을 뛰어 넘는 힘을 주는 용도로 사용되었다.

3) 택견에 있어 기합의 의미

택견은 품밟기의 추임새 속에서 기합발성이 이루어지므로 이들과
는 또 다른 거칠고 다소 격한 호흡이 자연스럽게 반복적으로 이루어
진다. 여타 무예와는 달리 택견은 품밟기라는 과정을 통해서 적절히
기합을 넣는 방법을 숙달시키는 과정이 포함되어 있어서 호흡과 더
불어 기합이 통상적으로 이루어지며 기합을 통한 호흡이 추임새의
기능과 더불어 끊임없이 삼박자의 리듬을 타면서 반복된다.

택견의 발질동작은 외발로 지지되면서 다른 발로 공격이 이루어지
므로 신체의 무게 중심이 비교적 높아 신체의 균형을 유지하면서 효
율적인 동작을 표연하기 위해서 특히 많은 호흡량이 요구된다. 일선
지도자들의 이야기 가운데, "여타 무예보다 택견이 유독 심폐기능이
발달하고 골반이 위로 치켜져 있다"(심성섭·김영만, 2009b: 222)"는
표현은 이를 반증하는 것이다.

생활체육 프로그램으로 개발한 7330택견을 숙련자가 10분간 시행
했을 때 8.47km/h 속도의 조깅(84.01Kcal/min)보다도 높은 94Kcal/min
의 운동 효과를 나타내었으며, 비숙련자인 중년 여성 10명을 대상으로
실시한 7330택견의 10분간의 효과가 가벼운 배드민턴, 자전거타기
(15km/h), 수영(평형), 빨리 걷기, 스포츠댄스(룸바)보다 칼로리 소모량
이 많은 운동이었으며 강한 에어로빅이나 수영(자유형)과 거의 비슷
한 칼로리 소모량으로 나타났다(이용복, 2009: 75-82). 이것은 격한
호흡 가운데서도 독특한 택견 기합의 역할이 있기 때문이다.

택견에 있어 주로 언급한 품밟기뿐 아니라 품밟기가 이루어지는
가운데 발을 사용한 공격이 두드러짐에 따라 자연스레 한쪽 발로 몸

의 균형을 잡아야하는 일시적인 상황이 빈번하게 발생하는데, 이때 모든 공격의 중심점은 하복부 단전을 중심으로 동작이 구현되게 된다. 이때 동작의 정점을 '능청'이라고 하며, 이때의 기합 발성은 '익크'이다.

택견의 기본 동작 중 '학치지르기'는 공격하는 반대 발은 몸의 균형을 위해 지면과 수직을 이루고 상체는 뒤로 젖혀져 '능청' 상태가 된다. 이때 전체적인 몸의 균형을 이루기 위해 자연스레 힘이 맺히는 하복부의 한 지점은 발을 바꿔 동작을 취해도 동일한 지점이며, 택견의 모든 '굼실과 능청'이 수반되는 어떤 동작도 이 지점에 힘이 맺혀야 제대로 되는 동작임을 알 수 있다(심성섭·김영만, 2008: 285).

능청이라는 독특한 동작의 중심점에 대해 김재호(1996: 27)는 "가랑이 즉 두 다리의 갈래에는 원초점이 바로 하단전"이라고 하였으며 육태안(1991: 66)도 품밟기를 "늦은배(하단전: 두 다리(가랑이)의 합치는 곳)로 두 다리(가랑이: 늦은배의 두 갈래)를 이용하여 단련한다"고 하였다.

능청이라는 동작은 택견에서만 볼 수 있는 유일한 동작으로서 택견의 어떠한 동작을 취해도 아랫배 한 지점(단전)을 중심으로 전개되는데 품밟기에서 기합발성은 허리가 능청하면서 아랫배를 최대한 앞으로 내밀면서 공격적인 '이크'라는 독특한 기합발성이 나오며 이것은 뱃심에서 자연스레 나오는 소리이다(심성섭·김영만, 2008: 286).

주목할 점은 이 자세에서 구태여 기합발성을 하지 않더라도 자연스럽게 무성의 기합이 이루어진다. 물론 기합발성을 통하게 되면 좀 더 효율적인 동작이 되며 '이크'라는 기합을 쓴다면 택견에 있어서 '익'은 늦은배(단전)가 능청하면서 숨을 단전에 압축시킨다. 동시에 공격발질이 바로 이어진다. 마지막 자음 중 'ㅋ'인 파열음에서 좀 더 긴장이 이완되면서 내쉬는 '흐-'는 무예에서 발성되는 기합으로서 는 비교적 완화되고 순화된 유희적 경기적 표현이다.

택견은 기술 원리와 운동형태 그리고 철학 등이 모두 기존의 유명 무술들과 차별화되며, 특히 기합의 발성은 매우 독특하다. 이용복 (2009: 102-103)은 7330택견에서 기성(氣聲)이라는 표현을 썼다. 그 이유로 기합이라는 용어가 일본에서 만들어진 조어이기도 하지만 택 견으로서의 독특한 기합발성의 의미를 명확히 하자는 의미라고 덧붙 이고 있다.

'익크', '엑크' 하는 택견의 기운 내는 소리는 매우 독특한데 이 기 성은 인간의 육체가 가장 강한 에너지를 발산할 때 저절로 나오는 소 리이다. 사람이 위험을 감지하여 놀라게 되면 '악'하고 외마디 소리를 지르게 되는데 에너지가 폭발하는 소리이며 짧은 순간에 엄청난 에 너지가 동원되며 이때 정신적, 육체적으로 높은 긴장상태가 된다. 그 리고 이 긴장상태가 이완되면서 '허-' 하고 숨을 뱉어낸다. 이런 긴 장과 이완의 발성이 결합되어 나오는 발성이 바로 '익크'라는 택견의 기성이다.[47]

또 하나 택견의 기성은 몸놀림을 율동적으로 만들어 주는 백 뮤직 과 같은 기능을 하는데 이럴 때의 기성은 '이크', '에크', '엑' 등으로 노래를 흥얼거리듯 흥겹게 해서 스스로 동작을 유연하게 만들고 기 운의 상승을 도와준다. 기성은 언어를 대신하여 의사를 교환하는 신 호의 의미로 사용하기도 하여 시그널 뮤직과 같다. 기성은 호흡과 연

---

47) "허-"하고 내뱉는 날숨이 긴장의 해소와 나아가 이완시키므로 Valsalva운동을 방지하게 되는 것이다.

결되어 있어서 인체를 가장 효율적으로 활동하게 하는 중요한 요소이므로 이를 기술적으로 숙달시키는 훈련이 필요하다.

이처럼 택견에는 자연현상으로서의 기합과 다소 인위성이 가미된 기합이 혼합되어 있는데 택견의 기합은 용도에 따라 다음과 같이 분류될 수 있다.

첫째, 자신의 기세를 상승시키고 상대의 기를 제압한다. 이때는 강하고 짧게 큰 소리를 지른다. 둘째, 장단을 맞추며 노래하듯이 흥겹게 하여 상대방과의 호흡을 맞추고 기운의 상승을 돕는다. 춤출 때의 배경음악이나 추임새와 같은 기능을 가진다. 이것은 다른 무술에서 찾아보기 힘든 택견 특유의 기합이다. 셋째, 큰 소리로 상대방의 주의를 환기시키는 기합은 신호와 구령의 기능을 대신한다.

수련의 정도가 깊어지면 동작과 기합은 저절로 일치되어 나타난다. 그러나 초보자들로서는 더욱 효율적으로 기합과 동작을 일치시키는 훈련으로 기합소리를 크게 내는 연습과 동작마다 기합을 넣는 연습을 일부러 하는 것이 좋다. 그리고 기합은 호흡과도 밀접한 관련이 있는 만큼 무술 수업에서 대단히 중요한 분야이다(이용복, 1997: 140).

넷째, 기합소리는 정신을 한곳에 집중시켜주고 중추신경을 자극하여 순간적으로 근력의 힘을 최대로 발휘할 수 있어 공격적인 동작을 할 때 기합을 통해 더욱 강한 동작을 불러내어준다. 이러한 기합은 정신적, 심리적 자신감을 증가시켜서 긴장완화로 근육이완에 도움이 된다(김영만, 2009b: 62). 여기서 추임새 기능이나 주의를 환기 시키는 기합의 용도는 바로 유희화, 경기화의 산물이다.

상대를 다치지 않도록 느진발질을 사용하면서도 최대한 힘의 전달이 이루어져야 하는 동작체계를 지녔으므로 효과적인 기합을 사용해야 하는데, 일격필살의 단음절 기합발성은 적절치 않은 것이다. 동작 원리상 의식적이지 않음에도 동적인 단전호흡이 이루어지는 '능청'이 수반되므로 단음절을 쓸 수밖에 없는데, 기운의 갈무리와 호흡은 동시에 이루어져야 한다.

다시 말해 극도로 긴장하거나 있는 힘을 다 쓸 때 저절로 나오는 외마디 소리가 '익', '엑'이다. 뒤에 붙은 '크'는 긴장이 이완되고 힘을 빼고, 멈췄던 숨을 내쉴 때 '허', '흐' 하고 소리가 나오게 되는데 앞에 '익', '잌' 등의 억센 소리가 마찰을 일으켜 긁히는 소리이다. 이것은 택견에서 일부러 내는 기합이 아니라 택견을 할 때 용을 쓰니까 저절로 그런 소리가 나오는 것이다. 그러나 '익크', '엑크' 하는 강한 구령만을 반복하게 되면 온몸이 너무 긴장되어 오래 지속할 수가 없기 때문에 '익크', '에크'하며 강약을 조절하여 장단을 타게 만든다(장경태 외 2명, 2008: 26).

일반적으로 동양 무예에서 기합은 공격 시 모두 중요하게 여기는 공통적 수련 내용이지만 장단 같은 구령을 붙이면서 수련하는 연습 체계는 택견만의 독특한 수련 방법이다. 이러한 장단이나 추임새에 관해서 도기현(2007: 55-56)은 우리 민요의 대부분이 3박이고 우리의 춤사위도 3박자를 기본으로 하고 있으며 택견의 동작 또한 3박자를 기본으로 하고 있다. 택견의 가장 핵심이며 기본적인 기술인 품밟기가 3박이고 택견꾼들이 3박자로 힘을 내려고 한다. 우리가 어떤 무거운 것을 들 때 약속하지 않아도 "하나, 둘, 셋!" 하고 힘을 쓰는 것은 이미 우리의 잠재의식 속에 3박자로 힘을 내려는 근원적 성향이 깔려 있는 것이라 하였다. 3박자라고 해서 그냥 "하나, 둘, 셋" 하는 평범한 3등분의 3박자가 아니라 '강(強), 약(弱), 약(弱)' 또는 '약, 약,

강' 하며 엑센트(Accent)가 있는 3박이다. 그 강(强)이란 것은 그저 힘이 들어가는 것이 아니라 그 순간에 '탁' 하고 뿌리듯 힘을 내뱉는 것이다. 이것이 우리 민족의 힘쓰는 요령으로 탈춤이나 승무 등의 무용에는 물론이고 무예인 택견에서도 가장 중요한 핵심이라 하였다.

품밟기를 통한 3박자 기합은 추임새 역할을 하면서 동시에 기합을 숙달시킨다. 특히 이크라는 기합과 능청 동작을 일치시키고자 함이다. 장단이나 추임새 역할을 한다는 반복적인 택견의 기합은 겉으로 드러난 모습 말고도 우리 선조가 감추어 놓은 안배가 있다.

전술한 바와 같이 반복적인 기합은 끊임없이 자율신경을 각성시키는 것이다. 기합도 숙련에 의하여 빠르게 반응하고 효율성이 높아진다는 것은 실험결과로도 밝혀져 있는데 심신일여(心身一如)라 해서 몸을 닦으면 마음도 닦을 수 있다거나 심즉기행(心則氣行: 마음이 가는 곳이 기(氣)도 간다) 등의 동양적이고 통상적인 사고논리에 비해 특히 자율신경이 심신의 상태와 매우 긴밀한 관계에 있다는 사실에 주목한다면 좀 더 구체적인 논리이다. 택견의 장단이나 추임새 역할을 하는 삼박자 기합은 여타 무예와는 확연히 차별되는 것으로 기합조차도 수련의 중요한 방편으로 이루어지고 있는 것이다.

4) 택견의 역사적 배경을 통해 본 기합의 의미

전술한 바와 같이 택견에 있어서 기합의 기능 가운데는 일반무예에서 흔치 않은 두 가지 기능이 있는데 그것은 장단을 맞추며 노래하듯 흥겹게 상대방과 호흡을 맞추고 기운의 상승을 돕는 것으로 춤출 때의 배경음악이나 추임새 같은 기능과 다른 하나는 큰 소리로 상대방의 주의를 환기하는 기합으로 신호와 구령의 기능을 대신하는 것이다(이용복, 1997: 140). 이것은 다른 무술에서 찾아보기 어려운 유희적, 경기적 성향이 강한 택견 특유의 기합으로서 이러한 택견만의 독특한 기합이 생겨난 이유에 대해 역사적 배경을 통해 설명할 수 있다.

고려의 수박이라는 무예를 극도로 순화시켜 경기화, 유희화 시킨 것이 바로 수박희이다.(김영만, 2009a; 김영만·심성섭, 2011: 16).

이 수박희가 그대로 골격을 유지하면서 분화, 발전되어 택견으로 이어져 온 가장 핵심적인 이유는 온몸을 다 사용하면서 최소한의 제한 하에서 맨몸을 직접 가격하되 다치지 않게 하는 느진발질의 도입에 있는데 느진발질도 어린아이들 유희 수준의 느진발질로는 상대방에게 유효한 공격을 하지만 선수와 관중의 동시성, 공개성, 그리고 경쟁성을 지니는 수박희가 관중도 납득할 수 있을 정도의 확연한 승부수만이 인정되는 규칙으로 변해갔을 것이다. 이러한 불가피성으로 인해 종국에는 필연적으로 느진발질에 힘을 실을 수밖에 없는 현재 택견의 독특한 동작원리로 발전하게 되는데 이 과정을 통해 택견의 독특한 기합의 전모가 드러난다(심성섭·김영만, 2009a: 1184) .

맨몸을 직접 가격하는 택견에서 느진발질이지만, 단전에서 비롯되어 입안에서 내파되는 단음의 일격필살의 기합은 적절치 못하여 자연 쓰이지 않았을 것이며, 반면에 느진발질이기 때문에 오히려 효과적인 기합이 요구되었을 것이다. 여기에 유희성이 가미되면서 리드미컬한 추임새 기능이 도입된 것이다. 특히 3박자의 품밟기는 우리 민족에 내재된 신명과 장단이 어우러져 생겨난 것이다. 노래의 후렴이 아니면서 무예경기에서 이런 기합은 동서고금을 통해 그 유래를 찾기 어렵다.

택견은 맨몸을 직접 가격하는 무예경기이지만 극도로 순화된 이면에는 유희적 경기성도 한몫을 하지만 심신을 단련하는 상호호혜적인 기능이 잠재되어 있다. 통상 무예란 호신의 기능이 있기 마련이어서 누군가를 제압하는 데 주안점이 맞춰져 있다. 그러나 느진발질은 구조적으로 제압의 의미보다 상대를 통해 자기 자신의 수련에 더 큰 의미가 있는 것이다. 느진발질도 굼실과 능청을 통하지 않은 발질은 아이들의 놀이 수준을 벗어날 수 없다. 굼실과 능청을 통함으로써 동적인 단전호흡이 이루어지고 심신연마의 시발점이 되는 것이다.

동양의 수련은 심신일여라 해서 몸과 마음을 동시에 닦는 것을 모토로 하고 있는데 몸을 닦는 데 있어서 상호 가해적 행위를 단련하면서 몸과 마음을 닦는다는 것도 어폐가 있는 것이다. 그래서 장단이나 추임새 형태의 기합이 도입되었고 주고받거나 메기고 받기 형태의 연습과정도 한몫을 했을 것이다.

택견에 있어서 동작에 맞춰진 삼박자의 반복적인 기합과 기합의 숙달이 자율신경을 각성시키는 특별하고도 효율적인 방법이라는 부분을 선조가 알 수는 없었을 것이나 적어도 반복 숙달이 심신연마에 매우 효과적인 방법이라는 사실은 인지하고 있었기에 끊이지 않고 수련과정에 포함되어 이어져 왔을 것이다.

3. 호흡(呼吸)

인간에게 산소의 공급은 필수적이다. 특히 신체운동을 할 때 산소의 공급은 절대적으로 필요한 것이며 산소의 양은 신체운동이 많고 적음에 따라 결정된다. 폐활량은 운동으로 평소 강한 호흡운동을 한 사람과 또 운동 종목에 따라 차이가 있다.

살아 있는 생물은 모두 호흡을 한다. 특히 무예에서의 호흡은 절대적 요소이다. 동물이 숨을 쉬는 것은 산소를 들이마시고 신진대사로 형성된 탄산가스를 밖으로 내보냄으로써 생명체를 유지하는 가장 기본적인 운동이다. 무예는 신체 활동력의 원천적 에너지를 공급하는 호흡을 중요시하고 또한 이러한 호흡법이 고도로 발달해 있는 것은 당연하다.

무예의 호흡은 여러 형태로 발달하고 있으나 겨루기에서 근력만의 힘보다 정신적, 심리적 요소가 합해졌을 때, 최상의 경기력을 발휘할 수 있다. 따라서 정신적, 심리적 작용을 증가시키기는 방법으로써 정적인 호흡법이 선호된다.

호흡은 공방 시에 하나의 공기총이나 물 호수에서 뿜어져 나오는 거센 물살처럼 상대방을 공격할 때 호흡을 동반함으로 더욱 빠른 스피드와 파워를 낼 수 있으며 호흡을 동반하지 않은 공격은 근력의 힘과 스피드, 무게 중심에 불과하다. 공격은 숨을 들이쉬고 '크' 하면서 큰 소리로 내뱉어서 공격하고, 방어는 상대가 나를 공격할 때 맞는 순간 호흡을 내뱉음으로써 충격을 흡수할 수 있다. 호흡이 힘들 때 손상을 입게 되면 다운될 가능성이 크므로 겨루기 시 항상 코로서 호흡하는 버릇이 필요하다. 코로 호흡을 하게 되면 상대로부터 타격을 받더라도 입으로 호흡을 해주면 금방 회복이 된다. 그러나 호흡을 들이쉬는 순간에 상대로부터 타격을 받게 되면 충격을 흡수 할 수 있는 시간적 여유가 없다. 항상 한 호흡으로 한 번의 공격이나 방어가 아닌 몇 수의 공방을 할 수 있도록 평상시 수련을 통해 단련해야 한다.

겨루기 시 호흡을 조절함으로서 끈기와 속도를 증진시킬 수 있고 또한 강한 공격을 할 수 있으며 상대의 강한 공격에도 버틸 수 있다. 속도를 내기 위해서는 공격 시 상대를 앞으로 밀거나 내지르는 경우에는 호흡을 내뱉고 반대로 상대를 끌어당길 때는 들어 쉬는 것이 중요하다.

4. 택견과 호흡

우리 몸은 남녀노소에 따라 다소 차이는 있지만, 대략 70%가 수분으로 구성되어 있으며 이 때문에 사람은 음식을 굶으면 50일 이상을 견디기 어렵고, 물을 마시지 않으면 1주일을 못 견디고 생명을 유지할 수 없다(황풍, 2000: 20). 물의 소중함 때문에 먹는 물 관리법과 시행령을 정해 까다로운 여러 절차를 제도적으로 도입하여 제한하고 있을 뿐 아니라 정수기 시장도 근래에 현저하게 발전하고 있으며 일부 음용수는 기름보다도 훨씬 고가에 팔리고 있다. 한평생 먹는 물에 의해 사람의 성격이 형성된다는 의견도 제시(Cutedrum, 2010.10.14)되고 있으니 물의 소중함을 되새기게 하는 말이다.

하지만 호흡을 통한 산소 없이는 단 몇 분밖에 살지 못한다. 이것은 물의 소중함보다도 훨씬 더 호흡의 소중함을 일컫는 말이다. 물은 다양한 제품들이 나와 있어서 취사선택을 할 수 있지만 숨은 그나마 선택의 여지가 거의 없다.

모든 인간은 숨을 들이쉬면서 생명의 시작을 알리고 내쉬면서 그 생을 마감하게 된다. 그러므로 이 최초의 들숨과 최후의 날숨 사이의 시간을 수명이라고 볼 때 인간의 삶이란 바로 최초의 들숨과 최후의 날숨 사이에서 끊임없이 호흡을 반복해가는 과정이라고 볼 수 있다.

그리고 호흡은 남녀노소, 신분의 비천여부, 종교의 구분 없이 살아가는 지역과 인종적 특성이 서로 다르더라도 인간인 이상은 누구나 호흡을 해야만 하는 것이다. 이 호흡문제에는 누구나 평등하다고 할 수 있다(최광석, 2006).

폐에는 근육이 없다. 폐를 부풀리는 것은 늑간근이란 가슴 근육과 횡격막이라는 흉강과 복강 사이의 막이다. 숨을 마시면 늑간근이 수축하면서 늑골을 위쪽으로 올리고 횡격막이 아래로 내려가 흉곽이 확장된다. 숨을 뱉을 때는 반대로 늑간근이 내려가고 횡격막이 올라가 흉곽이 수축된다. 이때 숨을 천천히 들이마셨다가 깊이 내쉬어야 늑간근과 횡격막이 충분히 확장됐다가 수축한다(이주연, 2010. 8. 9). 그리고 호흡에는 외호흡과 내호흡이 있는데 외호흡은 외계의 공기와 혈액 사이에 일어나는 가스교환을 말하며, 내호흡은 가스가 혈액에 의해 조직세포에 운반되고 다시 세포와 혈액과의 사이에서 이루어지는 가스 교환을 말한다(이형구·정승기, 1990).

특히 아랫배 단전을 중심으로 미치는 단전호흡은 심리적 안정뿐만 아니라 면역계 및 내분비계의 기능향상을 통해 여러 가지 질병을 치료하는 수단으로 쓰이기도 한다(김문희, 2007).

고대 동양에서는 이러한 호흡의 과정을 폐와 피부를 통해 자연 속의 생명력인 기를 흡입하고 몸 안의 묵고 탁한 기를 토해낸다(손사명·신민교, 1988) 하여 '토고납신(吐故納新)'이라 하였으며 호흡의 조절을 매우 중시하였다.

호흡은 마음의 상태와도 상관관계가 있어서 마음이 급하면 호흡도 빨라지고, 호흡이 느긋하고 안정된 사람은 마음이 여유롭고 평안한 호흡은 인간의 정신적인 면과도 관련이 있다.

한성(2008: 28-29)은 호흡은 신체적인 측면뿐만 아니라 감정적, 심리적, 정신적인 측면에도 큰 영향을 미치는데 일례로 호흡이 안정되면 자율신경의 수축과 이완이 활발해지면서 심신이 편안해지며 정신적으로 심한 스트레스를 받거나 심리적인 흥분이 극에 달했을 때 호흡을 다스리면 자신의 내면 상태를 조절할 수 있다고 하였다. 호흡이 불안정해질 때 신경, 혈관, 골격, 근육, 호르몬 분비 등 그 외에 여러 시스템이 비정상적으로 반응하며 더불어 호흡을 고르게 했을 때 가장 기본적으로 얻는 것은 심신의 안정을 통한 육체의 건강이라고 하였다.

최복규(2001)도 식(息)이 조화롭지 않으면 마음이 안정되지 않는다고 하며 옛글에 풍(風)을 지키면 흩어지고, 천(喘)을 지키면 정체되고, 기(氣)를 지키면 피로하고, 식(息)을 지키면 안정된다고 하였다.

특히 아랫배 단전을 중심으로 한 단전호흡은 심리적 안정뿐만 아니라 면역계 및 내분비계의 기능향상을 통해 여러 가지 질병을 치료하는 수단으로 쓰이기도 한다(김문희, 2007).

최광석(2006)은 보통사람들은 흉식 호흡에 익숙해져 있어서 숨을 쉴 때 가슴이 나오면서 배가 안으로 들어가게 되어 가슴으로 숨을 쉴 경우 횡격막의 상하운동 폭은 약 2cm가 되는데, 이때의 공기유통량이 약 0.5리터 정도이고 복식호흡을 해서 배로 숨을 쉬게 되면 횡격막의 상하운동 폭이 6~8cm로 늘어나게 되며 횡격막이 1cm 늘어나면 약 0.25리터의 공기가 더 흡입된다고 하였다. 따라서 호흡이 불량하더라도 복식호흡을 하게 되면 평상시의 3~4배 많은 1.5~2리터의 공기를 마시게 되므로 몸 구석구석에 필요한 산소를 충분히 공급할 수 있게 된다고 하였다.

호흡은 중력장(Gravity Field) 내에서 생활하는 사람들의 일상생활 동작에도 지대한 영향을 미친다고 하는데, 구조적 통합(Structural Integration, Rolfing)으로 유명한 아이다 롤프(Ida P. Rolf, 1896~1979)는 "인체가 올바르게 동작하면 중력이 그 몸을 제대로 관통해 흐른다. 그 상태에서 몸은 즉각적으로 자체 치유력을 발휘하게 된다"는 말을 했다. 다시 말해 중력장 내에서 신체의 구조가 올바르게 배열되어 있다면 신체의 자연치유 능력(The Capability of Natural Healing)이 극대화된다고 하였는데(최광석, 2010.09.01), 이 바른 자세에서 호흡이 차지하는 비중 또한 적지 않다.

동양의 수련이나 무예의 동작은 단전을 중심으로 동작이 이루어지므로 아랫배가 원활하게 움직이거나 아니면 아랫배를 중심으로 힘이 발산되는 자세를 강조하고 있는데, 아랫배나 단전에 집착하다 보면 오히려 호흡이 원활치 않은 상황이 발생한다.

체조선수나 발레리나들은 몸의 곡선미를 강조하기 위해 가슴을 최대한 내미는 동작들이 많은데 이 동작 안에 우리가 배울 점이 있다. 대흉근을 가급적 신전 시키면서 가슴을 최대한 열게 되면 바로 아랫배가 더 많이 개방되며 횡격막의 운동이 훨씬 부드러워진다.

우리가 상체를 꾸부정한 상태에서 단전호흡을 하게 되면 뜻밖에 흉부가 복부를 압박하게 됨으로 아랫배의 동선이 짧으며 덩달아 호흡 길이도 짧아지게 된다. 하지만 상체를 반듯이 세우고 어깨를 뒤로 젖혀 가슴을 충분히 열게 되면 아랫배가 충분히 개방되어서 동선이 훨씬 커지는 것을 알 수 있으며 호흡 또한 편안하고 길어진다. 그래서 평상시에도 어깨를 펴고 가슴을 최대한 열고 다니는 습성을 길러야 한다.

보통 상체를 숙이고 다니는 습관을 지니는 경우, 오장육부를 압박하는 바람에 자율신경에 의해 움직이는 오장육부의 활동을 저해하여 제 기능을 떨어뜨린다. 특히 이런 자세를 오랜 습관으로 지내다 보면 오장육부의 활동이 저해됨으로 복부에 적(積: 오장에 생겨서 일정한 부위에 있는 덩어리)과 취(聚: 육부에 생겨서 일정한 형태가 없이 이리저리로 옮겨 다니는 덩어리) 등의 병소(病巢)가 생기거나 복부비만의 원인이 될 뿐 아니라 심화할 경우 특정 장부의 기능이 현저히 떨어지게 된다. 상체가 복부를 압박하는 자세가 오래가면 신진대사가 저해되기 때문에 당장 비만부터 오게 된다. 현대인들이 적게 먹는데도 불구하고 비만이 많은 것은 운동 부족에도 있지만, 잘못된 자세가 더 큰 문제이다. 가령 위장병을 앓고 있는 사람들은 여러 특징들이 있지만, 위장의 통증 때문에 상체를 앞으로 숙이는 자세가 몸에 배여 있으며 이러한 자세는 위장의 활동을 저해하는 악순환으로 이어진다. 그래서 위장의 통증 때문에 참느라고 상체를 숙이지 말고 오히려 펴라는 역발상이 필요한 것이다. 이 부분은 허리를 세우고 가슴을 펴라는 몸살림운동(김철, 2010.08.09)과도 맥락을 같이 한다.

몸살림운동에서 말하는 방석을 접어 흉추 7번이나 엉치뼈 윗부분에 대고 누워서하는 몸 다스리기의 기본 숙제는 모두 흉부나 복부를 펴주는 방법이다(김철, 2010.08.10). 호흡이 짧은 사람들은 자세가 대부분 나쁘기도 하지만, 나쁜 자세로 인해 건강이 좋지 못해 악순환이 이어진다. 소위 호흡력이 약하면 여러 번에 걸쳐 나누어 호흡이 이루어진다.

경희대 한방병원 진단·생기능의학실 박영배 교수는 "심각한 질환이 없는데도 두통이나 가슴 답답함, 전신무력증, 졸음, 잦은 하품과 같은 증상이 있다면 호흡패턴을 점검할 필요가 있다"라고 한다. 이런 경우 숨이 얕은 흉식 호흡을 할 뿐 아니라 들이마시는 힘이 약해 여러 번에 걸쳐 호흡한다. 한숨을 많이 쉬는 호흡습관도 부족한 산소를 보충하기 위한 반작용이다. 중요한 것은 들숨보다 날숨이다. 숨을 충분히 내뱉어야 폐포 내의 이산화탄소가 모두 빠져나가고, 그 자리에 새로운 공기가 채워진다.[48) 산소가 몸에 충만하면 혈관계·림프계가 좋아진다.

편강한의원 서효석 원장은 "가스교환이 제대로 이뤄지지 않아 몸에 노폐물이 쌓이면 면역 기능이 떨어져 감기와 천식 등 다양한 질환이 생긴다"라고 한다. 경희대 동서신의학병원 한방음악치료센터 이승현 교수는 "건강에 문제가 있는 사람은 대부분 숨을 짧게 마시고 짧게 내쉬며, 조금만 움직여도 헐떡거린다"라고 말했다. 성인은 1분에 15~20회 호흡한다. 1회 호흡으로 400~500mL의 공기를 마셨다가 뱉으며 이 중 4% 정도의 산소만 체내 흡수된다. 이 교수는 "여성은 특히 2차 성징(性徵, Sex Character)이 발현되고 생리를 시작해 목소리가 바뀌면서 흉식 호흡을 한다"며 "여성이 가슴의 답답함을 더 많이 호소하는 이유"라고 했다(이주연, 2010.09.10).

언급한 호흡력은 무엇보다도 자세와 호흡과 관련된 복근 및 관련 근육의 강화에 있다. 편한 자세로 누워 아랫배 호흡을 하게 되면 쉬울 것 같지만 그렇지 않다. 그런데 몸살림 운동에서 말하는 엉치뼈 상부에 방석을 대고 누워서 하게 되면 한결 호흡이 편하고 길어진다. 이것은 구태여 방석을 사용하지 않고도 할 수 있다. 편하게 누운 상

---

48) 중도의 묘가 필요하다. 집착하여 강하게 내쉬고 마시면 오히려 어지럼증 등을 유발시킨다. 《한당도담》에서는 가늘고 길고, 깊게 하라고 권유한다(한당도담편찬위원회, 2007: 83-84).

태에서 엉덩이를 들어 등 쪽으로 가볍게 당겨 요추 3, 4번 사이의 명문부위가 아치를 그리도록 한 상태에서 호흡하게 되면 의외로 호흡이 부드럽고 깊게 쉬어진다. 아랫배가 개방되어 자연스러운 단전호흡이 이루어지는 것이다. 약간의 자세교정만으로도 부드럽고 길고 편한 호흡을 할 수 있다.

그래서 올바른 호흡을 하는 사람은 바른 자세를 유지하고 있을 가능성 또한 높다고 볼 수 있다.

최광석(2006: 24−25)은 효율적인 호흡을 위해서 첫째, 몸의 균형을 잡아주고, 둘째, 호흡력을 높여주기 위해 복근과 흉요추부의 근력강화, 셋째, 목과 어깨, 상흉부의 긴장을 완화, 넷째, 복부와 횡격막의 긴장을 풀어주며, 다섯째, 깊은 아랫배 호흡을 할 수 있도록 유도하라고 하였다. 택견 수련 시 동반되는 대부분의 행위들은 최광석이 제시한 효율적인 호흡과 일치한다. 특히 능청동작은 복부와 흉요추부의 근육의 근력강화가 이루어져 호흡력을 높여준다. 호흡력이 약한 현대인들은 흉식 호흡을 할뿐 아니라 들이마시는 힘이 약해 여러 번에 걸쳐 나누어 호흡을 하는데 비해 심폐기능이 발달한 권투선수나 마라톤선수들에게서 확인되는 공통점이 복근의 발달이라는 사실은 호흡력과 관련하여 매우 중요한 사실이다.

김준철·장종성·박령준(2001: 126)은 흡입한 폐장 내의 공기를 유용하게 사용하기 위해서는 어떻게 사용할 것인가는 발성 상 대단히 중요한데, 호기작용에 사용된 흉근(胸筋), 복근(腹筋), 배근(背筋), 요근(腰筋) 중 호기(呼氣)작용에 이행되는 순간 흉근과 복근은 힘이 빠짐과 동시에 공명체로 변한다. 따라서 호흡의 조작은 배근과 복근에 맡기는 것이 중요하다고 하였는데 이 역시 호흡에 수반되는 근육들의 중요성을 피력한 것이다.

한의학의 장상론에서 폐는 기(氣)를 주관한다. 그리고 피부는 장부에서 폐에 배속되는데, 사람이 나이를 먹게 되면 어깨가 쪼그라들어 가슴을 웅크리게 되는 것은 폐기능이 떨어지기 때문이며 피부 또한 원활한 신진대사가 이루어지지 않아 건조해진다. 피부의 무수한 털구멍(毛孔)은 바로 숨구멍이며 숨구멍이란 곧 숨을 쉬는 호흡기관이라는 의미이며, 이 숨구멍은 산소를 받아들이고 이산화탄소를 내보내는 공기의 통로이자 땀 등의 노폐물을 배설하는 통로이기도 하다. 아토피는 폐의 면역력이 떨어지고 열이 있는 상태여서 면역력을 향상시키고 폐의 열을 내리는 음식을 먹어야 한다. 2010년 8월 24일 MBC 다큐 <프라임>에서 땀과 숨의 건강학을 방영하면서 이슈가 됐던 '청폐차'는 폐에 좋은 약재들이 다량 포함되어 있다. 여기서 서효석원장은 기존에 오장(五臟)을 평등하게 봤던 한의학 이론에 대해 폐장을 으뜸으로 보는 새로운 학설을 제시했는데, 폐기능의 강화를 통해 비염, 천식, 아토피 등 난치성 알레르기를 치료하고 있다(이지영, 2010.09.10). 폐를 으뜸으로 본다는 것은 당연히 언급한 탄생에서 죽음에 이르기까지 끊임없이 이루어지는 호흡의 중요성과 호흡을 통한 가슴신경의 자극이라는 점에서도 합리성이 있다.

아토피 어린이환자들을 위해 부모들은 환경이 오염되지 않은 시골생활을 통해 완치되었다는 사례들을 언급하고 있다. 도시생활에서는 실제 어린아이들이 마음 놓고 뛰어놀 수 있는 환경이 마련되지 않음으로써 폐기능이 저하될 수밖에 없다. 그래서 시골생활의 특성상 활발한 움직임이 폐기능을 원활케 함으로써 가슴자율신경을 활성화 시키고 아토피치료에 영향을 미쳤을 가능성도 적지 않다. 그러한 점에서 폐나 기관지, 그리고 피부와 관련된 질병들은 바르지 않은 자세와 운동부족으로 인해 생겨날 수 있으며 따라서 바른 자세와 적당한 운동만으로도 상당한 효과를 볼 수 있을 것으로 기대된다.

최광석(2006: 11-12)은 횡격막 신경은 제3~5경 신경(C3~C5)으로 구성되는데, 경추 3번에서 5번 사이의 변위와 주위 근육의 문제로 횡격막의 상하운동이 어려워져 호흡운동의 장애가 온다고 하였으며 폐를 지배하는 자율신경은 흉추 1번에서 4번까지(T1~T4) 나오는 자율신경과 연수에 있는 호흡중추와의 상호관계에 의해 폐의 활동이 조절 받는다고 하였다.

늑간근에 의해 움직이는 늑골은 이들 흉추와 연결되어 있어서 바른 자세를 통한 제대로 된 호흡을 한다면 이 늑골의 움직임에 의해 폐를 지배하는 흉추신경들은 일정부분 활성화될 수 있다. 아토피의 원인에 대해 '아토피혁명'은 세포기능이상으로 인한 열과 독소의 과잉생성으로 규정하고 있으며 아토피치료의 핵심은 인체의 피부열과 중심체온의 균형을 조화롭게 유지하는 것(온라인 뉴스 팀, 2011.05.11)이라는 견해는 발병 후 치료의 핵심을 말하지만, 예방이나 근원적인 보조치료로는 바른 자세와 올바른 호흡법이 선행됨으로써 더욱 효과적일 수 있다. 발목펌프운동에서는 자식을 과보호로 기르는 부모들의 언동이나 행동이라는 '조건'이 '반사'된 결과로서 어린이의 아토피성 피부염이나 천식이 증가하는 것으로 해석하고 있는데(옵티마 케어, 2010. 08.13), 부모의 지나친 간섭이 어린이의 행동을 스스로 제약하게 함으로써 폐기능을 저하시키고 아토피로 발전할 수 있다는 점에서는 전혀 일리가 없지 않다.

원정혜(2002a: 83)는 깊이 들이마시는 복식호흡이 깊은 호흡을 통해서 장 내부까지 원활하게 산소를 공급해주기 때문에 본질적인 유산소운동이 이루어지며 장내의 노폐물과 지방을 제거하는데 효과적일 뿐 아니라 기운이 안정되어서 두통을 예방하고, 변비, 생리통, 소화불량과 같은 장의 이상 증상을 정상화시켜준다고 하였는데, 아랫배 호흡을 통한 호흡량의 증가는 원활한 산소공급이 이루어져 뇌 기능을 좋게 할 뿐 아니라 아랫배 호흡 상태가 지속하게 되면 횡격막을 수축시켜 폐나 심장의 공간을 넓힐 수 있다. 따라서 산소의 교환능력을 증가시키고 심장운동을 돕는다. 또한 배 근육의 움직임이 소화기관에 영향을 미쳐 변비나 소화불량을 없애준다. 여기에 더하여 풍부한 산소공급은 몸 안의 불필요한 지방질을 연소시켜 비만증이나 고혈압, 당뇨, 지방간 같은 성인병을 치료하는 데에도 도움이 된다.

그래서 걸어 다닐 때에도 명문부위가 들어가도록 오리 궁둥이처럼 뒤로 엉덩이를 내밀고 허리를 세운 다음 가슴을 활짝 펴고 다니는 습성을 길러야 하는데 엉덩이를 뒤로 내밀면 명문 부위에 힘이 들어감으로 명문 부위를 축으로 상체가 쉽게 펴지기 때문이다. 일부 사람들은 빨리 걸음으로 칼로리 소비를 늘여 체중조절을 하려고 한다. 운동량이 많으면 칼로리 소비가 많은 것은 틀림없지만, 순전히 칼로리를 소모하기 위한 강박관념이나 긴장은 당연히 오장육부에도 불필요한 긴장을 유발시켜 기능을 저하하므로 적당히 즐기면서 천천히 산책하여 오장육부가 긴장하지 않고 제 기능을 발휘할 수 있도록 환경을 만들어줘야 한다.

택견은 동공(김명미, 2003: 5)[49]의 일종으로서 현재 수련체계 안에

---

49) 몸의 특정 동작에 따라 움직임을 통해서 심신의 조화를 추구하여 건강을 증진시키거나, 질병을 예방하고 치료하는 단련방법이다.

는 특별히 호흡과정이 별도로 없다. 하지만 모든 동작에 수반되는 품밟기를 비롯하여 발질은 항상 굼실과 능청을 수반하게 되는데 능청과 동시에 내뱉는 기합은 역동적인 단전호흡이다.

굼실 후에 이루어지는 능청은 상체를 뒤로 젖힐 때, 횡격막이 아래쪽으로 내려가면서 아랫배 단전을 중심으로 숨이 가득 모이는데, 이 순간은 단전에서 숨이 압축되면서 극에 달하는 순간 기합발성이 이루어진다. 기합도 '윽' 하고 숨을 깊이 들어 쉬고 '크' 하고 내쉬는 것이다. 일반 단전호흡수련에서는 기운을 모은다는 축기(縮氣)과정이라 하여 애써 유기(留氣), 혹은 폐기(閉氣)을 두지만 택견은 자연스러운 동작 가운데 '윽' 하고 기운을 축기한 뒤에 이미 소모된 숨을 뱉어 내는 것이다. 따라서 다리를 틀고 앉아서 하는 정적인 호흡 수련보다 훨씬 더 적극적이면서 역동적인 호흡이 이루어지는 것이다.

이용복(1997: 143)은 택견의 동작은 모두 동적 호흡법과 일치하고 있어서 작위적으로 호흡을 하지 않더라도 자연스럽게 호흡이 연마되며, 예컨대 품밟기에서 발을 앞으로 내밀어 디딜 때 '윽' 하는 기합소리와 함께 호흡이 멈추면서 아랫배가 불러지고 기가 가득 차게 된다고 하였다. 이것은 발을 높이 들어 찰 때에도 같은 현상을 나타낸다. 뿐만 아니라 남자는 낭심이 위로 당겨 올라가고 항문이 바짝 오므라든다 하였다.

원정혜(2002b: 92)는 바른 복식호흡방법으로 복식호흡과 함께 반드시 괄약근 조이기를 병행함으로써 기운을 모아주고 안정시켜주라고 했는데, 택견의 동작 안에는 이미 포함된 것이다.

택견은 동작원리상 굼실거리는 오금질을 제외하고 모든 동작이 힘을 뺀 상태에서 이루어진다(심성섭 · 김영만 · 2009a: 1182). 이용복

(1995: 55)은 '는질거린다'는 말은 "물크러질 듯이 아주 물러졌다"는 표현으로 느진발질의 정수라고 하였다. 즉 물크러질 대로 물러졌다는 것은 온 몸이 경직됨이 전혀 없는 상태이며 그 상태에서의 발질은 곧 공격 지점에 자신의 힘을 최대한 집중시킬 수 있는 키포인트가 되는 것이다(kenlee, 2010. 9.10).

태극권을 포함한 기공에서는 힘을 빼고 긴장을 푼다는 뜻으로 '릴랙세이션'과 비슷한 말로서 방송(放鬆)[50]이라는 표현을 쓰는데, 머리 끝에서 발끝까지 신체 각 부위의 근육관절을 완전히 이완시켜야 하며 정신적 긴장도 함께 풀어야 하는 것으로 이것은 호흡을 어떻게 하느냐보다 몇 배나 더 중요하게 여겨진다(신성원·이재홍·이은미, 2003: 116). 이 방송은 마음의 긴장이나 전신 근육의 긴장을 완전히 풀어서 기혈을 순조롭게 소통시키고 질병을 제거하며 건강을 증진하는 방법(김명미, 2003: 5)이기도 한데 택견에서 굼실 하고 리드미컬하게 내딛어 오금질의 탄력을 이용하는 부분만을 제외한다면 모든 힘을 뺀 상태에서 동작이 이루어진다는 것은 동적인 움직임 가운데서도 방송과 자연스러우면서도 적극적인 단전호흡이 이루어진다는 것을 의미한다.

택견은 발질이 많은 운동이어서 발질의 특성상 다른 운동에 비해 온 몸을 동시에 쓰게 되므로 단위시간 당 운동효율이 높을 뿐(김영만·오세이, 2010: 233) 아니라 끊임없이 이어지는 기합발성은 목과 성대 일대의 자율신경을 자극함으로써 각성시키는 효과가 있다. 택견을 오래 수련한 사람들의 신체적 특징 중에 하나는 다른 무술종목을 수련한

---

50) 방송이란? 근육과 관절, 인대에서 긴장을 풀고 힘을 빼서 느슨히 하는 것을 뜻하는 중국 말.

사람들에 비해 골반이 위로 치켜져 있는 체형을 보여준다거나 심폐기능이 상대적으로 뛰어나다는 말을 듣게 되는데(심성섭·김영만, 2009b: 222), 이것은 발질이 많은 택견동작의 특성과 더불어 끊임없이 이어지는 택견의 기합발성으로 인해 차분히 숨을 고를 기회가 적기 때문이다.

주제에서 다소 벗어나지만 참고로 부언할 부분이 있다. 택견의 품밟기와 역동적인 호흡은 골반신경총을 적극적으로 자극시킨다. 골반신경총은 척추 끝 부근에 있으며 골반뼈로 안전하게 둘러싸여 있는 곳에 있으므로 가슴이나 배, 팔다리 근육을 움직이는 방법으로는 닿지 않는다. 그래서 항간에서는 단전호흡에 의해서 물리적으로 자극을 주어 각성시킨다[51]거나 몸살림운동에서는 방석을 접어 허리에 받친 상태로 누워 공명 틔우기라 해서 골반신경총을 자극해 생식기와 연결된 신경을 활성화시킨다고 하여(김철, 2010.08.09) 정적인 방법을 사용하고 있으나 택견에서는 품밟기를 통한 역동적인 단전호흡뿐 아니라 품밟기 시 수반되는 고관절을 적극적으로 쓰는 골반운동을 통해 이 일대의 골반신경총과 관련된 신경망 전체를 적극적으로 각성시킨다. 뿐만 아니라 골반의 움직임은 허리의 회전 움직임과 더불어 부수적으로 흉추와 요추까지 움직여준다.

2007년 8월 24일자 독일 일간지 『쥐트도이체차이퉁』은 쾰른 의과대학 프랑크 좀머교수의 연구 논문을 소개했는데, 골반운동이 성기능향

---

51) 일반적으로 가부좌 자세를 하고 눈을 감고 조용하게 명상을 하면 부교감신경을 활성화하는 데 간접적으로 효과가 크다고 알려져 있다. 교감신경총은 척추 끝 부근에 있으며 골반뼈로 안전하게 둘러싸여 있는 곳에 있으므로 가슴이나 배, 팔다리 근육을 움직이는 방법으로는 닿지 않는다. 직접 부교감신경을 직접 자극할 수 있다면 더 큰 효과를 얻을 수 있는데, 단전호흡에 의해서 물리적 자극을 받을 수 있다(국선도, 2011.05.10).

상과 관련된 효과를 보여주는 단적인 사례이다. 발기부전 남성120명을 세 그룹으로 나누어 한 그룹은 비아그라를 복용시켰고, 다른 그룹은 가짜 약을 주었으며, 나머지 또 한 그룹은 골반운동을 시켰다. 그 결과 비아그라 그룹은 74%센트의 성기능 향상을 보였고, 가짜 약 그룹은 18%, 골반운동 그룹은 80%의 개선효과를 보였다고 한다. 골반운동 그룹은 일주일에 2~3회, 1회에 10분 정도의 골반운동을 했는데, 의자에 엉덩이만 닿게 걸터앉아 엉덩이를 좌우로 빠르게 흔들어 주는 매우 간단한 운동이었다(이정래, 2009: 114). 품밟기에서도 적극적으로 골반을 전후좌우로 흔들어댐으로써 발기신경을 자극한다.

택견의 품밟기에 따른 골반운동과 관련하여 이정래(2009: 84-88)는 생명체가 지켜야 할 이동 본성을 구현한 것이 바로 척추동물의 척추이며 척추는 파동, 움직임을 위해 만들어졌다고 하였다. 이 척추는 모든 신경을 중계함으로 온몸의 감각기관과 운동기관을 뇌에 연결하는 기능을 하는데, 척추는 사실상 인체의 모든 병과 관련이 있다고 했다. 미국의 척추교정협회는 "모든 질병이 척추골에 의한 신경 체계의 장애에서 비롯되었다"고 주장하고 있다. 그런 점에서 척추가 활발히 움직일 수 있는 자연보행법을 제시하기도 했다. 시속 100킬로미터 이상 달릴 수 있는 치타도, 시속 80킬로미터 이상의 속도로 헤엄치는 황새치도 그 힘이 척추에서 나오는데, 척추동물의 허리 근육은 S자 운동, 즉 파동운동을 하기에 적합하도록 만들어져 있어 그런 운동을 할 때 완벽한 자연의 힘이 나온다고 하였다.

그리고 역동적인 단전호흡은 횡격막의 상하동선을 크게 해줌으로써 흡기 시에는 횡격막이 아래로 내려가 폐와 심장의 부담을 줄여 기능을 원활케 하기도 하지만, 횡격막 아래 부분의 장기에는 적당한 복압을 반복적으로 자극함으로 이들의 기능을 활성화시킨다.

특히 능청동작은 복부와 흉요추부의 근육의 근력강화가 이루어져 호흡력을 높여준다. 호흡력이 약한 현대인들은 흉식 호흡을 할 뿐 아니라 들이마시는 힘이 약해 여러 번에 걸쳐 나누어 호흡을 하는 데 비해 심폐기능이 발달한 권투선수나 마라톤선수들에게서 확인되는 공통점이 복근의 발달이라는 사실은 호흡력과 관련하여 매우 중요한 사실이다.

참고문헌

강경환·윤준구(2001). 「기합이 운동 신경 효율성의 변화와 근력의 증대에 미치는 영향」. 체육과학연구, *12(4)*, 85-93.

국선도(2011.05.10). 「단전호흡」. 국선도 온라인 홈페이지. 2010. 04.02. http://www.usundo.com/HAN/draft/page_015.htm에서 인출.

김균형(2006). 「뮤지컬에서 발성에 대한 연구」. 공연문화연구, *12*, 393-418.

김대식·김광성(1987). 『태권도 지도 이론』. 서울: 나남출판사.

김명미(2003). 「기공의 구성 원리와 수련효과에 대한 문헌연구」. 미간행 석사학위논문, 명지대학교 대학원.

김문희(2007). 「노인여성의 단전호흡 수련이 체지방. 체력 및 스트레스호르몬 수준에 미치는 영향」. 한국스포츠리서치, 제18권 5호, 91-102.

김상근(1986). 「기합이 씨름선수의 근력변화에 미치는 영향」. 미간행 석사학위논문, 영남대학교 교육대학원.

김영만(2009/b). 『택견 겨루기의 이론과 실제』. 서울: 레인보우북스.

김영만(2009a). 「수박과 수박희를 통해본 택견의 재조명」. 한국체육학회, 2009 국제스포츠과학 학술대회 발표논문, 4.

김영만(2010). 『택견 겨루기 총서』. 서울: 상아기획.

김영만·심성섭(2011). 「석문호흡의 회건술과 택견의 능청동작의 비교」. 한국체육과학회지, 제20권 제3호, 181-191.

김영만·심성섭(2011). 「한국의 전통무예 활쏘기, 씨름, 택견에 관한 연구」. 한국체육사학회지, *16(1)*, 15-26.

김영만·오세이(2010). 「품밟기 동작원리에 관한 연구」. 한국체육과학회지, 제19권 제1호, 231-240.

김이수(2004). 「동양무예에 있어서 기합의 의미」. 한국체육학회지, *43(3)*, 41-51.

김이수(2005). 「한국신체문화, "몸닦달"로의 접근」. 미간행 박사학위논문, 세종대학교 대학원.

김재호(1996). 「택견의 몸짓이 지닌 민중적 요소에 대한 고찰」. 미간행 석사학위논문, 연세대학교 교육대학원.

김준철·장종성·박령준(2001).「소리요법에 대한 연구」. 대한의료기공학회지,
제5호, 125-147.

김철(2010. 8. 10)「몸 다스리기 방석숙제」. 사단 법인 몸살림운동본부. 2009. 4.
http://www.momsalim.kr/bbs/bbs/contents.php?bo_tabl=REVIVAL&wr_id=
6&page=0에서 인출.

김철(2010.08.09).「몸살림 운동」. 사단법인 몸살림운동본부. 2009. 4.
http://www.momsalim.kr/에서 인출.

김한강(1965).『새로운 최면술』. 서울: 명문당.

노승환(2002).「경호무도 구성 원리와 과제에 관한 연구」. 미간행 석사학위논
문, 용인대학교 대학원.

도기현(2007).『우리무예 택견』. 서울: 동재.

문영일(1984).『발성과 공명』 서울: 청우.

미야모도 무사시宮本武藏(1992). 신동욱 역.『五輪書, 火券』. 서울: 고려문화사.

민유정(1999).『인체해부도』. 서울: 도서출판 대경.

박길화(1999).「태권도 선수에 있어서 기합이 근수축에 미치는 영향」. 미간행
석사학위논문, 순천향대학교 대학원.

박정선(2000).「인간의 성대조직 내 자율신경 전달물질의 분포」. 미간행 석사
학위논문, 인하대학교 대학원.

박철희(2005).『사운당의 태권도 이야기』. 장백비교무술연구소.

손사명·신민교(1988).『도해 도인 기공학』. 영립사.

신성원·이재홍·이은미(2003).「기마자세에 관한 고찰」. 대한의료기공학회지,
제7권 제1호, 98-126.

심성섭·김영만(2008).「택견의 능청동작과 유사 관련 동작과의 비교 분석 및
단전의 의미고찰」. 한국체육과학회지, *17(4)*, 283-296.

심성섭·김영만(2009/a).「택견 동작원리에 대한 운동역학적 접근」, 한국체육
과학회지. *18 (1)*, 1175-1184.

심성섭·김영만(2009/b).「택견의 차기 동작원리에 대한 연구」. 한국체육과학
회지, *18(3)*, 219-228.

심성섭·김영만(2009a).「택견 동작원리에 대한 운동역학적 접근」. 한국체육과
학회지, 제18권 1호, 1175-1184.

심성섭·김영만(2009b).「택견 차기 동작원리에 관한 연구」. 한국체육과학회
지, 제18권 제3호, 219-228.

심정묘(2006).「엠엘디(MLD)가 자율신경계 변화에 미치는 영향」. 미간행 석사
학위논문, 건국대학교 대학원.

옥과 건강원. cafe.daum.net/kimSBallery

온라인 뉴스팀(2011.05.11). 「아토피가족. '프리허그공동체'에 모인 사연은?」
    [뉴시스]. 2011.04.25.http://www.newsis.com/ar_detail/view.html?pID=10200&c

옵티마 케어(2010. 08.13). 「건강뉴스/발목펌프운동/조건반사」.옵티마 케어. 2007.08.16.
    http://optimacare.co.kr/에서 인출.

원정혜(2002a). 「요가호흡법」. 공학교육과 기술, 제9권 3호, 83－85.

원정혜(2002b). 「요가 바른 복식호흡방법」. 공학교육과 기술, 제9권 4호, 91－93.

유선숙(2003). 「음악활동이 성인의 자율신경계 반응에 미치는 영향」. 미간행
    석사학위논문, 숙명여자대학교 대학원.

육태안(1991). 『우리무예 이야기』. 서울: 학민사.

이다연, 이주영(2010). 「음악 감상과 발성 음악활동이 통증환자의 통증, 기분
    및 자율신경계에 미치는 영향」. 한국음악치료학회지, 12(2), 61－82.

이상철(1992). 「배근력 측정 시 기합과 경쟁 부여가 최장근의 근전위 변화에
    미치는 효과」. 한국체육학회지, 31(1), 385－390.

이승일(2006). 「동양무예에서 시합에 대한 의미 고찰」. 미간행 석사학위논문,
    초당대학교 대학원.

이용복(1997). 『빛깔있는 책들 택견』. 서울: 대원사.

이용복(1997). 『택견』. 서울: 대원사.

이용복(2009). 『7330택견』. 서울: 학민사.

이정래(2009). 『도마뱀처럼 걸어라』. (주)인그라픽스.

이종호 · 이창섭(1983). 「기합소리와 근력과의 관계」. 충남과학연구지, 10(1), 99－107.

이주연(2010. 9. 10). 「호흡의 기술」 숨쉬는 습관만 잘 들여도 웬만한 병 걱정 없
    어요. 중앙일보 뉴스. 2010. 8. 9. http://article.joinsmsn.com/news/article/-
    article.asp?total_id=4369261&cloc=rss|news|health에서 인출.

이지영(2010.09.10). 「폐를 맑게 하는 '청폐차' 이슈」. MBC 프라임에서 집중 방영!.
    브레이크뉴스. 2010.08.25. http://www.breaknews.com/sub read.html?uid-
    =143059&section=sc13&section2=에서 인출.

이형구 · 정승기(1990). 『동의 폐계내과학』. 서울: 민서출판사

인연의 열쇠(2010). http://nnjjhf. tistory.com/4.

임일혁(2008). 「태권도 기합(氣合)에 관한 의미」. 한국체육철학회지, 16(2), 143－155.

장경태 · 김종철 · 김준희(2008). 「택견에 내재된 놀이 문화적 특성」. 한국여가
    레크리에이션학회지, 32(3), 21－29.

정익수 · 오정환 · 이동진 · 이건희 · 이진(2009). 「기합소리 유형에 따른 H-reflex
    변화와 MVIC변화 분석」. 한국운동역학회지, 19(4), 655－661.

정재성(2006). 「전통무예로서 택견의 특성」. 미간행 박사학위논문, 국민대학교 대학원.

조화선국(2010). http://cafe.daum.net /sooam11/JMWs/65.

최광석(2006). 「효율적인 호흡명상을 위한 카이로프랙틱 5단계 관리 원칙」. 미간행 석사학위논문, 버나딘대학교 자연치유대학원.

최광석(2006). 「효율적인 호흡명상을 위한 카이로프랙틱 5단계 관리 원칙」. 미간행석사학위논문, 버나딘대학교 자연치유대학원.

최광석(2010.09.01). 「KS바디워크 연구소 소개(1)」. KS바디워크연구소. 20009.04.09. http://blog.naver.com/claozi13/120066576549에서 인출

최창국(1974). 『최면잔여암시가 근력증강에 미치는 영향에 관한 실험적 연구』. 서울: 대한체육회.

최창국ㆍ권영진(1983). 「기합이 근력증가에 주는 효과」. 한국체육학회지, *22(2)*, 2161－2166.

한당도담편찬위원회(2007). 『한당도담』. 석문출판사.

한성(2008). 『조화조식』, 서울: 석문출판사.

홍양자(2007). 「노인의 자율신경 실조증과 운동」. 이화체육논집, *10*, 1－8.

황풍(2000). 『수련요결』, 서울: 석문출판사.

Cutedrum(2010.04.10). 「물이 성격형성에 미치는 영향」. Daum지식. 2006.05.23. http://k.daum. net/qna/openknowledge/view.html?category_id=QJ&qid=2fEzl-&q=%C0%CE%C3%BC%BF%A1+%B9%B0%C0%CC+%C2%F7%-C1%F6%C7%CF%B4%C2+%BA%F1%C1%DF%C0%BA&srchid=NKS2f Ezl에서 인출.

ID=10204&ar_id=NISX20110425_0008017766에서 인출.

Ikai Michio. & Steinhaus, Arthur. H.(1961). Some factors modifying the expression of human strength. *Journal of Applied Physiology. 16(1)*, 157－163.

kenlee(2010.09.10). 「무예로서의 택견」. 택견코리아 무예컬럼. 2001.12.31. http://www.taekkyonkorea.com/bbs/opboard/dirr.php?wh=column&sno=4&st=24에서 인출.

김영만(金永萬)

어린 시절부터 무술에 관심이 많았던 저자는 부산사대부고(약칭) 시절 택견과 인연을 맺었다. 그 후 택견 8단의 경지에 오르기까지 택견의 우수성과 민족적 가치를 부흥 발전시키기 위해 열정을 다했다. (재)세계택견본부 관악구본부전수관 관장으로서, 또 서울시택견연합회 사무국장으로서 택견 전수는 물론, 택견의 생활체육화에 기여하였다.

택견의 학문적 정립을 위해 만학도의 길을 결심하고 학문의 길로 들어선 후 숭실대학교 대학원 생활체육학과에서 체육학 석사와 박사 학위를 취득하였다. 또한 각종 전국대회에서 40여 회 우승 및 수상을 하였다.

저자는 택견을 무술로서뿐만 아니라 공연예술과의 접목을 통해 무예로서의 가치를 창출하였다. 뮤지컬 광개토대왕, 택견아리랑, 위기탈출넘버원, 기와 율, 우루왕, 환 등의 작품에서 무술감독 및 출연을 하였으며, 민족무예 퍼포먼스 <백의선인>을 기획, 공연하였고, WCO세계문화오픈(2004)에 <백의선인>으로 평화상을 수상하였다.

현재 숭실대학교 생활체육학과 강사로 활동하고 있으며, 서울시택견연맹 전무이사, 서울·강원 전수위원장으로서 택견 발전에 중추적인 역할을 담당하고 있다.

논문으로는 <민속경기와 전통무예로서 택견 수련체계의 발전방안(박사논문)>, <택견의 생활체육활성화 방안에 관한 연구(석사논문)>, <택견의 능청동작과 유사관련 동작과의 비교분석 및 단전의 의미 고찰>, <택견의 품밟기, 활개짓, 딴죽, 차기, 손질의 동작원리에 관한 연구> 등이 있으며, 저서로는 <택견겨루기論>, <택견 겨루기 總書> 등이 있다.

택껸 기술_의
과학_적 원리

초판인쇄 | 2012년 2월 29일
초판발행 | 2012년 2월 29일

지 은 이 | 김영만
펴 낸 이 | 채종준
펴 낸 곳 | 한국학술정보㈜
주   소 | 경기도 파주시 문발동 파주출판문화정보산업단지 513-5
전   화 | 031) 908-3181(대표)
팩   스 | 031) 908-3189
홈페이지 | http://ebook.kstudy.com
E-mail | 출판사업부 publish@kstudy.com
등   록 | 제일산-115호(2000. 6. 19)

ISBN   978-89-268-2981-3 93690 (Paper Book)
        978-89-268-2982-0 98690 (e-Book)

내일을여는지식 ■은 시대와 시대의 지식을 이어 갑니다.